黃龍三角旗1862年10月17日啓用

黃龍旗使用自1889年5月26日至1912年1月

$$\frac{\dfrac{1}{2}}{3}$$

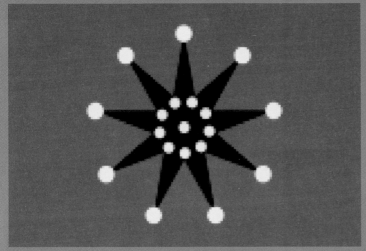

圖1 大清帝國的黃龍旗
（照片來源：https://
www.bing.com）

圖2 臺灣民主國的藍地黃虎
旗
（照片來源：https://
www.bing.com/）

圖3 中華民國鄂軍軍政府的
鄂軍都督府九角十八星
旗（1911）
（照片來源：https://
www.bing.com）

博克多汗國（大蒙古國）：黃教旗

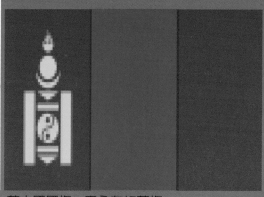
蒙古國國旗：索永布紅藍旗

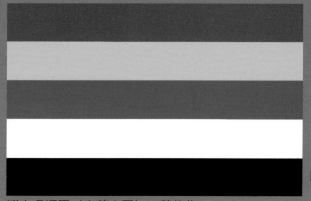
博克多汗國（大蒙古國）：黃教旗

$$\frac{4}{\frac{5}{6}}$$

圖4 博克多汗國的黃教旗及蒙古人民共
　　和國索永布的紅藍國旗
　　（照片來源：https：//zh.wikipedia.
　org/wiki）

圖5 中華民國北洋政府的五色旗
　　（照片來源：https：//www.bing.
　com/search?q=+%E4%B8%AD%E8
　%8F%AF%E6%B0%91%E5%9C%8
　B%E8%87%A8%E6%99%82%E6%
　94%BF%E5%BA%9C%E5%9C%8
　B%E6%97%97）

圖6 西藏獨立運動的雪山獅子旗
　　（照片來源：https：//zh.wikipedia.
　org/wiki）

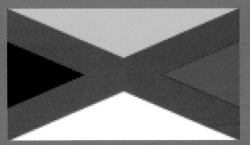

圖7　中華帝國的紅叉五色旗
（照片來源：https：//www.bing.com/search
?q=+%E4%B8%AD%E8%8F%AF%E6%B0
%91%E5%9C%8B%E8%87%A8%E6%99%8
2%E6%94%BF%E5%BA%9C%E5%9C%8B
%E6%97%97）

（1921～1926）

（1926～1930）

（1930）

（1930～1935）

TAP

（1935～1941）

（1941～1943）

TAR

圖8　圖瓦人民共和國國旗
（照片來源：https：//zh.wikipedia.org/
wiki）

（1943～1944）

中華蘇維埃共和國鎌刀斧頭紅旗

中國工農紅軍軍旗（1928年～1930年）

圖9　中華民國安國軍政府的十二章五色國旗
　　　（照片來源：https：//zh.wikipedia.org/wiki）
圖10　中華民國國民政府（廣東革命政府/南京政
　　　府）的青天白日滿地紅旗（1928～）
　　　　（照片來源：中華民國外交部全球資訊網
　　　（mofa.gov.tw））
圖11　中華蘇維埃共和國鎌刀斧頭紅旗（1931～
　　　1937）及中國工農紅軍軍旗（1928～
　　　1930）
　　　　（照片來源：https：//zh.wikipedia.org/wiki）
圖12　大滿洲帝國的五色黃地國旗
　　　　（照片來源：維基百科）

9	10
11	
12	

東突厥斯坦伊斯蘭共和國星月藍地國旗　　和闐伊斯蘭王國星月文字旗

大衛紅色六星黃地省旗（1933～1942）　　大衛黃色六星紅地省旗（1942～1944）

圖13　東突厥斯坦伊斯蘭共和國星月藍地國旗及和

　　　闐伊斯蘭王國星月文字旗

　　　（照片來源：https：//zh.wikipedia.org/wiki）

圖14　新疆省自治行政區的兩個國旗

　　　（照片來源：https：//zh.wikipedia.org/wiki）

圖15　中華共和國（福建人民政府）的紅藍黃星旗（1933～1934）

　　　（照片來源：https：//www.bing.com）

圖16　冀東防共自治政府/中華民國臨時政府的五色旗（1935～1938）

　　　（照片來源：https：//www.bing.com/search?q=+%E4%B8%AD%E8%8F%AF%E6%B0%91%E5
%9C%8B%E8%87%A8%E6%99%82%E6%94%BF%E5%BA%9C%E5%9C%8B%E6%97%97）

四色藍地旗（1936～1937）

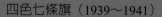

四色七條旗（1937～1939）　　　　四色七條旗（1939～1941）

圖17　中華蘇維埃共和國紅旗（1935～1936）
　　　（照片來源：https：//zh.wikipedia.org/wiki）
圖18　蒙古軍政府的三幅國旗
　　　（照片來源：https：//zh.wikipedia.org/wiki）
圖19　陝甘寧邊區政府的青天白日滿地紅旗（1937～1950）
　　　（照片來源：中華民國總統府president.gov.tw）
圖20　察南自治政府的四色黃地旗（1937～1939）
　　　（照片來源：https：//zh.wikipedia.org/wiki）

17 ｜ 18
18
19 ｜ 20

圖21　晉北自治政府的四色黃地旗（1937～1939）
　　　（照片來源：https：//zh.wikipedia.org/wiki）
圖22　蒙古聯盟自治政府的四色藍地旗（1937～1939）
　　　（照片來源：https：//zh.wikipedia.org/wiki）
圖23　上海市大道政府的太極黃地旗（1937～1938）
　　　（照片來源：https：//zh.wikipedia.org/wiki）
圖24　中華民國臨時政府華北政務委員會的五色旗（1940～1945）
　　　（照片來源：https：//www.bing.com/search?q=+%E4%B8%AD%E8%8F%AF%E6%B0%91%E5
%9C%8B%E8%87%A8%E6%99%82%E6%94%BF%E5%BA%9C%E5%9C%8B%E6%97%97）
圖25　中華民國維新政府「和平建國」的五色旗（1938～1940）
　　　（照片來源：https：//zh.wikipedia.org/wiki）

金粉文字旗（1944〜1946/1949），東突厥斯 星月綠地旗
坦獨立象徵

$$\frac{26 \mid 27}{28}$$

圖26　蒙疆聯合自治政府蒙古自治邦的四色橫條旗（1939〜1941/1945）
　　　（照片來源：https：//www.bing.com/search?q=+%E4%B8%AD%E8%8F%AF%E6%B0%91%
　　　E5%9C%8B%E8%87%A8%E6%99%82%E6%94%BF%E5%BA%9C%E5%9C%8B
　　　%E6%97%97）

圖27　中華民國戰時南京政府（和平反共建國）的青天白日滿地紅旗（1940〜1945）
　　　（照片來源：https：//zh.wikipedia.org/wiki）

圖28　東突厥斯坦共和國的兩幅國旗
　　　（照片來源：https：//zh.wikipedia.org/wiki）

內蒙古人民共和國索永布紅地國旗（1945）　東蒙古人民自治政府紅藍三條旗（1946）

內蒙古自治運動聯合會紅藍三條旗（1945～　內蒙古自治政府紅藍三條旗（1947～1949）
1947）

$$\frac{29}{30}$$

圖29　內蒙古人民共和國、東蒙古人民自治政
　　　府、內蒙古自治運動聯合會、內蒙古自治
　　　政府的四幅國旗
　　　（照片來源：https：//zh.wikipedia.org/wiki）
圖30　中華人民共和國的五星紅旗
　　　（照片來源：中華人民共和國政府-Wikiwand）

索永布旗（1992～）

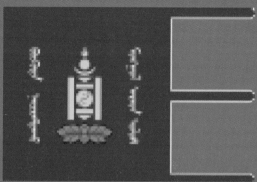
蒙古人民共和國的第一面旗幟

第二面旗幟

第三面旗幟

蒙古人民共和國國旗（1940～1992）

蒙古國國旗（1992～）

圖31　蒙古人民共和國的六幅國旗

（照片來源：中華民國外交部全球資訊網（mofa.gov.tw）、https：//zh.wikipedia.org/wiki）

香港殖民地時期旗幟：英國米字國旗 香港殖民地時期旗幟：HK旗（1871～1876）
（1842～1871）

香港殖民地時期旗幟：藍船旗配以阿群帶路 日本佔領香港：日本太陽旗（1941～1945）
圖（1876～1941）

香港殖民地時期旗幟：藍船旗配以阿群帶路 香港殖民地時期的旗幟：盾形紋章旗
圖（1945～1959） （1959～1997）

圖32　香港特別行政區政府的七幅國旗
　　　（照片來源：香港旗幟列表-Wikiwand、
　　　中華民國外交部全球資訊網（mofa.gov.
　　　tw）、政府總部禮賓處（protocol.gov.
　　　hk））

洋紫荊紅地區旗（1997～）

圖33　澳門特別行政區政府的蓮花綠地區旗（1999～）
（照片來源：澳門特別行政區政府入口網站（www.gov.mo））

丘為君 主編

潘邦正 著

新戰國時代
近代中國33面
旗幟與政權

五南圖書出版公司 印行

歷史的機遇與危機

序《國局與世變》叢書

二十世紀的序幕是從革命開始的。在中國，在俄國，在亞洲，在歐洲，以破壞為手段的革命主義者，與舊制度（Old regimes）維護者做激烈的戰鬥。另一方面，這個經歷革命的世代，也迎接並見證了他們心目中的「新世紀」的降臨──現代性；而革命破壞與捍衛舊制這兩股勢力的辯證性開展，書寫了波瀾壯闊的歷史詩篇。

這個歷史詩篇的高潮，無疑是1914年至1918年之間的第一次世界大戰。如所周知，這場為時四載的大戰深遠地改變了世界的面貌。在政治上，它具體表現在幾個著名傳統帝國的解體：俄羅斯帝國、日耳曼帝國、奧匈帝國，與土耳其的鄂圖曼帝國。另外，世界上出現第一個以標榜無產階級專政為號召的共產主義國家──蘇俄。在經濟上，美國經濟規模超過英國，成為世界第一；英國因為巨大戰爭開支而黃金外流，最終英鎊遭到擠兌而無法兌換黃金，美元逐逐漸取代了英鎊的霸權。

二戰與近代世界秩序的確立

一戰雖然給世界帶來深遠改變，但並沒有在實質意義上為世界秩序定下格局；從1939年開打到1945年結束的六年二戰，才是近代世界秩序確立的關鍵。

在二戰尾聲的1945年2月，美、英、蘇三國領導人羅斯福、邱吉爾、史達林在寒冷的蘇聯雅爾達舉行會議，安排禍首納粹德國未來的國土分配，與戰後國際秩序的架構。雅爾達會議很不幸地未能重建一個和平的世界秩序，而是迅速在東歐出現了所謂的「鐵幕」（Iron Curtain）；最具體形象，自然是象徵區隔自由與專制兩個世界的柏林圍牆。在此一日後被稱之為雅爾達體系（或雅爾達─波茨坦體系The Yalta-Potsdam System）中，世界格局以美國和蘇聯兩極為中心；兩強以鬥而不破的冷戰形式，各自宣揚其自由民主與極權專制的價值觀，並於全球範圍內進行霸權的爭奪。

冷戰形式作為世界秩序運作的基調，劃分了兩個對立的世界陣營；由於它穩固而長期存在的情況，而且兩大陣營也在消極意義裡於經濟上或文化上或甚至政治上持續交流，這讓世上大多數人默認與接受這種國際體系現象。

蘇聯解體、冷戰結束、美國獨霸

歷史的拐點出現在約半個世紀之後，其代表事件是1980年代後期的東歐民主運動——所謂的「蘇東波浪潮」（1988～1993）。

在這波驚心動魄的東歐民主化運動中，無疑以1991年年底蘇聯解體為最高潮；在美、蘇兩大巨頭雷根與戈巴契夫的攜手合作下，結束了世界長達半個世紀的「冷戰」對峙格局，雅爾達體系劃下句點，而立國69年的蘇聯，也從此灰飛煙滅成了歷史。立陶宛於蘇聯解體前一年的1990年3月率先宣布獨立，於是其他14個加盟共和國鑒於過往的集體主義與極權主義的痛苦經驗也就紛紛效法，這樣俄國在極短時期內便失去了約1/4的土地，與1/2的人口（約1.5億人）。俄國作為與美國長期對峙的超級強權，其國內生產總值（GDP）在1979年排名第二，1990年次於日本排名第三，到了1992年蘇聯解體後，竟然已經遠遠落後中國、日本、南韓、臺灣與印度等等這些亞洲國家，成為第33名，國力退步極為嚴重。在政治意義上，由於作為主權國家的蘇聯已經不復存在，國際體系因此進入新的重組。

與此同時，美國領導的由35個國家組成的聯軍和伊拉克之間發生的一場二戰以來最大的局部戰爭之一——1990年至1991年間的波灣戰爭（Persian Gulf War），獲得了空前的勝利。伊拉克最終接受聯合國安理會決議，並從科威特撤軍。這個展現當代各種新式高科技武器（例如精確導引武器PGM，precision-guided munition）的聯合軍事行動，確認了美國卓越的領袖地位，這樣的成績讓她成為冷戰結束後世界唯一霸權（sole superpower）的角色，已經無庸置疑。職是之故，整個世界局勢至此進入了一個全新階段。

中國的歷史機遇與崛起

就在1991年年底蘇聯解體時刻，經歷1989年六四天安門事件而受到西方制裁的共產中國，獲得了美國終止經濟制裁的機遇。於此一期間，在已經退位的政治強人、88歲高齡的鄧小平的強力主導下，中國從1992年起正式宣告了市場經濟導向的「改革開放」（對內改革，對外開放）為國家最高指導政策，主張效法亞洲四小龍發展經驗，強調以生產力為基礎的發展觀。

「改革開放」政策是鄧小平在文革結束後的1978年底所提出的國家發展策略，但是一直受到保守派的質疑與挑戰，1989年六四事件帶來的國內衝擊與國際騷動，更是對鄧小平開放政策的直接打擊。但是從1990年上海證券交易所、深圳證券交易所相繼成立，中國大陸資本市場誕生來看，鄧小平推動的「實事求是」開放政策，是中國國家發展的主要路線，不容置疑。

1992年1月鄧小平南巡後，「改革開放」才在鄧小平的堅實政治實力與過人的意志下，正式定位為國家政策。於是從江澤民主政時期（1993～2003）開始，經過胡錦濤時期（2003～2013），到習近平主政（2013～）的前期階段，民營企業在「改革開放」政策下因為中央鬆綁以及獲得外資注入活水而蓬勃發展，讓中國見證了百年罕見的持續一整個世代的開放紅利。統計數字具體說明此一以民企為主導的經濟發展威力：到了2020年左右，民營經濟所扮演的角色，為中國貢獻了50%以上的稅收、60%以上的GDP、70%以上的技術創新、80%以上的城鎮就業、以及90%以上的市場主體數量。必須指出的是，「改革開放」施行的市場經濟不會是放任的資本主義模式經濟。鄧小平在1985年5月就曾說過：「我們堅持社會主義，不走資本主義的邪路。」

在「改革開放」政策實踐的這段期間，中國的經濟體量與國力不斷增長，贏得全世界無數的讚嘆。代表性指標是2010年發生的兩件大事：製造業規模正式超越美國，成為世界第一；生產總值超越日本，成為全球第二。關於製造業總量，二十世紀美國有三個戰略對手：德國、俄國和日本，但這三個國家在製造業總量上都沒有超過美國，最高時也只是達到美

歷史的機遇與危機──序《國局與世變》叢書

(5)

國的70%。美國製造業在1985年觸及全球總量28%的高點後,隨後不斷下滑。2008年世界金融海嘯危機爆發時,美國製造業產值占全球份額降至18.5%,嚴重影響了美國就業人口。另一方面,中國憑藉其廉價勞動力、土地等生產要素成本之優勢和經濟復甦,以及利用2008年西方世界的金融危機加速趕超,遂在2010年登上世界第一的寶座。

另一個更值得關注的重大事件,是中國國內生產總值(GDP)的大突破。2006年中國GDP總量超過英法,2007年超越德國成為第三大經濟體。到了2010年時,中國國內生產總值遽升至1.337兆美元,超越日本的1.288兆美元,晉身為僅次於美國(3.522兆美元)的全球第二大經濟體。《紐約時報》將這一超越稱為中國國力增強的「里程碑」。中國這種大型經濟體的高速經濟成長趨勢到了2020年,其經濟規模甚至來到了世界霸主美國經濟規模的70%(中國站到上世紀末日本經濟巔峰時期的相似位置)。很多經濟學家因此預測,大約在2030年左右,中國的經濟總量會超過美國,成為世界第一大經濟體。

在此一共產主義國家的經濟奇蹟下,富強理想已經不再是空中樓閣,道路自信,理論自信,制度自信,文化自信等所謂的「四個自信」,成了中國菁英們追求所謂「大目標」的重要動力。但是另一方面,「黃禍」意義的「中國威脅論」也逐漸引起西方的關注,尤其是作為西方領袖的美國。

中國威脅:圍堵或交往

關於「中國威脅論」,美國在1990年代中期,有一場對華政策的大辯論,辯論的主題是對於當下走市場經濟路線的共產中國,美國的策略是什麼?是繼續採取冷戰時期的「圍堵主義」(Containment)?還是改走「交往主義」(Engagement)?辯論結果是兩派主張各有利弊,最後選擇了折衷主義的所謂「圍堵/交往主義」(Congagement),即是既有圍堵也有接觸,或者更正確的說,「圍堵為體,交往為用」。

美國的中國論述受到幾個時代思潮的影響:1940年代冷戰兩極對抗結構、五〇年代麥卡錫主義(McCarthyism)極右意識形態、六〇年代反帝國主義、反越戰浪潮、七〇年代中美建交的和解,八〇年代中國施行

「改革開放」政策改走市場經濟的影響，九○年代蘇聯解體後的效應，以及2018年起的中美貿易戰，兩國關係嚴重惡化，冷戰再起發展。

　　大體而言，冷戰之後的西方對於中國的發展，基本上有四種主要論述：崛起論、崩潰論、演變論與威脅論。

崛起論

　　崛起論認為進入二十一世紀，中國國際地位到達十九世紀初以來的巔峰。蘇聯解體和隨之而來的俄羅斯混亂、歐洲各國相對衰落，以及日本的經濟失衡與軍事力量的限制，這些提供中國有利的崛起條件。在習近平時期的戰狼外交出現之前，胡錦濤和溫家寶等第四代中國領導人的外交政策，也常常用中國「和平崛起」的說法，視「和平崛起論」為該階段的中國大戰略。

崩潰論

　　至於崩潰論，它基本上可以區分為兩類：積極論與溫和論。積極崩潰論宣稱，改革開放後的中國勢力已經達到最高峰、將會下滑；國企虧損、金融呆帳、財政惡化與貪汙蔓延，導致中國債務每年以15%或20%、甚至更高的速度在成長，中國的債務危機一定會發生，計劃經濟模式已經耗盡了力量，終將屈服於市場經濟。另一方面，中國現在正失去對周邊的控制，而且與周邊地區交惡，爆發嚴重武裝衝突的「大戰區」（Great War Zone）的機率大增。積極崩潰論另外有一個從體制角度出發的版本，主張中共的政治體制已經沒有出路，成了一種黑幫組織，黑幫老大憑著掌握著刀靶子與槍桿子捏住體制本身，使9000萬黨員淪為奴隸和個人使用的工具。

　　溫和崩潰論認為，中國在改革開放後產生數種危機，有錢權交易的貪腐肆虐、所得分配上貧富懸殊、農工階層地位邊緣化擴大、社會道德倫理淪喪、以及自然生態環境嚴重破壞等等。由於中國政府極權、壟斷媒體，缺乏言論自由，這些危機因為無法獲得彰顯與獲得適當控制，終將爆發並帶來社會崩潰。雖然中國即將因為這些危機而不可避免地進入「拉丁美洲

化」狀態，但是他們卻指出，中共政權不會在短期內崩潰，因此這一派理論又可稱為「潰而不崩論」。

演變論

演變論是一種相對溫和的看法。在歸類上，它也可以算是崩潰論的範疇。演變論觀點很分歧，大體而言有兩類：內部瓦解論與世俗化論。前者的代表性說法是，封閉性的極權共產主義社會，在與開放體系的自由民主社會接觸後，會由量變轉化為質變，造成在內部瓦解。美國國務卿杜勒斯（John Foster Dulles）在1956年蘇共二十大和「波匈事件」發生後，公開宣稱美國的政策是促進蘇聯、東歐和中國等社會主義國家的自由化，將希望寄託在共產黨的第三、第四代人身上，堅信共產主義將會從內部瓦解。

至於世俗化論方面，它認為中國在進入自由國際體系後（例如1971年的加入聯合國與聯合國安全理事會，1972年的加入WHO世界衛生組織，1979年的加入IOC國際奧委會，2001年的加入WTO世貿組織等等），必須與西方遵守國際社會的遊戲規則，與西方互補合作，良性競爭，最終消解其以鬥爭為綱的集體主義意識形態。2016年美國經濟史學者提出了一個浪漫的概念「中美國」（Chimerica），用以描述當時中美互相依存的共生關係（the symbiotic relationship），也可以歸類在這個世俗化論範疇。

威脅論

至於威脅論，它是一種非常廣泛的說法，以上所談的三種關於冷戰後中國的論述：崛起論、崩潰論、演變論，廣義而言，在不同程度上都帶有威脅論的意思。因此就相對狹義的論點來說，中國威脅論主要還是指在2010年中國成為第二大經濟體與成為世界第一大製造業國之後，特別是在2012年習近平出任黨總書記與2013年擔任國家主席後所推動的一系列措施及其反彈。

習近平推出的諸多措施及其反彈，包括有：2012提出民族主義概念的「實現中華民族偉大復興中國夢」的治國策略，以及該年爆發的南海主

權爭議，2014年香港爆發激烈反中、爭取真普選的公民抗命運動「雨傘革命」，2015年起大力推動境外的「一帶一路」造成相關弱勢國家的債務陷阱，2016年起推動個人崇拜與集權、同年共機開始頻繁繞臺文攻武嚇臺灣，2018年修憲將國家主席改為終身制、與同年爆發中美貿易戰。到了2019年爭議更多。首先是武漢爆發肺炎，隨後迅速擴散至世界各地，逐漸變成一場全球性大瘟疫。其次是批評臺灣抗拒統一的發言：「制度不同，不是統一的障礙，更不是分裂的藉口」。另外是香港爆發「反送中運動」（抗議損害港人在「一國兩制」及《基本法》下所列明的獨立司法管轄權地位）。其他還有國內人權狀況惡化。進入2022年後，則是積極增加海軍軍艦特別是航母數量，為全球最大的海軍，以及與侵略烏克蘭的俄羅斯親密地站在同一陣線等等。

中國威脅論的論點很多很雜，簡約而言，主要論點有積極建軍、窮兵黷武；在國際組織中威脅利誘非洲、中南美洲等弱小國家，在國際組織中以優勢票數杯葛西方民主國家；在地緣政治方面的動作是積極擴張軍事實力，造成區域緊張；「以疫謀霸」——在世界各地大剌剌搜刮各類資源與糧食、併購有價值的科技公司；在國內裡侵犯人權（尤其是新疆種族滅絕指控）等等。

「東升西降論」與民族主義

經濟力與軍事力崛起的中國，在習近平主政時期展現出與西方一較長短的氣魄——「東升西降論」。習近平東升西降論的現實實踐，是他2012年11月提出的「實現中華民族偉大復興中國夢」治國理念。外界一般將其核心目標概括為「兩個一百年」，即在2021年中共建黨百年到2049年中共建政百年時，在全面建成小康社會基礎上，全面建設社會主義現代化國家，最終則是實現「中華民族的偉大復興」。這個官方的格局弘大的宣示，其底氣主要還是來自迅速累積的經濟實力與不斷推升的科技、軍事能力。

東升西降論作為一個大國的進取發展策略，其意識形態的動力是一種的反西方的民族主義，它在國家發展戰略上，與鄧小平1992年的帶有審慎意識特徵的「韜光養晦主義」發展路線相左。必須指出的是，具有西

方批判性與攻擊性質的民族主義，在習近平上臺前已經在中國大陸開始出現。最典型的例子是1996夏出版的《中國可以說不——冷戰後時代的政治與情感抉擇》一書。所謂「中國可以說不」，其真正的意思就是「中國可以對美國說不」，特別是針對美國的「中國遏制論」而發，儘管書中的反日情緒也是十分高漲。

這本由從未跨出國門的五位30餘歲文質彬彬書生撰稿的，標誌著九○年代鮮明反美的中國民族主義情緒升溫的書籍，創下號稱300萬冊銷售量的成績，引起西方的注意並先後被譯成數種外語。書中批判了所謂的「孳債累累的美利堅合眾國」，宣稱她勢必面臨一場世紀末式的總清算，並且還挾洋自重地引用英國歷史學湯恩比（Arnold J. Toynbee）的論點說：「中國將是世界的希望」。在反美方面，臺灣問題是本書著墨的焦點之一，對美國派遣航母到臺海周邊維持和平，作者們視為對中國的凌迫，說「全世界的危險勢力每時每刻都在引導臺灣的偏航」。他們選擇回到1900年夏義和團的氛圍，呼籲中國青年要有民族自豪感——「要準備打仗」，要大家認真考慮：小打不如大打，晚打不如早打。並且警告美國說：將來若有那麼一天，美國人在臺灣問題上逼迫我們再奉陪一次，那麼華盛頓就要準備建造一座更大更寬的陣亡軍人牆，預備刻上更多的美國青年的名字。整體而言，這本獲得官方新華社、中新社發稿介紹、江澤民贊同的民粹主義風格的民族主義書籍，對造成納粹猶太人大屠殺（the Holocaust）式的中華民族千年罕見大浩劫——文革，以及對人權與人性尊嚴史無前例集體踐踏與大破壞的各類政治運動，隻字未提，沒有做出任何的反省。但這幾位愛國主義熱血青年卻堅信：「世界上一切的和平進步，無一不得惠於中國的功德」。

這一年還有另外一部強烈民族主義的反美作品《中美較量大寫真》，它是中共建國以來，首次以暢銷書形式對中美衝突做詳盡論述的作品。本書採用紀實體文學手法，從批判「中國威脅論」出發，控訴美帝明裡暗裡再度祭出冷戰時期的「遏制政策」，來達到最終阻止中國發展與現代化的目的。它從五○年代的韓戰開始，一直寫到1995年10月美國總統柯林頓與中共總書記江澤民在紐約的會面，敘述中美之間長達半世紀的衝突，而臺灣問題則是其中關鍵因素。寫此書的目的，根據作者，是要讓中

國人民看看，美國是怎樣不斷變幻手法，製造麻煩，向中國施加強大壓力。至於貫穿全書精神的則是：落後就要挨人欺負，我們必須發展強大。

值得注意的是，1996年是兩岸爆發嚴重衝突的一年。這年3月臺灣舉辦第一次總統直接選舉。大選前夕，中共對基隆及高雄外海發射飛彈。中華民國國軍以及所屬飛彈部隊隨即進入最高警戒狀態。美國也馬上派遣兩艘航空母艦到臺灣附近海域，並進行大規模的海空聯合演習。另一方面，解放軍海軍潛艇部隊也緊急全部出海抗衡。臺海進入臨戰狀態，各國準備在臺撤僑。

與《中國可以說不》互相輝映的民族主義作品，是十三年後於2009年（中國成為世界第二大經濟體前夕）出版的另一本暢銷書《中國不高興》。它開宗明義地說：《中國可以說不》是中國只想領導自己；《中國不高興》則是中國有能力領導世界。《中國不高興》的作者主張在外交上，要與西方有條件的決裂；在大目標上，要告別晦氣重重的歷史悲情，告別自我矮化的精神歷史，成為英雄國家，為世界除暴安良。值得一提的是，九○年代後出現的極端民族主義，在現實中的對照是2012年出現的那句名言：「反美是工作，留美是生活」。至於政商兩棲，號稱愛國藝人者在國內賺足眼球，也賺足財富，最後選擇將金錢轉移美國，享受自由人生，這種案例也是不勝枚舉。

另外必須指出的是，晚清之前的中國世界觀，是一種具有包容性的以儒家德性倫理為基礎的天下主義；傳統上中國並沒有國家主義或民族主義的概念。來自西方的民族主義成為近代中國富強觀念的重要論述，是在清末若干流亡海外（特別是日本）的菁英，如國民黨前身的同盟會革命派人士，與維新變法派支持者如梁啓超等開始傳播開來的。在當時的歷史格局裡，來自日文的民族主義這一個詞彙，主要是作為喚起民眾的救亡工具。它首先是用來反對滿洲人在中國的統治（排滿主義），這是近代中國關於民族主義的第一義。第二義則是反帝，反對帝國主義對中國的主權侵犯以及與中國訂定的不平等條約。在精神上，無論是廣義或狹義的民族主義，它作為批判性的、抵抗意義的特色，與1990年代以後崛起的排他性、攻擊性的中國民族主義，有非常明顯的區別。

小結：修昔底德陷阱不可避免嗎？

　　2010年代從中國內部蔓延開來的「東升西降論」，不僅僅是靜態的自我期許，而是動態的擴張主義，它直接挑戰了二戰結束以來的冷戰國際體系，特別是挑戰了維持國際體系的世界霸主美國。如此一來，這就進入了所謂的「修昔底德陷阱」（Thucydides Trap）：新崛起的強權挑戰當下的霸主地位，必定爆發武力衝突。

　　美國總統川普主政時期的智囊、鷹派政治人物曾經指出，美國歷史上有過三次重大危機：獨立革命，內戰，和1930年代的「經濟大蕭條」；但當下的美國正在經歷第四次重大危機——「修昔底德陷阱」。他認為美國前三次重大危機無一不以戰爭結束，至於這一次，爆發大規模衝突以解決危機，也將是不可避免的。

　　環視當下時空，2022年春俄國領導人普丁武力入侵烏克蘭，造成數百萬無辜百姓在寒冬裡流離失所。此舉不僅引起了俄羅斯周邊國家的警惕，紛紛從之前的中立角色，向歐盟靠攏；另一方面，這個戰爭也給原本各行其是的歐洲國家帶來大團結的效應，以各種資源支持烏克蘭，造成俄國意外的挫敗。而在此前中國領導人宣稱與俄國的「友好關係無上限」，不願在國際上表態譴責俄國的侵略行為，在私底下甚至還藉機大量收購俄羅斯的廉價能源，與世界主流的杯葛犯罪加害者的人道主義做法背道而馳，更讓世人對中國的曖昧態度起疑，將中俄視為「邪惡軸心」。2022年夏北約（NATO）在馬德里召開的會議中，控訴俄羅斯為當代世界「最重大與直接的威脅」，而且史無前例地將遠在天邊的中國定位為潛在敵人，宣稱中國「系統性挑戰」（systemic challenges）北約的安全、利益，與價值。

　　當下，人類的物質技術已經發展到移民火星不是夢想的時刻，但現實裡我們比過去任何時候都接近第三次世界大戰的危機中——瘟疫橫行，戰爭爆發，經濟衰退。2020年初以來從武漢爆發開來的冠狀病毒，肆虐全球，世界死亡人數已經超過570萬，至今仍未熄滅。於此同時，俄羅斯在2022年春入侵烏克蘭，爆發二戰以來最大的戰爭型態之一，至今這兩個同文同種的民族仍在廝殺當中，雙方傷亡人數不斷增加。對於此刻仍在螺

旋升高的種種重大危機，政治菁英們與學者專家是否有足夠的智慧去拆除引信，目前事實上還看不到可以樂觀以待的契機。

　　一年多前我受到相交多年的前輩好友、資深出版人五南文化圖書公司楊榮川董事長的親睞，邀我策劃一套叢書。基於知識份子的使命感，將這套叢書訂名為《國局與世變》，希望透過海內外這些資深學者專家的無私奉獻，能在混沌的世局裡點起一盞智慧的明燈。如果這些思辨能夠為世界帶來和平，為世人帶來幸福，那也就不枉費楊董事長的託付了。

丘為君

2022/7/5

學術跨領域整合的必要性

中國一直自譽是一個「文明的古國」，文化燦爛，歷史輝煌；但是翻開中國歷史的每一頁，無不出現烽火連年，生靈塗炭，文化摧殘，陰陽鬥爭的歷史傷痕，作者驚訝發現「中國竟是一個如此不文明的國家」。中國自古不論內部改革、宮府不和、國事爭議或朝代替換總是用大量武力、殘酷戰爭解決問題，殺戮涉及宮眷、朝臣、文官、武將、士卒及無辜人民，結局總是百萬人頭落地，烽火江山萬里，焚燒千年文化，摧殘人文精神。每當閱讀中國歷史國運轉折處，讓人忍不住拍案吶喊，痛心疾首，萬般無奈；擲書於地，仰天長嘆。中國歷史是一部三千年野蠻血腥的「戰國鬥爭史」。

2020年7月作者結束在紐西蘭奧克蘭大學關於澳紐軍團（Australian and New Zealand Army Corps, ANZAC）與太平洋戰爭（Pacific War）研究，在全球防疫四散下，通過機場嚴密查驗，一路重裝轉機，萬里飛行，再經由隔離檢疫，安返臺北。出關後，香港歷史學會前會長李龍鑣先生及一群全球滯臺朋友迫不及待召集「史癡會」，閒聊近代史未解之謎，席中各方英雄持不同觀點，評史論事，唇槍舌劍，樂趣無窮。2020年10月27日東海大學文學院院長丘為君教授邀請作者在歷史系以《史丹佛大學胡佛研究所兩蔣日記開放、過程及意義》做一場演講，當時COVID-19疫情初起，全臺民眾緊張，出席者會議人人須戴口罩，會場亦需完全消毒，防疫工作十分煩瑣；未料演講當日全場滿座，師生參與踴躍，聆聽、提問、辯論，好不熱鬧。會後香港歷史學會前會長李龍鑣先生邀約與會學人餐敘，為君兄提及正在籌劃出版有關近代史「國局與世變」系列叢書，邀請作者參與寫作；起初作者意興不高；因為作者遊學兩岸學界二十年，發現兩岸學界山頭林立，政治派系立場鮮明，歷史已經成為帝王、政黨的化妝師。對跨領域人士觀點基本排斥，跨山越界，並碰觸禁忌話題，必被圍剿，當前環境要產出一本客觀公正的正史，談何容易。

首先我們要問：我們目前所讀的中國近代歷史是完整的，真實的

嗎？作者因緣際會認識許多兩岸尊稱的近代史權威學者，也看了數百本重要歷史書籍，很遺憾答案是近代歷史以軍史與黨史為主，是扭曲的歷史，研究成果並不令人滿意；其中當然有主觀與客觀因素存在，在此省略探討。僅以胡適批評做為提證：「近代中國歷史一事無成」，胡適之語稍為過之，但是離事實相距不遠。2021年「五四運動」紀念日前夕，五南圖書出版股份有限公司董事長楊榮川先生邀請丘為君教授、徐振國教授及作者餐敘；談及「學術跨領域整合」概念，也就是多角度，多層次的洋蔥研究方法。歷史是記錄人民生活的史書，不是帝王將相的專用日記；人民生活涵蓋的層面很廣，政治、經濟、文化、金融、科技、醫學、教育、哲學、宗教、心理、國際關係等無不包括在其中，因此要透徹研究歷史全貌及其影響，「學術跨領域整合」是重要且必需的。基於為君兄的雅量與胸襟與這次餐敘的共識，作者動念加入「國局與世變」寫作團隊，成為「新戰國時代：近代中國33面旗幟與政權」這本書問世之起源。

　　作者祖籍中國大陸，出生地卻是二戰後的臺灣省臺北市；我的一生故事就是歷史造成的奇怪現象。自1947年至1949年前後約有250萬難民以各種方式跨海赴臺，創下人類歷史上最大規模的渡海撤退；作者就是其中一位難民之子。五○年代物質缺乏，生活困苦，幼時以麵粉布袋為衣褲，以熱水泡鍋巴，或豬油拌飯裹腹。當時兩岸有趣的笑話，中共政權宣傳臺灣人吃香蕉皮為生，有人譏諷中共政權：臺灣人吃香蕉皮，臺灣香蕉誰吃了？同樣臺灣政權控訴大陸同胞生活於水深火熱。笑話固為無稽之談，艱辛歲月確有其事。當時臺灣物質嚴重缺乏，戰火時停時續，全島軍民在驚濤駭浪，衣食粗陋中奇蹟般的度過70多年。作者親眼目睹1949年後兩岸政權的跌宕起伏，柳暗花明；自七○年代及八○年代大陸喊叫「解放臺灣」，臺灣高唱「反攻大陸」；兩岸政府這些「愚民」謊言與被洗腦後的「民愚」思維支撐著兩岸戰後億萬苦難同胞的悲痛歲月。

　　回顧歷史，中國近代歷史是一部中國人民苦難生存史，外有帝國列強侵略，內有軍閥黨派分食，錦繡山河血流遍野，百年名都枯骨成堆，千家萬戶家破人亡，億萬人民生靈塗炭；至今國家內戰烽火未熄，人民日月依舊苦難無邊。百年以來近代中國曾經建立數十個國家或政府，不幸多數政權都以建立「自由民主國家」為號召，建政之後卻行帝王獨裁之制。古

例在目，孔子治國主張德治與禮治，用禮、樂教化人民。然而面對世局演變，最後孔子還是喊出：「道不行，乘桴浮於海」。孔子大智，千年警語至今依然顛撲不破，現今「四海都有中國人」不應是中國人的驕傲，而是中華民族的極大諷刺與悲哀。中國人一般惜戀家鄉，他們為何願意棄土長遷？四海的中國人其實多數是歷代歷朝社會大亂之時，被迫外走海外之難民。歷史驗證：中國人實可分為四種人：帝王貴族、工具人（臣）、砲灰人（卒）與難民。思今日國情猶如春秋戰國，人民身處生死之境，千尋而無一生路。孔子處今，他當何如？

從古代史觀之，春秋時期小國林立，歷經無數次戰爭使諸侯國的數量從數百減少了七個實力較強的諸侯國，分別為秦、齊、燕、楚、韓、趙、魏合稱為「戰國七雄」。當然除戰國七雄外，尚有宋、魯、中山、鄒、衛等小國。「戰國時期持續約260多年」，西元前230年至前221年，秦國軍隊各個擊破各國，先後滅韓、趙、魏、楚、燕、齊，結束諸侯割據時代，統一天下。有趣的是，秦朝是中國歷史首先「一統中國的王朝，然而統一時間僅僅十四年」（前221年～前207年），便亡於楚漢；天下再分，中國再亂。秦朝滅亡後，中國千年歷史分分合合，都城刀箭紛飛，四疆戰火不斷，美麗河山每一寸土地都是血跡斑斑，億萬人民每一戶家園都遭骨肉離散；導致歷代歷朝九死倖存者不斷逃難避險，漂流四海。

自世界史俯視，1900年八國聯軍攻入中國，兩百年以來，中國與英國、美國、俄羅斯、德國、日本、義大利等國相互關係密不可分，列強與民國後建立之各政權組成近代中國歷史的臍帶關係，不能忽視。主要地，近代中國關鍵時刻都有列強的涉入身影，影響中國內政轉變至為巨大。換言之，中國任何政黨、派系、集團及個人能夠立足政治舞臺，嶄露頭角，建立政府，其背後必有一隻看不見的列強之手大力支持，國內之政治領袖只是扮演「列強代理人」的角色。故討論世界列強對華關係及使用國外檔案，有助於瞭解近代中國重要事件來龍去脈與隱晦內情。

研談中國歷史，首先要定義「甚麼是中國？」這是個看似簡單，卻是難以言表的定義。清朝以前「中國」的詞義是抽象，模糊的概念；比較偏向地理或文化概念。「中國」自古不是一個國家名稱，它只是代表各民族在大陸地區建立之朝廷，或稱大陸地區人民生活的那塊土地；中國的面

積時大時小，人口時聚時散，如包括邊疆民族所建之政權，朝廷政府數目很難估算。鑒於「中國」之定義一向含混不清，本書對「中國」之意涵，分為四個層面解釋，即「文化中國」、「地理中國」、「歷史中國」及「政治中國」；這四種中國彼此之間有共同性，亦有差異性，有統一和諧層面，亦有獨立衝突問題。以往四種中國常被混談，產生雞同鴨講；實際上，近代中國歷史矛盾與政治爭議就是對四種中國的不同認知與解釋，造成對立與衝突。

「文化中國」（Cultural China）乃是中華民族演進過程生活方式的記錄，泛指中華民族所創造及使用的語言、文字、藝術、文學、哲學、戲劇、音樂、宗教信仰、生活習俗和宇宙觀等。例如絲綢、書法、國畫、陶瓷、藝術、建築等都是「文化中國」精華的代表。中華民族由眾多民族組成，千年以來「文化中國」最大的障礙就是宗教、語言、血統、藝術、生活方式、民族認同等差異；故「文化中國」派系林立，爭奇鬥豔，時而合一，時而分離。漢族有時謂所有民族統稱「中華民族」。然而在歷史上，又認為元朝、清朝是異族統治；更有甚者，歷代將蒙古、新疆、西藏等地民族視為外患。這些矛盾案例不勝枚舉。「文化中國」最早係由哈佛大學教授杜維明在八○年代提出的論點。熊十力闡述孔子大道之業真正的民主的思想是「大同之治，群龍無首，天下人人皆有士君子之行」，是最高的民主政治。這種新儒思想闡釋中國不一定是指政治上的實體，而是一個文化的概念；泛指中華民國、中華人民共和國、香港、澳門、韓國、東南亞、日本或是美國等地區，舉凡華人保留的儒家傳統、文化、風俗、文字等構成了「文化中國」。「文化中國」基本上以漢文化為核心，其他民族的文化大部分均被忽視，只是扮演政治陪襯品。

「地理中國」（Geographic China）專指在某一段時間，中國在合法疆界內對主權的行使與政府的治理。例如各朝代四方疆界所佔領的土地，海島或實際管轄之地區。例如1330年元朝領土面積達1731萬平方公里，西到吐魯番窪地，西南包括西藏、雲南，東到日本海，北至都播（謙州）南部與貝加爾湖、鄂畢河東部。1820年大清帝國面積亦達1340萬平方公里，大清晚期歷經多次對各帝國的戰爭，割地賠款，國土喪失200萬平方公里。依據1936年後至2005年間中華民國行政院主計總處所頒布之中華

民國大陸時期行政區域，中華民國的國土面積達1141萬8174平方公里，四極為：極北：唐努烏梁海之薩彥嶺（北緯53°57'），極南：南沙群島曾母暗沙海域（北緯3°10'）。極東：黑龍江與烏蘇里江合流處之黑瞎子島（東經135°4'）。極西：帕米爾高原的噴赤河（東經71°）。1946年中華民國憲法：「中華民國領土，依其固有之疆域，非經國民大會之決議，不得變更之。」因此理論上「地理中國」目前疆界應包括圖瓦共和國、中華民國、蒙古國（蒙古人民共和國）、中華人民共和國、香港特別行政區、澳門特別行政區6個政治實體。自清朝國土觀察，中國總計損失約350萬平方公里疆域，這段歷史曲折複雜，又涉及國際政治，不在本書討論範圍。

　　「歷史中國」（Historical China）是指政府（朝廷）在一段時間內對國家重要大事之文字記載，主要記錄執政要員、政府（朝廷）體制、政權更替、制度改革及內政外交等重大變革之人、事、時、地、物。例如1912年袁世凱迫使宣統皇帝退位，組建政府，並被中華民國臨時參議院選為中華民國臨時大總統。由於「歷史中國」常有若干爭議問題，尤其是主權與邊境；「地理中國」便需隨之更動，或成為歷史懸案。現今中華人民共和國政府所宣告的國土面積為960多萬平方公里，實際控制地區則為957萬平方公里，臺灣約3.6萬平方公里，故其與中華民國公告疆域1141萬平方公里，差距很大。中華人民共和國疆域北至黑龍江航道中心線（北緯53度33分），南達曾母暗沙海域（北緯3度51分），東起黑龍江與烏蘇里江合流處之黑瞎子島（東經134度46分），西極帕米爾高原的噴赤河（東經73°30分）。中華人民共和國與中華民國疆域所差約184萬平方公里；依據近代歷史演變及發展，這些領土包括圖瓦共和國與蒙古人民共和國已分別獨立，脫離中國管轄，以及尚未完全統治區、領土丟失區、領土爭議區；諸如江東64屯、南海島嶼、山地巴達赫尚自治州、巴達哈尚省、阿克賽欽、阿魯納查邦、克欽邦自治邦、釣魚臺列嶼及其他西太平洋島嶼。如以「歷史中國」視之，國際政治因素改變中國歷史，歷史現狀便與「地理中國」產生差距與衝突；當前中國疆域只剩960萬平方公里，包含中華民國、中華人民共和國、香港特別行政區、澳門特別行政區4個政治實體。

　　「政治中國」（Political China）係指中國土地上所有建立之國家

或政府與國際社會互動關係，包括建交承認或合作、參與國際組織活動、簽訂雙邊或多邊政經條約與國際社會角色扮演等。1689年9月7日俄羅斯代表陸軍大將費奧多爾·阿列克謝耶維奇·戈洛溫伯爵和清政府全權代表領侍衛內大臣索額圖在尼布楚簽定《尼布楚條約》（The Treaty of Nerchinsk），劃定兩國邊界；條約內容「從黑龍江支流格爾必齊河到斯塔諾夫山脈（外興安嶺）直到海，嶺南屬於中國，嶺北屬於俄羅斯。西以額爾古納河為界，南屬中國，北屬俄國，額爾古納河南岸之黑里勒克河口諸房舍，應悉遷移於北岸……」，該條約使中國失去了黑龍江以北約60萬平方公里的領土，以及烏蘇里江以東40萬平方公里土地由中俄共管。自此「中國」首次正式出現於國際外交檔上，可謂「政治中國」之始。

　　中國與聯合國的關係始於1945年聯合國籌建之初，中國、美國、英國、蘇聯並稱第二次世界大戰戰勝國四巨頭，且是聯合國共同宣言（Declaration by United Nations）最初簽署國。中華民國國民政府亦為第一個簽署《聯合國憲章》（Charter of the United Nations）的國家；中華民國是聯合國的創始會員國，且為聯合國安全理事會常任理事國常任成員之一，代表國際社會中「一個中國」合法地位。「政治中國」因國際情勢變動，在1971年發生重大轉折。1971年10月聯合國大會通過《聯合國大會第2758號決議》：「恢復中華人民共和國的一切權利，承認它的政府的代表為中國在聯合國組織的唯一合法代表」。（The General Assembly decided to recognize the representatives of the Government of the People's Republic of China as the only legitimate representatives of China to the United Nations.）。自此中華人民共和國取得在聯合國代表中國之席位，日後國際社會中「政治中國」代表性逐由中華人民共和國取得，中華民國邦交國亦受到嚴重影響，日趨遞減。但是1954年12月3日中華民國與美利堅合眾國簽訂《中美共同防禦條約》（Sino-American Mutual Defense Treaty）依然有效，中華民國與美國並未斷交，中華民國持續為美國承認；中華人民共和國在1979年之前未與美國建交，故形成1971年至1979年國際社會微妙模糊兩岸都自認代表「一個中國」模糊空間。1979年1月1日美國終止與中華民國所有正式外交關係，轉而承認中華人民共和國後，國際社會對「一個中國」認定才逐漸一致性，「一個中國完全由

中華人民共和國代表」。隨後美國國會制定《臺灣關係法》（Taiwan Relations Act），並由美國總統小詹姆士‧卡特（James Carter, Jr.）簽署生效，自此中華民國在國際社會普遍被稱為「臺灣」，若干國際組織則接受臺灣以「中華臺北」為名稱，同意「臺灣」參與國際活動；中華民國被國際組織邊緣化至今已近半個世紀。可笑的是目前中華民國使用「中華民國」名稱，中華人民共和國堅決反對，並予政治外交打壓；中華民國使用「臺灣」名稱，中華人民共和國又認為這是臺灣操弄「臺獨」。2015年11月7日中華民國總統馬英九與中華人民共和國國家主席習近平在新加坡舉行「馬習會」（Ma–Xi Meeting），被稱為「兩岸領導人」會面，雙方頭銜均無正式組織名稱，這種駝鳥現象十分怪異，至今中華人民共和國尚未想出對「中華民國」正確稱呼。

「政治中國」出現乃由於近代國際社會對「國家與國家」互動往來，及「國家參加國際社會各項政治、經濟、文化、外交等活動」設有「認同」限制。換言之，第二次世界大戰後，除因政治制度，國際角力及意識形態等因素，世界各國都只採認「一國一主權」原則；有兩個例外的分裂國家，就是南韓、北韓及東德、西德，雙方政府分別由東西方陣營支持，並公認為「兩個韓國」及「兩個德國」。原則上目前全球多數國家普遍採用「一個中國」政策。依據國際政治演變，1949年至1971年中華民國是世界上唯一合法國家，代表「政治中國」，1972年至今乃由中華人民共和國代表「政治中國」；也就是說「一個中國」是以「政治中國」為基礎說法，這種觀點具有國際性、政治性、利益性與「可變動性」。

綜合上述，「歷史中國」與「政治中國」顯然存在巨大的矛盾與衝突；「政治中國」許多事件違背歷史事實，人類正義與契約精神。如依據上述「一個中國」概念，1949年至1971年中華民國是世界上唯一合法國家，代表「政治中國」，1949年10月1日中國共產黨中央委員會主席毛澤東在北平宣告成立中華人民共和國「就不能稱為一個國家，只能算是一個政府」；否則中華人民共和國就製造了「兩個中國」。因為1945年至1971年全球承認中華民國具有「一個中國」合法地位；如此1949年中華人民共和國建國就面臨嚴重的歷史矛盾與政治挑戰，甚至需要重寫歷史。

從「國際承認」觀點論述，中華人民共和國自1971年10月25日以

後，才被認定是「政治中國」，如此中華人民共和國1949年至1971年只是一個「政府」，中華人民共和國正式建國應是1972年1月1日。這種說法中華人民共和國政府當然不能同意，但是又如何解釋1949年至1971年中華人民共和國是一個國家呢？如以1949年至1971年中華人民共和國處境，同樣標準檢視當前的中華民國的地位，又怎能說中華民國不是一個國家呢？現階段中華民國政治處境正如同1949年至1971年的中華人民共和國。「歷史中國」與「政治中國」爭議尚在，吾輩當思「兩個德國」無損德國統一，所以國家發展問題是在國家制度是否良好，不在「一個中國」及「統獨問題」無意義之爭議。現階段「政治中國」持續在歷史巨浪中拖延爭論，日月挑戰。

依據上述各種不同標準，當前「地理中國」有6個政治實體，「歷史中國」有4個政治實體；「政治中國」只有在聯合國佔有席位「一個中國」。依據聯合國體制，自1945年至1971年由中華民國代表此一「中國席位」；1972年後至今由中華人民共和國代表此一「中國席位」。顯然「政治中國」、「地理中國」與「歷史中國」產生極大差異性、衝突性、矛盾性與爭議性。本書嘗試解釋百年以來數十個「地理中國」、「歷史中國」及「政治中國」如何建立，並說明彼此的關連性、差異性、矛盾性與複雜性，期使讀者更清楚認識「中國的真實的全貌」。

對於客觀評斷歷史人物、歷史事件及國家政府是一件困難的工作，
1. 評斷學者專業、方法及角度不同，自然結論各有差異。
2. 兩岸評斷學人怕得罪當權者，或有五斗米之慮，避重就輕，隱藏關鍵。
3. 評斷者受傳統「帝王為尊」思維影響，不願或不敢評議執政者。
4. 研究人員因為第一手史料不足，或孤證不立，影響學術成果。

關於兩岸歷史研究現狀，目前歷史研究走向「碎片化」、「皇權化」及「黨宣化」已是不爭之事實。「碎片化」已使歷史研究「見樹不見林」，甚難通透歷史全景；數萬歷史專業學者研究大歷史的作品卻如寒夜孤星，寥寥可數，令人失望。「皇權化」乃依傳統歷史記載，以帝王或執政者為中心；當知辛亥以後，民國建立，歷史記載應以「人民為中心」的觀念與思維。「黨宣化」更是違反「世界民主潮流」，以宣傳「黨史」，

建立「黨國」為目標，歷史記載成為「黨國」宣傳工具；同時樹立偶像崇拜，顛倒黑白，以歌功頌德，領袖萬歲撰寫政治神話，喪失客觀研究歷史的精神。因此建立「人民史觀」的學術跨領域整合是未來研究歷史的重要方法。

　　百年前，辛亥革命對內主要目標是要推翻「專制帝王」，杜絕「世襲罔替」陋制。近代所有在中國建立之政權達到此目標了嗎？或還是依存「專制」舊習呢？本書評斷歷史人物、歷史事件及國家政府以下列三項標準：

1. 人民史觀：1912年民國既成，歷史撰寫亦當由「帝王史觀」改為「人民史觀」，歷史事件之功過評論當以「人民幸福」為標準。中國政治主角已由皇帝，轉為人民。在「以民為本」基礎上，政府施政「福民」、「利民」、「便民」者都是「好政府」，政府施政「殘民」、「害民」、「辱民」者都是「壞政府」。

2. 民族史觀：辛亥革命是漢族以「外抗帝國主義」，「內除滿清壓迫」為目標。民國既立，中華民族包含56各式民族，執政者當以平等、自治、自決、尊重且包容56民族的文化、語言、習俗、信仰及傳統，不應用暴力手段禁止、摧毀或消滅。

3. 自由史觀：無論建立「民國」或「人民共和國」，即以「為人民服務」為重，就應給予全國人民《世界人權宣言》（Universal Declaration of Human Rights）條文中，賦與人民之自由與平等權利。

　　「人民幸福」的基本標準就是《免於恐懼的自由》（Freedom from Fear）與《免於匱乏的自由》（Freedom from Want）。本書評定國家或政府的優劣標準，乃以「人民自由」、「社會平等」、「政體民主」、「國家富足」為主要指標。

　　作者關心兩岸政治發展，大學時展開對於兩岸政治、經濟、歷史、文化的業餘研究。大學時期主修東西方文學，對優美意境中國詩詞與啟迪人生英美小說鍾愛非常。研究近代史的動力起源於就讀國立臺灣大學三民主義研究所時受業於秦孝儀、黃季陸、李守孔、朱堅章、任卓宣（葉青）等諸位教授的啟蒙教導。秦孝儀、黃季陸、李守孔三位先生分別在史觀研究所開「中國國民黨黨史」、「中國近代史」、「國民革命史」課程；且當

時秦孝儀、黃季陸分任中國國民黨黨史會主任及國史館館長。在當時史料缺乏的時代，師生關係始有機會參觀查閱重要歷史檔案，並在課堂詢問禁忌話題。朱堅章、任卓宣（葉青）兩位先生在「政治學」、「烏托邦」、「國際關係」及「中國共產黨黨史」給予作者另一面向知識與思維，奠定作者由國際關係、國共鬥爭、民族問題、意識型態、個人心理、歷史發展等多元角度研究近代中國的興趣；亦反思脫離傳統黨史、軍史、國史「見樹，不見林」微觀論述；轉而從世界史觀察中國歷史變遷與轉折，達到「見林，又見樹」宏觀史境。2004年至2008年作者受蔣宋兩家友人委託，在史丹佛大學胡佛研究所歷經四年半時間大量閱讀、整理及開放蔣中正及蔣經國兩位總統日記及相關檔案。蔣宋檔案提供重要歷史新線索與發現新問題，有助於作者重新審視近代中國的歷史大事。

　　本書試以「大歷史」與「人民史觀」做為主軸，期為讀者提供一本淺顯易懂，又能宏觀鳥瞰近代中國的歷史地圖。對於兩岸學者傳統「黨史寫作」，作者力求變革，並以客觀立場陳述歷史事實。例如大多數學者受到刻板的思維的導引，1927年8月1日「南昌事件」，國民黨歷史學者指為「南昌暴動」，中共學者讚為「南昌起義」。又如1927年4月12日「四一二事件」，國民黨歷史學者稱為「東南清黨」，中共學者卻稱為「四一二反革命政變」；其他由意識形態導致的類似例子，亦不勝枚舉。

　　本書定名為「新戰國時代：近代中國33面旗幟與政權」，旨在討論1895年至2022年在法定中國固有領土上，曾經建立的重要朝廷、國家、政府、特區等不同型式的政權；展示近代中國歷史真實全貌。作者粗估合併統計，自清末民初到今日為止，中國合法領土內曾經出現33個國家或政府，這個數量十分驚人，相信多數國人也不敢置信。這33個國家或政府除少數被歷史記載外，多數在近代史上被一筆帶過，甚至從未被提及。古今中外從未有百餘年內，一個國家前後出現33面旗幟與政權，並分別以獨立國家，傀儡國家，獨立政府，傀儡政府，帝國朝廷，地區政府，特區政府或其他政治實體面貌呈現，實在嘆為觀止。中國境內33個政權前後建政，交替存在；彼此相爭，內戰不斷；加上33個政權並與中國周邊國家有多次大型戰爭，包括中日戰爭、中俄戰爭、中越戰爭、朝鮮戰爭、兩岸戰爭、中美衝突、中英衝突、中印衝突等等，近代中國無疑是一個

「戰國時代」，故本書取名「新戰國時代」。這33個政權歷史多數被人遺忘，或故意被當權者忽略，故有必要記載它們的興亡成敗之原因、過程與影響。本書寫作範圍自1895年至2022年，前後長達127年；地域跨越1141萬平方公里土地；總計敘述33個重要政權，並分章介紹。

　　十九世紀末至二十世紀中國的大歷史是波瀾壯闊的，內容既有趣又悲涼。「新戰國時代：近代中國33面旗幟與政權」簡介在一段時間，具有一片疆域（土地），一群人民（人民），並產生政治體制（政府）、執政長官、建立首都、製定國旗（區旗）、選取國名（政府名）、或有部分國際邦交（主權／國際承認）。近代中國33個政權的建立年代、國名（政府）、國旗（旗幟），依時間次序歸納如下：

新戰國時代：近代中國33面旗幟與政權名稱表

序號	時間	國家／政府	國旗／區旗
1	1636～1912	大清帝國（The Qing Dynasty）	黃龍旗
2	1895	臺灣民主國（The Republic of Formosa）	藍地黃虎旗
3	1911	中華民國軍政府：鄂軍都督府（Hubei Military Junta）	九角十八星旗
4	1911～1915/ 1921～1924	博克多汗國（The Bogd Khanate of Mongolia）：黃教旗	黃教旗
	1924～1992	蒙古人民共和國（The Mongolian People's Republic）	
	1992	蒙古國（Mongolia）	索永布紅藍國旗
5	1912～1928	中華民國北洋政府（The Beiyang Government）	五色旗
6	1912～1951	西藏獨立運動（The Tibetan Independence Movement）	雪山獅子旗
7	1915～1916	中華帝國（The Empire of China）	紅叉五色旗
8	1911～1914	烏梁海共和國（The Uryankhay Republic）	輪型藍地旗（俄占時期）
	1914～1921	烏梁海邊疆區（Uryankhai Krai）	輪型藍地旗（俄占時期）
	1921～1926/ 1944	唐努圖瓦人民共和國—圖瓦人民共和國（The Tuvan People's Republic）	車輪紅旗—TAP 紅旗

序號	時間	國家／政府	國旗／區旗
	1944～1961	俄羅斯蘇維埃聯邦社會主義共和國—圖瓦自治州（The Russian Soviet Federative Socialist Republic）	蘇聯紅星旗
	1961～1992	圖瓦蘇維埃社會主義自治共和國（The Tuvan Autonomous Soviet Socialist Republic）	藍條蘇聯紅星旗
	1992～	圖瓦共和國（Tyva Republic）（1992～）	黃藍橫Ｙ字旗
9	1927～1928	中華民國安國軍政府（The National Pacification Army）	十二章五色國旗
10	1928～	中華民國國民政府（The National Government of the Republic of China）	青天白日滿地紅旗
11	1931～1937	中華蘇維埃共和國（The Chinese Soviet Republic）	鐮刀斧頭紅旗
12	1932～1934 1934～1945	滿洲國（State of Manchuria） 大滿洲帝國（Empire of（Great）Manchuria）	五色黃地旗
13	1933～1934	東突厥斯坦伊斯蘭共和國（The East Turkestan Islamic Republic）：1933 和闐伊斯蘭王國（The Hetian Islamic Kingdom）：1934	星月藍地國旗 星月文字旗
14	1933～1944	新疆省自治行政區（Xinjiang Autonomous Government）	大衛紅星黃地旗
15	1933～1934	中華共和國（The People's Revolutionary Government of the Republic of China）：福建人民政府	紅藍黃星旗
16	1935～1938	冀東防共自治政府（The East Hebei Autonomous Government）／中華民國臨時政府（The Provisional Government of the Republic of China）	五色旗
17	1935～1936	中華蘇維埃共和國西北聯邦（The Northwestern Federation of the Chinese Soviet Republic）	中華蘇維埃共和國紅旗
18	1936～1937 1937～1939 1939～1941	蒙古軍政府（Mongolia Military Junta） 蒙疆聯合委員會（The Mengjiang United Committee） 蒙疆聯合自治政府（The Mengjiang United Autonomous Government）	四色藍地旗 四色七條旗 四色七條旗

序號	時間	國家／政府	國旗／區旗
19	1937～1950	陝甘寧邊區政府（Shaan-Gan-Ning Border Region），簡稱邊區政府	青天白日滿地紅旗
20	1937～1939	察南自治政府（The South Chahar Autonomous Government）	四色黃地旗
21	1937～1939	晉北自治政府（The North Shanxi Autonomous Government）	四色黃地旗
22	1937～1939	蒙古聯盟自治政府（The Mongol United Autonomous Government）	四色藍地旗
23	1937～1938	上海市大道政府（The Dadao Government）	太極黃地旗
24	1937～1940	中華民國臨時政府（The Provisional Government of the Republic of China）	五色旗
	1940～1945	華北政務委員會（North China Political Commission）	
25	1938～1940	中華民國維新政府（The Reformed Government of the Republic of China）	（和平建國）五色旗
26	1939～1941/1945	蒙疆聯合自治政府（Mengjiang United Autonomous Government）蒙古自治邦	四色橫條旗
27	1940～1945	中華民國戰時南京政府（The Reorganized National Government of the Republic of China）	（和平反共建國）青天白日滿地紅旗
28	1944～1946/1949	東突厥斯坦共和國（The East Turkestan Republic）	星月綠地旗／金粉文字旗
29	1945	內蒙古人民共和國（The Inner Mongolian People's Republic）	索永布紅地國旗
	1946	東蒙古人民自治政府（The East Mongolian Autonomous Government）	紅藍三條旗
	1945～1947	內蒙古自治運動聯合會（The Inner Mongolian Autonomous Sports Federation）（1945～1947）	紅藍三條旗
	1947～1949	內蒙古自治政府（The Inner Mongolian Autonomous Government）	紅藍三條旗

序號	時間	國家／政府	國旗／區旗
30	1949～	中華人民共和國（The People's Republic of China）	五星紅旗
31	1992～	蒙古國（Mongolia）	索永布旗
32	1997～	香港特別行政區政府（The Government of the Hong Kong Special Administrative Region）	洋紫荊紅地區旗
33	1999～	澳門特別行政區政府（The Government of the Macao Special Administrative Region）	蓮花綠地區旗

（圖表：潘邦正製作）

　　本書討論33個政權、百年歷史、千餘事件；由於時間跨度太大，國家政府眾多，實無法細節陳述；故僅做概念提示，簡要介紹，並省略註解。文章中關於時間、地點、事件各家爭議亦多；疏漏待補之處，必然存在。作者以古稀之年寫一點歷史心得，期盼彌補近代歷史殘缺於萬一。本書為拋磚引玉之作，提供一張「歷史大地圖」，深望地圖上更多精彩人物、歷史事件、遺忘故事、國家發展、民生建設與民族問題等有趣之主題能被同好者發掘，亦深盼未來年輕學子能填補本書不足處之歷史空白，豐富正史。

CONTENTS
目　錄

新戰國時代：近代中國33面旗幟與政權

目錄

(29)

新戰國時代：近代中國33面旗幟與政權

第1章

大清帝國（The Qing Dynasty）
黃龍旗（1636～1912）

黃龍三角旗1862年10月17日啓用（照片來源：https://www.bing.com）

黃龍旗使用自1889年5月26日至1912年1月（照片來源：https://www.bing.com）

　　1616年女眞族人愛新覺羅‧努爾哈赤建立後金政權，定都赫圖阿拉城。1636年5月15日努爾哈赤的繼承者皇太極在盛京（瀋陽市）稱帝，改國號爲「大清」，清朝立國。1644年李自成攻陷北京，與崇禎帝談判破裂後，崇禎自縊身亡，明朝覆滅。同年，吳三桂等明朝殘餘軍隊歸降清軍，引清軍進入山海關內，消滅華北殘餘明朝勢力及李自成、張獻忠、南明、南鄭等勢力，統一全國；攝政王多爾袞迎順治入關稱帝，其後歷經康熙、雍正、乾隆、嘉慶、道光、咸豐、同治、光緒、宣統諸帝統治中國，前後約計276年（1636年～1912年）。康熙、雍正、乾隆、三朝時期，文治武功強盛，民生建設蓬勃，是清朝鼎盛時期，史稱「康雍乾盛世」。

　　1889年5月26日清政府批准黃龍旗爲清朝國旗。第一面黃龍旗最初爲清朝的非正式的海上船旗，旗爲三角形，其後一些涉外機構也開始懸掛三角黃龍旗。1840年7月第一次鴉片戰爭後，清朝同西方各國的交往日益增多，依照海上國際慣例，商船需懸掛國旗方能進行貿易。因爲清朝尚未制

定國旗，中國商船註冊懸掛外國國旗，有時會引起其他國家商人的誤解。清政府始「仿各國成例，制定一種國徽，俾便商民尊用」。後因曾國藩考慮到製作方形龍旗與八旗正黃旗類似，大為不敬，因此旗幟設計為三角形，黃龍三角旗逐成為最初清朝軍旗。

　　1887年晚清重臣李鴻章在同西方列強談判、簽約、通商、互派外交人員等外交活動中，看到西方列國懸掛國旗，而清國卻無國旗可以代表懸掛，深感有失大清威儀，於是上奏孝欽顯皇后（西宮太后）請求頒制國旗。1889年北洋機器局完成了黃龍旗設計樣稿和營造法則，1889年5月26日清政府批准黃龍旗設計為黃地藍龍戲紅珠圖案，並正式使用「照會東西洋各國一體知照」；黃龍三角旗正式啟用為清朝國旗；也是中國使用國旗之濫觴。1912年1月滿清政府被革命軍推翻，中華民國北洋政府更換國旗，五色旗正式成為代表中國之國旗。

　　清朝人口約維持在4億3000萬多人左右，1820年清朝的領土面積達1340萬平方公里，由於歷年列強侵略與不平等條約領土割讓，至1912年移交給中華民國北洋政府約只剩1141萬平方公里，清朝約喪失200萬平方公里領土。後再經第一次世界大戰、第二次世界大戰國局動盪，及列強干涉，中華民國和中華人民共和國迫於外交現實及自身利益，再丟失150萬平方公里領土，當前中華人民共和國政府實際控制地區則僅剩957萬平方公里。清朝歷代四易首都赫圖阿拉城、遼陽市、盛京（瀋陽市），最後定都北京。文字語言漢滿並用。

　　清朝大臣滿漢並置，但以滿人為優，滿漢君臣猜疑日深，導致滿漢內亂時起。1673年12月至1681年12月平西王吳三桂、平南王尚可喜、靖南王耿精忠（耿仲明之孫）懷疑朝廷撤藩，結合海內外反清勢力，起兵發動戰爭，史稱「三藩之亂」（The Revolt of the Three Feudatories），歷時八年。清朝平定三藩之後徹底廢除藩鎮制度，除臺灣島外，完全統轄全中國。1842年清朝與英國產生第一次鴉片戰爭（First Opium War），戰敗後簽訂第一個對外不平等條約《南京條約》（Treaty of Nanking）。自第一次鴉片戰爭（First Opium War）後，清朝與各國不平等條約（Unequal

Treaty）簽署日益增加，割地賠款，認罪道歉，國力損耗；大清王朝國勢逐漸日衰。1851年至1872年中國再度發生內亂，洪秀全與馮雲山以宗教「拜上帝會」號召爲名，於廣西兵變，史稱「太平天國之亂」（The Taiping Rebellion），太平軍擁兵擁有約3000萬人。清軍與太平軍激戰十數場，攻防慘烈，雙方死傷估計有數千萬人。然而中國內亂剛平，外戰又起。1894年清朝和日本在朝鮮半島、遼東、山東半島及黃海一帶發生一場大規模的陸戰與海戰，史稱「甲午戰爭」（The First Sino-Japanese War）。清朝北洋水師與日本聯合艦隊傾巢而出，最終北洋水師慘敗，1895年4月17日雙方簽訂《馬關條約》（Treaty of Shimonoseki）收場，清朝支付日本賠款2億兩白銀，並割讓遼東半島、臺灣、澎湖等地。1900年「八國聯軍」（The Eight-Nation Alliance）5.5萬餘人，戰艦54艘攻入北京；清朝除付出巨額賠款，並逐漸喪失國家主權。清朝中期以後歷經各國侵略，內憂外患，元氣大傷，清朝與各國簽訂之不平等條約堆積成山；自此國力衰敗；及至辛亥革命後，1912年2月南京參議院通過清室退位《優待條例》和宣統宣告《宣統帝退位詔書》，清朝滅亡。

　　清朝國體是君主專制（Monarchy），君主專制是以君主爲國家主權的唯一代表，君主對所轄臣民與領土有至高無限制的權力，君主統治權力完全不受任何其他司法、立法、宗教、經濟或選舉的制衡或約束。乾隆時期清朝國勢極盛，疆域遼闊，達1300萬餘平方公里。十九世紀西人東來中國經商，傳教，由於文化差異及政經利益，中西衝突日多，世界列強視清朝爲肥肉，紛紛豪取強奪。鑒於魏源「師夷長技以治夷」建議，自1861年至1895年大清在中國展開「自強運動」（The Self-Strengthening Movement），強調「中學爲體，西學爲用」。自強運動是全國工業化運動之始；引進大量西方科技，書籍，人才；及培養了一批中國留學生，力圖中國走上工業化和現代化之路。自強運動建立現代銀行體系、郵政體系、新式教育、新式軍隊、政治思想、商業模式、鐵路交通、輕重工業等。自強運動持續35年，直到1895年甲午戰敗，北洋水師全軍覆沒，門戶大開，洋務運動就此結束。洋務運動失敗的主要原因是重視硬體，輕視

軟體；虛造外觀，缺乏務實。但是自強運動對整個中國的新潮思想、科學化與現代化，依然有著啓迪的意義。

　　1895年甲午戰敗後，大清王朝再度奮力革新，1898年6月11日～9月21日，光緒皇帝推動戊戌變法（百日維新），欲藉軍事，政治，經濟，外交之改革，變更國體，走上君主立憲制（Constitutional Monarchy）之道路。1898年6月10日光緒皇帝令翁同龢起草《明定國是詔》，6月11日頒布，表明變革決心，「嗣後中外大小臣工，自王公以及士庶，各宜努力向上，發憤爲雄，以聖賢義理之學植其根本，又須博採西學之切於時務者實力講求，以救空疏迂謬之弊。專心致志，精益求精，毋徒襲其皮毛，毋竟騰其口說，總期化有用爲無用以成通經濟變之才」，百日維新由此開始。光緒並召袁世凱來京，下旨進行新政整頓在軍事上，陸軍改練洋操，並開始一系列的改制。戊戌變法中途因涉及光緒皇帝與慈禧太后的宮廷權力鬥爭，康有爲等人更策動暗殺慈禧太后失敗後，康有爲和梁啓超流亡海外，其他數十人被捕，包括稱爲「戊戌六君子」均被逮捕斬首，百日維新終止。光緒皇帝主導君主立憲制本是近代中國的重要轉捩點，影響至爲深遠；戊戌變法如能像日本明治維新一樣成功，近代中國歷史將會完全改寫。

　　立憲運動民間亦有行動配合者。1900年張之洞門生唐才常與沈藎、畢永年祕密組織了「正氣會」，對外則以「東文譯社」掩護；3月改名爲「自立會」。7月26日唐才常在上海愚園召開了「中國議會」，決定以自立會爲基礎成立自立軍，號召維新派、清軍士兵、革命黨，以及各會黨人員；目標是擁護光緒，推翻孝欽顯皇后（西太后），建立君主立憲制政府，選舉國會議員。8月21日唐才常自立軍起義前被捕。中國議會遂自行解散。中國議會與自立軍事件是中國從「君主專政」走向「民主共和」政體的一個轉捩點，此一事件引發維新黨人同情革命。另一方面，同年7月20日八國聯軍（The Eight-Nation Alliance）攻陷北京，從此各國與華關係改變近代中國歷史。

　　立憲運動是大清王朝推動的第三次大型政治改革，目的在使大清帝國

仿效英、日兩國建立虛位元首的內閣政體，成為君主立憲政體的國家。1906年光緒皇帝下詔預備立憲，闡述「仿行憲政」的涵義為「大權統於朝廷，庶政公諸輿論，以立國家萬年有道之基」。立憲活動得以展開的一個主要原因是1905年的「日俄戰爭」（The Russo-Japanese War），日本以君主立憲小國戰勝俄國專制大國。大清帝國朝野普遍認為「非小國能戰勝於大國，實立憲能戰勝於專制」。

　　1907年大清政府籌設資政院，在各省籌設諮議局。資政院是大清帝國成立議會準備機構，成立於1910年9月，終止於1912年初，院址在北京象來街。議員人數起初訂為200名，欽選、民選各一半。欽選一百名由皇帝指派，民選一百名由各省諮議局選出。由於新疆省未開諮議局，故應選的2名議員闕如，實際民選的議員只有98名，因此清廷也相應減少欽選議員至98名，故總共應選議員196名。1910年9月1日，資政院舉行第一次開院典禮，監國攝政王載灃代行蒞選，頒諭嘉勉議員。1911年9月遵章召開第二次召集開會。

　　1908年8月27日大清政府頒布《欽定憲法大綱》（The Outline of the Constitution Compiled by Imperial Order），確立君主立憲政體，確認了公民的一些基本權利與義務，同時對君權進行了一些限制。例如：「臣民權利義務」共9條。有納稅、當兵及遵守法律等公民義務。主要內容為：

1. 臣民按照法律所定，有納稅、當兵之義務。
2. 臣民現繳之賦稅，非經新定法律更改，悉仍照舊輸納。臣民有遵守國家法律之義務。
3. 公民權利則有言論、著作、出版及集會、結社等自由，不受非法逮捕、監禁、處罰；以及進行訴訟，專受司法機關審判等權利。
4. 臣民中有合於法律命令所定資格者，得為文武官吏及議員。
5. 臣民於法律範圍以內，所有言論、著作、出版及集會、結社等事，均准其自由。
6. 臣民非按照法律所定，不加以逮捕、監禁、處罰。
7. 臣民可以請法官審判其呈訴之案件。

8. 臣民應專受法律所定審判衙門之審判。

9. 臣民之財產及居住，無故不加侵擾。大清《欽定憲法大綱》重要條款
成為後來民國立憲人民權力與義務的重要藍本。

　　1911年5月大清政府廢除辦理軍機事務處，效法明治維新，任命內閣
總理大臣，建立中國第一個慶親王內閣，組織責任政府。由於內閣成員
共13人，9人為皇族或滿人，被譏諷為「皇族內閣」。慶親王內閣主政時
間甚為短暫，1911年11月大清政府任命以漢人為主的袁世凱內閣，1912
年2月12日清帝遜位，內閣解散；隆裕皇后代表宣統皇帝溥儀頒布《宣
統帝退位詔書》（The Imperial Edict of the Abdication of the Qing Em-
peror），詔書要點：「今全國人民心理多傾向共和。南中各省，既倡議
於前，北方諸將，亦主張於後。人心所嚮，天命可知。予亦何忍因一姓之
尊榮，拂兆民之好惡。是用外觀大勢，內審輿情，特率皇帝將統治權公諸
全國，定為共和立憲國體。近慰海內厭亂望治之心，遠協古聖天下為公之
義」。大清政府原以「民權主義」改革國家體制，結果導致漢、滿兩族以
「民族主義」做政權鬥爭，真是令人意外，造化弄人。

　　立憲運動失敗的原因一般認為在於朝野黨派對於在預備立憲緩急與責
任內閣的組成與權限，意見頗不一致。也就是大清政府假立憲運動之名，
依然實行皇族專政。事實上，袁世凱內閣之成立已經將立憲運動推向滿、
漢「民族主義」鬥爭建立橋樑。換言之，清末朝廷的衰弱，提供漢人奪權
的機會，袁世凱內閣及革命份子正可利用立憲運動以達建立「漢人政權」
的目的。因此袁世凱與革命份子裡應外合，段祺瑞率領50位北洋將領發
布《北洋五十將乞共和電》威脅宣統退位。段祺瑞不久又發《乞共和第二
電》，準備兵變。1912年宣統皇帝溥儀頒布《宣統帝退位詔書》明確指
出「由袁世凱以全權組織臨時共和政府，與民軍協商統一辦法。總期人民
安堵，海宇乂安，仍合滿、漢、蒙、回、藏五族完全領土為一大中華民
國。自此滿清滅亡，中華民國正式建立；驚訝的是「中華民國」之名稱與
滿、漢、蒙、回、藏五族共和之規劃竟首次出自《宣統帝退位詔書》。

　　從大歷史觀之，中國革命團體其內部主張「民族主義」鬥爭優先於

「民權主義」爭取。1905年成立於東京的中國同盟會（Chinese United League）其誓詞為：「驅除韃虜，恢復中華，建立民國，平均地權」。很明顯的，革命份子對於「驅除韃虜，恢復中華」是優先於「建立民國，平均地權」；故清末民初之「民族主義」實為袁世凱與革命份子推翻滿清之真正目的。另一證明是民國建立，皇權思想尚存，歷任執政者都以再建立皇權，成立專制帝國或終生執政為目標，「民主制度」只不過是執政者的會客大廳擺設；中華帝國與滿洲帝國，袁世凱、溥儀、毛澤東……終生執政都是此一思想。百年以來歷史證明「民族主義」與「皇權體制」依然是中華民族主要內部追求的根本，這也是為何自1912年後，邊疆地區獨立運動不斷發生，「皇權體制」持續復辟的主因。

再者，1894年11月24日孫文在檀香山成立的革命團體興中會（The Revive China Society），誓詞改為「驅逐韃虜，恢復中華，創立合眾政府」。其目的又二：主要為「驅逐韃虜，恢復中華」，次要為「創立合眾政府」。前者為「民族主義」革命，後者為「民權主義」革命；亦顯示革命團體是以「民族主義」革命為首要，推翻滿族治國。有趣的是「創立合眾政府」，即指主張建立中華民國為「許多邦／民族的聯合」合眾國，一般指聯邦共和國（federal republic）。共和制是指擁有民選國家領導人，而非君主的國家。在聯邦共和國，聯邦政府和各個地方政府之間有權力分工。1912年1月1日孫文在其《臨時大總統宣言書》中，闡述了對聯省自治這一問題的態度：「國家幅員遼闊，各省自有其風氣所宜。前此清廷強以中央集權之法行之，遂其偽立憲之術；今者各省聯合，互謀自治，此後行政，期於中央政府與各省之關係調劑得宜。大綱既挈，條目自舉。是曰內治之統一。」未料其後孫文改變初衷，反對聯邦（省）自治，導致孫文與陳炯明由合作，轉為相互戰爭，致發生1922年6月16日「六一六事件」（國民黨稱之為孫文「廣州蒙難」）及1923年1月4日孫文通電討伐陳炯明事件。諸多案例顯見民初中國菁英份子思想搖擺，私利為先。

1914年7月8日孫文在東京成立中華革命黨（The Chinese Nationalist Party），以「重組革命黨，首以服從命令為惟一之要件。凡入黨各員，

必自問甘願服從文一人，毫無疑慮而後可」，宣布「以掃除專制政治，建設完全民國爲目的」，「以實行民權、民生兩主義爲宗旨」，規定入黨者都要按指印、立誓約，絕對服從孫文，這種以「領袖爲王」，「黨國爲主」的思維，違背孫文自己主張「以人民爲主，以議會爲體」的革命目標，影響爾後中國政黨結構及國家發展甚巨，尤其是中國國民黨與中國共產黨的歷史發展。百年以來政黨都不能民主化，何談國家民主化？中國境內各政黨至今依然「領袖萬歲」響徹雲霄，「黨國永固」顛撲不破，這種思維何異於大清專制政府？中國菁英份子追求之「民主共和」早淪爲歷史笑談。

　　1911年10月10日武昌起義爆發，隨之南方臨時政府成立，南北對峙形成，中國再度分爲南北兩個政體；繼之邊陲成爲無政府狀態，少數民族居住地區人民如蒙古、西藏、烏梁海趁機紛紛建立獨立政體，中國自此陷入群雄爭霸、民族分裂、政權相鬥、百年內戰之境地，至今餘火未熄。

第2章
臺灣民主國（The Republic of Formosa）
藍地黃虎旗（1895）

臺灣民主國：藍地黃虎旗（照片來源：https://www.bing.com/）

　　臺灣（Taiwan）西方稱福爾摩沙（Formosa）約3.6萬平方公里，是位於西太平洋島嶼，西鄰中國大陸，南遙菲律賓群島，北望琉球群島及日本。十六世紀起荷蘭、西班牙、英國、法國、明鄭都統治或佔領臺灣一段時期。1628年至1683年明鄭時期在臺灣建立政治勢力，但明鄭使用大明國號和年號且當時臺灣處於政治地位模糊時期。1689年《尼布楚條約》（The Treaty of Nerchinsk），俄方稱《涅爾琴斯克條約》簽約，清朝始被世界稱爲「中國」。1683年清朝將領施琅攻佔臺灣，1684年4月臺灣始納入大清版圖，設臺廈道；1727年清政府再改臺灣爲臺灣道，由隸屬福建省之下的臺灣府管轄。1885年清朝下詔閩臺分治；首先籌建「福建臺灣省」，管轄臺灣府、臺北府及臺南府，臺灣建省工作直至1887年才完成，首任巡撫爲劉銘傳；清治臺灣總計211年。臺灣後因「馬關條約」割讓領土給日本，1895年6月2日大清帝國代表李經方簽屬交接臺灣文據給日本政府，自始日本統治臺灣50年（1895～1945），直至1945年10月25日再由中華民國收復。

1895年是大清帝國命運重要轉折點，主要是統一中國276年的大清帝國自此帶領中國走向長期分裂。臺灣民主國（The Republic of Formosa or The Taiwan Republic）成立時間甚短，本為臺灣人民抗拒日本藉由「馬關條約」強占臺灣，故高舉「民族主義」旗幟抵抗日軍；不過立國名稱卻取了「民主」為國名；臺灣民主國是並用民族主義與民主思潮的政權模式，啟蒙其後中國大陸各政權的成立，各政權亦多採用此種模式為政治號召。由於臺灣屬於中國領土內，臺灣民主國成立成為首創國內「兩個中國」模式；臺灣民主國以「民主為國號」，也是中國歷史上成立的第一個民主國，亞洲第二個民主國（亞洲第一個民主國係由1884年陳蘭伯在婆羅洲（Borneo）建立的「蘭芳共和國」（The Lanfang Republic）。當然必須承認，當時中國人對民主的概念尚在萌芽階段，無論臺灣民主國或蘭芳共和國只是實施「形式民主」，缺乏實質民主內涵。臺灣原是一海外小島，歷經300年歷史變動，政經改革，現已成為世界經濟，政治耀眼國家之一。目前臺灣政治民主化與社會自由度成就與世界國家比較，已經名列前茅，2022年臺灣名列全球民主化排名第八，成績斐然。當然臺灣民主政治缺失還是很多，尚需要進一步改革；但相較之下，臺灣民主政治發展依然受全球華人欣賞；討論臺灣民主化思潮之起源，必須從臺灣民主國的建立著手。

臺灣民主國是1895年短暫建立在於臺灣的共和制政權。1689年《尼布楚條約》簽約，清朝已被世界稱為「中國」。「臺灣民主國」當初選取國名為何不用「中國民主國」十分值得玩味。清朝在甲午戰爭戰敗後，被迫於同年4月簽訂《馬關條約》（The Treaty of Shimonoseki），將臺灣、澎湖與周邊島嶼割讓予日本。《馬關條約》是1895年4月1日大清帝國派出之欽差頭等全權大臣李鴻章和欽差全權大臣李經方與大日本帝國首相伊藤博文和外務大臣陸奧宗光在山口縣下關港簽署之條約，又稱《中日講和條約》，關於割讓／賠款主要條款包含：

1.中國認明朝鮮國為完全獨立自主國家。

2.中國下列地方之堡壘、軍器工廠及一切製造物永遠讓與日本。

⑴所劃界之遼東半島。

⑵臺灣全島及所有附屬島嶼。

⑶澎湖群島，即英國格林尼次東經119度起至120度止、北緯23度起至24度之間諸島嶼。

3.中國支付日本軍費賠款庫平銀2萬萬兩。

日本藉《中日講和條約》欲取臺灣的主要原因：

1.臺灣海峽是日本與東南亞，歐洲，非洲經貿航線必經之地，為其南向／西發展重要路線。

2.臺灣自然資源豐富，日本大量開採臺灣各地金、銅、煤、森林、樟腦、糖、鹽等，以供應日本內地工業需求。

3.臺灣是軍事上封鎖中國向外發展，並與日本競爭及防止日本被中國西邊與南邊兩面包圍重要戰略要地。

1895年6月2日大清帝國代表李經方與日本首任駐臺總督樺山資紀於

樺山資紀簽署交接臺灣文據（照片來源：https://kknews.cc/zh-tw）

基隆三貂角外海日輪「橫濱丸」（故宮博物館與外交部合編《百年傳承走出活路》外交史料特展檔案文稿寫是〈西京丸號〉）上簽署交接臺灣文據），自始日本統治臺灣五十年（1895～1945），直至1945年10月25日始由中華民國收復。

對於大清向日本割讓臺灣，澎湖與周邊島嶼，當時遭到臺灣人民強烈反對，臺灣部分望族因而鼓動臺灣巡撫唐景崧獨立抗日。1895年3月唐景崧當時以清朝官銜「欽命署理福建臺灣巡撫部院兼管海關學政頭品頂戴臺灣布政使司霍伽春巴圖魯唐」招募軍隊，抵抗日軍登陸。5月24日陳季同起草獨立宣言，並將英譯文本送給駐臺各國領事館。宣言內容主要為：

日寇強橫，欲併臺灣。臺民曾派代表詣闕力爭，未蒙俞允。局勢危急，日寇將至。我如屈從，則家鄉將淪於夷狄；如予抗拒，則實力較弱，恐難持久。業與列國迭次磋商，僉謂臺灣必先自立，始可予我援助。臺灣同胞，誓不服倭，與其事敵，寧願戰死。爰經大會議決，臺灣自立，改建民主國；官吏皆由民選，一切政務秉公處

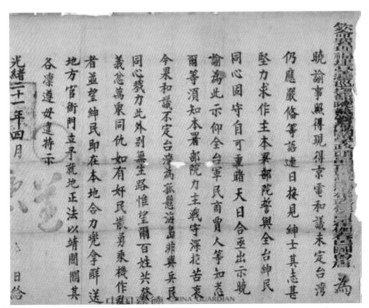

唐景崧以清朝官銜公告堅守臺灣（照片來源：https://www.bing.com）

新戰國時代：近代中國33面旗幟與政權

理。但爲禦敵及推行新政，必須有一元首，俾便統率，以維持秩序而保安寧。巡撫承宣布政使唐景崧爲萬民所敬仰，故由大會公推爲臺灣民主國大總統……

依此宣言，楊雲萍認爲「臺灣民主國」之建立，實際上的領導者，不是唐景崧，也不是丘逢甲，劉永福……建立臺灣民主國的實際上的劃策者、推動者，是陳季同。」

1895年5月25日臺灣巡撫唐景崧受任宣布建國臺灣民主國，年號「永清」並由唐景崧擔任首任總統（1895年5月25日～1895年6月6日），改「專制爲共和」，改「皇帝爲總統」，改「黃龍朝旗爲黃虎國旗」；任命丘逢甲爲副總統兼團練使，領導義勇軍。劉永福爲大將軍、李秉瑞爲軍務大臣、俞明震爲內務大臣、陳季同爲外務大臣、林維源爲議院議長等；制定「藍地黃虎旗」爲國旗、刻「民主國寶印」爲國璽、定臺北爲首都，並發布「臺灣民主國獨立宣言」：

臺灣民主國總統，前署臺灣巡撫布政使唐爲曉諭事：照得日本欺凌中國，大肆要求，此次馬關議款，於賠償兵費之外，復索臺灣一島。臺民忠義，不肯俯首事仇，屢次懇求代奏免割，總統亦奏多次，而中國欲昭大信，未允改約。全臺士民，不勝悲憤。當此無天可籲，無主可依，臺民公議自立爲民主之國。以爲事關軍國，必須有人主持，於四月二十二日士民公集本衙門遞呈，請余暫統政事。經余再三推讓，復於四月二十七日相率環籲；五月初二日，公同刊刻印信，文曰：「臺灣民主國總統之印」，換用國旗「藍地黃虎」捧送，前來竊見衆志已堅，群情難拂，不得已爲保民起見，俯如所請，允暫視事。即日議定，改臺灣爲民主之國，國中一切新政，應即先立議院，公舉議員，詳定律例章程，務歸簡易。惟是臺灣疆土，荷鄭大清經營締造二百餘年，今須自立爲國，感念列聖舊恩，仍應恭奉正朔，遙作屏藩，氣脈相通，無異中土，照常嚴備，不可

稍涉疏虞。民間有假立名號，聚眾滋事，藉端仇殺者，照匪類治罪。從此臺灣清內政、結外援、廣利源、除陋習，鐵路、兵輪次第籌辦，富強可致，雄峙東南，未嘗非臺民之幸也。特此曉諭全臺知之。
永清元年五月二十五日

　　臺灣民主國建國使臺灣人民與日本政府關係緊張，「乙未戰爭」（The Japanese Invasion of Taiwan）於是爆發。5月10日日方擢升海軍中將樺山資紀（Kabayama Sukenori）為大將，並任命其為臺灣總督，同日開廳。5月29日北白川宮能久親王（Prince Kitashirakawa Yoshihisa）率近衛師團與樺山總督率領各類艦艇233艘在澳底登陸，5月31日北白川宮能久親王方上岸指揮。實際上，日軍是違反約定，比6月2日正式簽約交接日，提前四日登陸。6月3日基隆陷落，4日日軍攻入臺北，夜晚總統唐景崧出逃。6月6日唐景崧搭上德國商輪鴨打號（Arthur），從淡水逃往廈門。唐景崧自建國至臺灣民主國亡僅短短十三日。6月26日餘眾在臺南擁立民主國大將軍、黑旗軍統帥劉永福為第二任大總統（1895年6月26

北白川宮能久親王（照片來源：https://zh.wikipedia.org/wiki/）

日—1895年10月21日），遷都臺南，號稱南都，設總統府於大天后宮。史稱「臺南共和」（Tainan Republic）或「第二共和」（Second Republic）。6月19日日軍開始南下進攻桃園、新竹，繼之彰化、雲林、嘉義失守，雙方軍隊傷亡慘重。10月20日劉永福見大勢已去，與其義子劉成良搭乘英國籍商船「塞理斯輪」（Thales）內渡廈門。10月22日日軍由安平南路入安平港，10月23日近衛師團長北白川宮能久親王由北路入安平，日軍南北會合後，入臺南古城，臺灣民主國「臺南共和」滅亡。

據聞北白川宮能久親王在乙未戰爭中亡故，追贈大將。日本方面解釋北白川宮能久親王因罹患瘧疾病死，亦有傳說親王是在臺遭義軍伏擊而陣亡，眞實情況，至今未明。北白川宮能久親王是伏見宮邦家親王的第九子，生母是堀內信子。幼名滿宮。1901年日人在臺北市劍潭附近之圓山建造「臺灣神社」，1943～1944年遷座，擴建爲「臺灣神宮」，主祀死於臺灣的北白川宮能久親王。1933年9月基隆市四丁目始設有北白川宮能久親王紀念碑。1945年中華民國遷臺，臺灣神社原址改建爲圓山大飯店。

臺灣民主國的誕生比歷史教科書號稱「亞洲最早的民主共和國」中華

日治時期臺北市圓山「臺灣神社」（照片來源：https://www.bing.com/）

民國早了十六年。不過遠在1770年華僑羅芳伯在婆羅洲坤甸市建立「蘭芳公司」，1777年至1884年羅芳伯將「蘭芳公司」改為「蘭芳共和國」（The Lanfang Republic），建國目的以保護華人移民免受荷蘭人的壓迫為主，國家組織類似中國的祕密會黨，以東萬律為首都，第一任總制是陳蘭伯。立國之初使用「蘭芳公司」之名向大清稱臣，並派員前往北京朝貢。臺灣民主國與蘭芳共和國屬大清帝國附庸國性質，其民主化程度也有問題，究竟兩國何者被定為「亞洲最早的民主共和國」？從名稱與實史而言，尚存爭議，只有未來專書討論。綜觀臺灣民主國5月內興亡有下列主要因素：

1. 軍隊倉促成軍，軍力薄弱，武器落後，後援不繼無法抗衡強大日軍。
2. 主要領導人均為臨時推舉，並無誓死奮戰決心。唐景崧起事前宣示「萬眾一心，誓同死守」，事後即逃；富豪林維源被推為議會議長，在獨立慶典的第二天就潛逃至廈門。
3. 共和國是主權國家，臺灣民主國年號「永清」，其本質上是為民族主義舉事，實奉清朝為宗，並闡明未來將回歸清朝統治。
4. 共和制（Republic）是一種國體，執政者取得權力方式是依法律選舉出的人。臺灣民主國官員是推舉（selection）非選舉（election），故共和體制徒有其名，實無民主獨立內涵。
5. 臺灣民主國的合法性並沒有得到國際上任何國家承認，外交方面無他國支持。

臺灣民主國的成立是海峽兩岸「兩國論」的創造者。

1. 臺灣民主國立國規模有獨立的國體、政府、國都、國旗。
2. 臺灣民主國屬於中國領土在海外地區。
3. 臺灣民主國是一面抗拒日本，一面疏離中國；表面上依附清廷，實則更換國家體制並以總統自立。

1999年7月9日時任中華民國總統李登輝接受德國之聲（The Voice of Germany）總裁Dieter Weirich、德國之聲亞洲部主任Gunter Knabe與記者Simone de Manso專訪，提出的一個關於兩岸關係的新觀點：「中華

民國從1912年建立以來，一直都是主權獨立的國家，又在1991年的修憲後，兩岸關係定位在特殊的國與國關係，所以並沒有再宣布臺灣獨立的必要。」李登輝的答覆被中華人民共和國政府視爲「兩國論」的締造者。事實上，李登輝的「兩國論」（Two-State Theory）要晚於臺灣民主國實行之「兩國論」104年。

　　臺灣地緣政治與國家體制在全球總是引人矚目，角色獨特。雖然臺灣民主國僅在1895年曇花一現，歷史甚短，但是影響近代中國國體轉變至深至遠。首先，臺灣民主國是中國大陸之外本國領土新的「獨立」政治實體，這是前所未見的歷史。其次，臺灣民主國使用「民主」爲國號，「民主」思想啓蒙，對民初政局影響至大。再者，臺灣民主國以地區「臺灣」爲國名，鼓勵地方獨立的風潮，導致民族主義或地方主義興起。無人料及，1895臺灣民主國建立後，繼之中國五十年內數十個國體或政體紛紛「獨立」並用「民主」爲號召，在政治舞臺嶄露頭角；形成複雜，多元，分裂，悲傷的近代中國樣貌，經過興衰消長，部分政權至今尚存。

　　1945年10月25日大日本帝國代表陸軍第10方面軍安藤利吉在臺北市中山堂向中華民國政府代表陳儀投降，10月25日自此被定爲「臺灣光復節」（Liberation Day）；臺灣光復使臺灣重回中國版圖，結束長達五十年日治時期，也是近代史中國收復不平等條約割讓領土之典範。自1945年中華民國收回臺灣，歷經七十多年各項基礎建設完備，民生漸豐，科技發達，政經地位愈顯重要，臺灣半導體科技已經成爲全球矚目焦點，並爲西太平洋戰略要地。臺灣政治發展雖然缺點很多，然而臺灣人民自由的生活亦成爲中國大陸人民羨慕、嚮往、與追求的政治模式。自1949年起，中華民國再度轉移政權至臺灣，再度形成一中兩國之事實；在臺灣的中華民國與在大陸的中華人民共和國兩個政權開始長達七十多年的「一個中國」席位爭奪，其間雖有和平互動，但兩岸長期尚處於文攻武鬥，戰爭邊緣。目前兩岸關係受制於全球新冷戰影響，逐漸疏離，衝突不斷，海峽四周再度動盪不安，成爲全球之焦點。目前臺灣在歷史巨流中再度位於風口浪尖，命運難卜。

第3章

中華民國鄂軍軍政府（Hubei Military Junta）
鄂軍都督府九角十八星旗（1911）

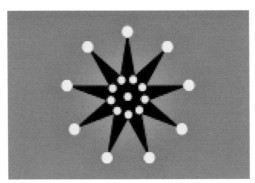

鄂軍都督府九角十八星旗（照片來源：https://www.bing.com）

　　「辛亥革命」（Xinhai Revolution）前後，中國大地南方各省紛紛獨立，湘、陝、晉、贛、滬、蘇、浙、桂、粵、皖、閩、滇、黔、川等成立軍政府如雨後春筍，各省制省憲，立政府，小國林立。本文選擇「鄂軍都督府」（Hubei Military Junta））作爲代表討論，陳述南方各省政治主張。選擇「鄂軍都督府」的理由是：

1. 鄂軍都督府成立時使用「九角十八星旗」，代表中國九州十八省，其意義是代表南方各省支持聯邦主義旗幟。
2. 鄂軍都督府是武昌起義發生地。中華民國各軍政府代表各省勢力，顯示民初政局之複雜與各省對政體意見分歧。

　　最終，南方與北方勢力以議和方式解決新國家的政治問題，免於南方與北方大規模內戰，拯救萬千生靈，值得稱讚。但是聯邦主義未被北方領袖袁世凱及南方領袖孫文接受，致中央與地方再次爭權，全國陷入內戰，河山烽火四十年。

「武昌起義」（The Wuchang Uprising）與中華民國開國息息相關，中華民國鄂軍都督府可視爲中華民國第一個省級軍政府並兼臨時中央政府的組織，它具備國號，國旗，國都與憲法並代表南方勢力，鄂軍都督府與1911年前後其他各省軍政府不盡相同。中華民國鄂軍都督府1911年10月11日成立，建都武昌，推舉黎元洪爲都督，1912年1月1日宣布解散，歷時81日。

中華民國鄂軍都督府頒布之《中華民國鄂州約法》（The Constitution of Hubei Province）是中華民國第一部「省憲法」。1905年7月中國同盟會在日本東京成立。1911年7月中國同盟會中部總會在宋教仁、譚人鳳、陳其美等人籌組下成立於上海，致使長江一帶革命組織聯繫緊密，互爲呼應，武昌首義順利，各地雲湧。中華民國鄂軍都督府是武昌起義後1911年10月11日於湖北武昌成立的，是中華民國第一個省級軍政府，同時代行中央軍政府的職責；中華民國鄂軍都督府在1911年10月至12月中扮演了關鍵過渡政府的角色。

1911年10月10日革命起義軍在武昌城內分三路進攻總督署和旁邊的陸軍第八鎮司令部。10月11日駐防漢陽兵工廠等處的士兵祝制六等率眾起義，占領漢陽。10月12日漢口光復。起義軍掌控武漢三鎮後，中華民國鄂軍都督府成立，發布了重要公告《祭告天地黃帝文》、《維持軍風紀喻文》、《檄文》、《通告各省文》等。起義軍準備籌組軍政府時，革命黨主要領導成員都不在武昌。起義者熊秉坤、蔡濟民等人遂臨時推舉清軍混成協統領黎元洪出任中華民國軍政府鄂軍都督府都督，改湖北省諮議局爲都督府，並根據孫文編定的《革命方略》的原則精神，宣布廢除清朝宣統年號，中華民國鄂軍都督府議決改國號爲「中華民國」（The Republic of China），通電全國：「政體爲五族共和」，「國旗爲五色」，以紅、黃、藍、白、黑代表漢、滿、蒙、回、藏爲一家，以「建立共和國」。中華民國之名由此誕生。11月初，宋教仁起草鄂軍政府的約法，定名爲《中華民國鄂州臨時約法》。鄂軍軍政府議決之國名國旗政體原則上都被採用，可視爲中華民國正式成立前初步規模的「臨時政府」。

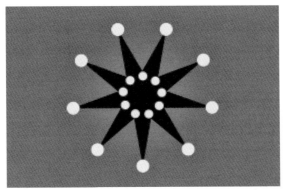

九角十八星旗：1907年8月（照片來源：https://www.bing.com/）

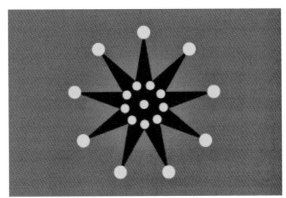

九角十九星旗：1912～1928年（照片來源：https://zh.wikipedia.org/wiki）

　　1911年11月初，中華民國鄂軍政府通過頒布宋教仁執筆的《中華民國鄂州約法》，是中國歷史上第一部三權分立的省憲，共7章60條；第一條文規定：「中華鄂州人民，以已取得之鄂州土地為境域，組織鄂州政府統治之」。第二條文規定：「鄂州政府以都督及其任命之政務委員與議會、法司構成之」。第三條文規定：「中華民國完全成立後，此約法即取消，應從中華民國憲法之規定⋯⋯」；其他條文「都督由人民公舉，任期三年」，「凡具有鄂州政府法定之資格者，皆為鄂州人民。」「人民一律平等，享有選舉與被選舉、言論、著作刊行並集會結社、通訊、信教、居住遷徙、保有財產、營業等自由權利」，「人民自由保有身體，非依法律所

定，不得逮捕審問處罰」、「保有家宅，非依法律不得侵入搜索」。《中華民國鄂州約法》說明，國家以人民爲主，實行自由、平等。《中華民國鄂州約法》首次出現「中華民國」名稱及「憲法」內涵，對中華民國後來之憲政發展影響深遠。

在政體方面，《鄂州約法》規定：「鄂州政府，以都督及其任命的政務委員，與議會、法司構成之」。都督由人民選舉，任期三年，連選連任一次爲限。「都督代表鄂州政府，總攬政務」。有「公布法律」、「宣戰媾和」、「統率水陸軍隊」，依法任命文武職員，宣布戒嚴、大赦、特赦之權；議會由人民於人民中選舉議員組織之。有制定法律、議定條約和預算決算、質詢政務委員與彈劾違法失職的政務委員等職權；法司由都督任命之法官組成，依法審判民事訴訟與刑事訴訟。法官除依法受刑罰宣告或應免職的懲戒宣告外，不得免職。

武昌起義成功，中華民國湖北軍政府宣告成立時採用「九角十八黃星旗」。此旗幟原是湖北革命團體共進會的會旗。起義軍宣布改國號爲中華民國，廢除清朝宣統年號，改用黃帝紀元，宣統三年改爲黃帝紀元4609年。軍政府建立參謀部、軍務部、政事部、外交部。以諮議局大樓爲政府

中華民國軍政府鄂軍都督府懸掛之九角十八星旗（潘邦正攝於湖北武昌）

辦公地點，以九角十八星旗爲軍旗。九角十八星旗原是中部地方革命團體開國旗幟；後來因「辛亥首功」，九角十八星旗成爲中華民國正式國旗選用時，候選旗幟之一。

九角十八星旗象徵支持「聯邦主義」（Federalism）代表性旗幟。聯邦制指由兩個或兩個以上的政治實體結合而成的一種國家結構形式。視國家領導人爲君主或民選領導人，分爲聯邦共和制和聯邦君主國。聯邦制國家由各個成員國組成，各成員國先於聯邦國家存在。聯邦成員國在聯邦國家成立之前，是單獨的享有主權的國家；加入聯邦之後，各實體單位不再有完全獨立的政治主權，但在聯邦憲法規定的範圍內，聯邦成員的主權仍可受到法律的保護，使聯邦成員有自己的憲法和法律。當時各方所提出的國號有大中華聯邦共和國、中華聯邦、中華聯合共和國、中華聯邦共和國、中華民主共和國聯邦、中華合眾國、新中國聯邦等。1920年，在北京出現兩個聯合組織，各省區自治聯合會和自治運動同志會。天津成立五省一區自治運動的聯合辦事處。上海成立旅滬各省區自治聯合會。1921年湖南省首先推出《湖南省憲法草案》，之後浙江、雲南、四川、廣東都制定出了省憲，湖北、廣西、福建、陝西、山西、貴州、江西、江蘇等省也都積極醞釀制憲自治。章炳麟把這場聯邦主義運動稱爲「聯省自治」。

聯省自治運動的策動者是熊希齡，湖南督軍譚延闓首先響應。1920年7月22日譚延闓發表「還政於民」、「湘人自治」的通電，表示要「順應民情」，實行民治，「民選省長制，以維湘局」。並獲得浙江軍閥盧永祥、廣東軍閥陳炯明等人響應。10月，章太炎應邀訪問長沙，親自策動鼓勵譚延闓實行聯省自治。11月2日譚延闓發表通電，提出聯省自治主張。11月9日章太炎在北京《益世報》上發表《聯省自治虛置政府議》，表示支持。1922年1月《湖南省憲法》公布，先後得到四川、雲南、貴州、廣東、廣西、浙江和奉天等省地方軍閥響應。1922年9月胡適也主張「建立在省自治上面的聯邦的統一國家」。張東蓀、丁世澤、潘力山等發表文章支持聯邦制。1922年7月16日至23日中國共產黨在上海召開中國共產黨第二次全國代表大會上提出用自由聯邦制，統一中國本部、蒙古、西

藏、回疆，建立中華聯邦共和國。同時主張中國境內的少數民族享有民族自決權，可獨立建國。

1895年2月21日孫文在香港合併楊衢雲輔仁文社成立興中會總會，檀香山會為支會，其誓詞為「驅逐韃虜，恢復中華，創立合眾政府」。所謂「創立合眾政府」，即效法「美利堅合眾國」，成立兼顧中央與地方分權的聯邦政府。孫文對聯省自治態度始終反覆無常。1912年1月1日孫文在其《臨時大總統宣言書》中，就闡述了聯省自治的態度：「國家幅員遼闊，各省自有其風氣所宜。前此清廷強以中央集權之法行之，遂其偽立憲之術；今者各省聯合，互謀自治，此後行政，期於中央政府與各省之關係調劑得宜。大綱既挈，條目自舉。是曰內治之統一。」1922年夏天，孫文又認為聯省自治並不能推進民主，主張分權、以縣為單位實施地方自治，故反對聯省自治，更認為聯邦制乃倒果為因。

聯邦制後來造成南方革命團體的分裂（孫文與陳炯明），導致內戰，至為遺憾。孫文在廣東韶關建立北伐大本營，組成聯軍欲進攻江西，開始統一中國的行動。廣東的陳炯明本人標榜「暫緩軍事」，「先立省憲」，於是兩人發生激烈衝突。最後孫文回到廣州，1922年6月16日陳炯明砲轟孫文觀音山總統府，史稱「六一六事件」。孫文在蔣中正、陳策等護衛下乘永豐艦離開廣州，退居上海。1926年蔣中正發動北伐戰爭，進入湖南，進而統一中國，聯省自治的主張遂無疾而終。

繼《鄂州約法》後，湖南、浙江、雲南、四川、廣東都制定出了省憲，湖北、廣西、福建、陝西、山西、貴州、江西、江蘇等省也都醞釀制定《省憲草案》。換言之，中華民國在民初如不能採聯邦制度，以分配政治權利，《省憲》代表的地方權力，勢必成為未來各省主張獨立的導火點。除上述爭議外，民初國體，國旗，國都亦為爭議焦點，順次浮上舞臺，至今戰火未熄。有識者當能洞察，本文不在此贅寫。

總結，湖北軍政府是為建立南京臨時政府的建立預作準備。湖北軍政府成立後倡議組織全國性臨時政府。隨後，各地響應，至1912年11月初，湘、陝、晉、贛、滬、蘇、浙、桂、粵、皖、閩、滇、黔、川等各省

次第獨立，成立軍政府；甚有立憲與印幣之舉，儼然獨立小國。十年內計有《鄂州約法》、《廣西約法》、《江蘇約法》、《浙江約法》、《江西約法草案》、《貴州憲法大綱》、《蜀軍政府政綱》、《四川省憲法草案》、《廣東省憲法草案》、《福建省憲法》、《河南省憲法草案》、《江蘇憲法草案》、《雲南省政府暫時組織大綱》分別出現。黎元洪始主張各省商議組織全國性臨時政府，開起建立中華民國篇章。目前中華民國臺北政府（國民政府）尚以10月10日為其國慶日，可見其淵源與影響。值得一提，中華民國長期以來係軍人擔任國家元首，黨軍亦直接控制政府，實際上就是政體由軍人組成的改良型軍政府。中南美洲，非洲，亞洲多數總統制國家亦是如此。又如美國總統係由各州選出，而非全民選出，故總統制國家其民主化程度普遍低於內閣制國家。

中華民國各省軍政府均主張聯省自治。聯邦主義（Federalism）是各州／各省成員聯合在一起並共組一個最高級權力機構，是中央政府與地區政府分享憲制上的主權，以及擁有不同事項的管轄權的政治體系；例如美國、英國、蘇聯都是實行了聯邦制最典型的國家。中華民國鄂軍都督府是南方各省的代表，成立時使用「九角十八星旗」，代表中國九州十八省，其意義亦是代表南方各省支持聯邦主義旗幟；至今主張中國實行聯邦制的擁護者仍然甚多。中國是個多數民族、多元文化、人口眾多、疆域廣闊的國家，聯邦制是否適用於未來中國？值得國人再行研究。另一方面，軍政府就是軍事專政政府，指一個國家的政治權力由軍隊所統治。通常由軍事領袖組成軍事委員會來控制政府運作，且由軍人擔任政府部門要職。軍政府這種型態在大陸各地普遍實行，建國前是建國力量，貢獻卓著；建國後對國家民主化卻造成障礙。中華民國各省軍政府的誕生與意義，值得吾人對中國未來國體與政體模式再度省思。

值得一提，革命團體對於「國旗」之爭議，源起於同盟會成立之初，在各黨力持己見之情形下，暫成「懸案」。民國成立，此一代表國家之政治符號遂成勢必決定之議案，「國旗問題」便成為民初政爭的焦點，此一問題對民國初期建設的深遠影響，細節歸在下章討論。

第4章

博克多汗國（The Bogd Khanate of Mongolia）
黃教旗（1911～1915／1921～1924）
蒙古人民共和國（The Mongolian People's Republic）
索永布（*The Soyombo* symbol）紅藍國旗（1924～1992）

博克多汗國（大蒙古國）：黃教旗（照片來源：https://zh.wikipedia.org/wiki）

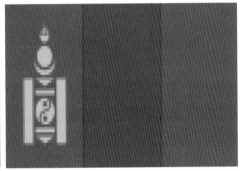

蒙古國國旗：索永布紅藍旗（照片來源：https://zh.wikipedia.org/wiki）

博克多汗國（The Bogd Khanate of Mongolia）與蒙古人民共和國（The Mongolian People's Republic）早期是中國邊疆，現為蘇聯（The Union of Soviet Socialist Republics, USSR）衛星國；1992年改名為「蒙古國」，其建立可視為蘇聯對外戰略與地區民族主義的合產物。簡言之，蘇聯為保衛其西伯利亞地區安全，防止中國、日本自南方入侵，認為有必要在中蘇邊界，擁立親蘇政權。一方面，建立兩國戰爭緩衝區；另一方面，企圖伺機侵佔中國領土。對蒙古國而言，獨立自主符合其蒙古民族利益，尤其是政治自由與保存蒙古文化和生活方式。民族主義（Nationalismus）

蒙古國地理位置（照片來源：https://www.bing.com/）

指認同民族文化、傳統、利益的一種意識形態（ideology），旨在追求民族的生存、發展、興盛。民族主義者往往認為民族擁有自我管理的主權，即所謂「民族自決」。蒙古人民共和國即以「民族自決」及大國緩衝區為建國基石。

蒙古國歷經博克多汗國（The Bogd Khanate of Mongolia）（1911～1915，1921至1924）、中華民國（1919～1921）、蒙古人民共和國（The Mongolian People's Republic）（1924～1992）三個階段統治。依時間順序，本章討論博克多汗國與蒙古人民共和國。

中華民國成立初期對邊疆地區實無力管制，尤其是西藏、蒙古兩地方。自清朝崩潰後，外蒙古實際處於半獨立狀態。外蒙古係指外劄薩克蒙古，指清朝以世襲劄薩克為行政、軍事長官的蒙古各旗。外劄薩克蒙古包括西套蒙古二旗，是中國清朝駐牧於巴里坤哈薩克自治縣以東、賀蘭山以西、河西走廊以北、戈壁以南的蒙古部落。二旗指：阿拉善厄魯特旗，又稱西套額魯特旗、及額濟納土爾扈特旗。外蒙古包括今日蒙古國以及唐努烏梁海地區，目前外蒙古包括今日蒙古國以及唐努烏梁海地區，目前蒙古國是國際社會廣泛承認的主權國家，而唐努烏梁海地區則被俄羅斯控制。

博克多汗國（大蒙古國）是1911年至1915年以及1921年至1924年期間存在中國北方的政權。1911年12月29日第一次宣布獨立，哲布尊丹巴呼圖克圖受到喀爾喀蒙古四部的擁戴，登基稱「額眞汗」或稱「博克多汗」，年號共戴，宣布脫離清朝獨立，定庫倫（烏蘭巴托市）爲首都，以藏傳佛教格魯派爲信仰（格魯，意爲「善規」，亦稱黃教），成立政教合一的國家，實行君主專制政體。政教合一（Union of Religious and Political Rule）係指政府權力與宗教權力相結合，國家領袖對宗教組織有絕對控制權。大蒙古國政府則由1911年12月30日博克多汗頒布諭旨確定，設有外務部、內務部、兵部、財政部、司法部；由內務部大臣車林齊密特總掌朝政並掌黃教事務，擔任內務大臣之後，車林齊密特成爲大蒙古國的實權人物。1912年7月上旬，博克多汗又新設了內閣總理大臣之職，由賽音諾顏部和碩親王家族那木囊蘇倫擔任首任內閣總理大臣。

　　1911年下半年在沙俄的支援下，博克多汗與沙俄簽訂《俄蒙條約》及其副約《商務專條》，引發中國政府反對。袁世凱政府爲換取沙俄的援助和承認，於1913年11月5日與之簽訂了《中俄聲明文件》5條和《中俄聲明另件》4條。沙俄承認外蒙古爲中國領土的一部分，而中國政府亦承認《俄蒙協約》的內容和外蒙古的自治，並不得在外蒙古設治、駐軍、移民等，實際承認沙俄對外蒙古的控制權。

　　根據上列聲明，袁世凱政府派都統銜全權專使畢桂芳與駐西德公使陳籙與沙俄駐蒙外交官兼總領事亞力山大・密勒爾（Alexander Miller）及外蒙古司法部長希爾寧達木定（Shirnin Damdin）等人經過48次正式會議和40次私下會晤，歷經9個月於1915年6月7日在恰克圖簽訂《中俄蒙協約》，即《恰克圖條約》（The Treaty of Kyakhta），計22條約。主要內容是：

1. 外蒙古承認1913年11月5日《中俄聲明文件》及《中俄聲明另件》。
2. 外蒙古承認中國爲宗主國，有冊封權。中、俄承認外蒙古自治，爲中國領土之一部分。
3. 中俄承認外蒙自治官府有內政之權。

4.博克多汗仍然是自治君主。

　　通過上述協約，中國持有對外蒙古的宗主權，而沙俄則保持了在外蒙古的各種特權。

　　1915年6月7日中、俄、蒙在恰克圖簽訂22條《恰克圖條約》（The Treaty of Kyakhta），也稱《中俄蒙協約》，重要條約爲外蒙古承認中國宗主國，中、俄承認外蒙古自治，爲中國領土之一部分。1915年6月9日博克多汗國因《中俄蒙協約》簽訂而取消獨立，宣布歸附中華民國並實行「自治」。1919年北洋政府廢除《中俄蒙協約》，派徐樹錚帶領軍隊前往占領外蒙古，取消了其自治的權利。此後北洋政府直接統治外蒙古，直至1921年俄國白軍將中國勢力驅逐，大蒙國重建。

　　1919年11月中華民國北洋政府宣布外蒙古「取消自治」，廢除《中俄蒙協約》，並出兵佔領外蒙古。1919年11月22日博克多汗國撤銷自治，1921年2月22日第二次宣布獨立。1921年2月3日恩琴率領的白軍驅散北洋政府駐軍西北軍並短暫佔領外蒙古，7月6日紅軍擊潰白軍並長期佔領外蒙古。這段期間蒙古民族主義現代思想的形成，蒙古人民共和國的迅速成立、以至蒙古完全脫離中國北洋政府並被納入蘇俄的勢力範圍。

　　1921年2月10日共產國際通過了「支援蒙古人民的解放和獨立鬥爭」的決議案，蒙古人民黨迅速崛起。1921年3月1日至3日蒙古人民黨一大召開，3月13日蒙古人民黨建立了臨時政府，由蒙古人民黨創始人之一道格索姆・鮑道領導。6月28日蘇俄出兵外蒙古，7月6日軍隊進入庫倫。7月10日蒙古人民黨中央委員會通過決議：組建博克多汗國的新君主立憲制政府，由道格索姆・鮑道領導，博克多汗仍作爲名義上的君主。這是第二博克多汗國開始，及至依博克多汗結束。博克多汗國可謂是蒙古人民共和國建立的前身。

　　蒙古與西藏在古代歷史是異族領土，近代中國在行政組織也一直未能建省，故被稱爲「兩地方」；表示中國國力長期對「兩地方」未達全面治理。關於蒙古地區管理，1912年中華民國設理藩部，1913年中華民國北京政府改由內務部蒙藏事務處；隨後該處陸續改制爲蒙藏事務局、蒙

藏院。1924年7月1日蘇聯改「蒙古人民政府」為「蒙古人民共和國」；11月26日國家大呼拉爾第一次會議在庫倫舉行，通過了蒙古第一部憲法《蒙古人民共和國憲法》，宣布成立「蒙古人民共和國」（The Mongolian People's Republic），且將首都京都庫倫更名為烏蘭巴托。

1928年7月11日國民政府將蒙藏院改制為蒙藏委員會（The Mongolian and Tibetan Affairs Commission），隸屬行政院。1936年3月12日蘇俄與蒙古軍事《蘇蒙互助協定書》，達成「如果締約國一方遭受軍事攻擊時，他們應互相給予各方面的援助，包括軍事援助在內。」1949年第二次國共內戰後，蒙藏委員會隨中華民國政府遷往臺北。1961年在美國的支持下，中華民國以棄權方式允許蒙古加入聯合國，實際上默認其獨立地位。2012年5月21日中華民國承認蒙古國為一獨立國家；2017年11月28日中華民國立法院三讀通過《蒙藏委員會組織法》廢止案，12月13日公布廢止，蒙藏委員會走入歷史。自此中華民國臺北政府正式斷絕與蒙古、西藏兩地方中央與地方關係，並改以政治實體重新建立外交關係。

博克多汗國的出現對內主要涉及「民族」與「文化」兩大問題，對外主要涉及中國、日本、蘇聯地理政治問題。民族是對應著人民血緣關係及各民族可自決本身的國家型式。文化包括文字、語言、建築、飲食、工具、技能、技術、知識、習俗、藝術及生活方式等。中華民族，是由梁啓超、楊度、章太炎最早提出的政治概念，其思想是按照中國民族主義（中華民族主義，大中國主義），由各民族共同組成之中華民族共建統一之民族國家的國族認同。國族視為凝聚整體的觀念，以一個國家或民族獨特的傳統、文化、語言和政治作為代表，統合中國境內所有民族並樂見其一體化。1902年梁啓超在《中國學術思想變遷之大勢》指出：「上古時代，我中華民族之有海思想者厥惟齊。故於其間產出兩種觀念焉：一曰國家觀，二曰世界觀。」1905年梁啓超在〈歷史上中國民族之觀察〉一文中，使用了「中華民族」，並表示：「今之中華民族，即普遍俗稱所謂漢族者」，它是「我中國主族，即所謂炎黃遺族」。民初北洋政府所採用的國旗，旗面按順序為紅、黃、藍、白、黑的五色橫條，分別表示漢、滿、

蒙、回、藏傳統上所喜愛的顏色，代表五族共和，可以緩和種族革命的意義，亦爲此意。梁啓超在具體使用「中華民族」一詞時卻比較混亂，有時指漢族，有時又指中國的所有民族，認爲「中華民族自始本非一族，實由多民族混合而成」。目前中華人民共和國認定中華民族有56個民族，從民國以來數十個軍閥或地方勢力及各邊疆民族的獨立運動及以各種型態割據中國，自建國旗，國號，國體，政體，可見中國56個民族是否認同「中華民族」，並產生政治共識，獲得文化尊敬，平等分配各種利益，建立單一國家實爲非常困難的工作。

　　細嚼中國歷史，古代史與近代史產生極大矛盾性。明清以前，中國歷史都將邊疆民族視爲異族，如匈奴、鮮卑、狄、羌、契丹、金、苗、黎、高麗等，這些邊疆民族亦曾經在邊陲各地區建立各式各樣政權；現今中國古代歷史突然將這些邊疆王國列爲境外版圖；邊疆民族視爲國內民族，這種歷史矛盾現象，除感覺荒謬之外，未經民族自決帶來的強制性統一恐爲中國政治發展帶來長期內亂與危機。長期以來，中國邊疆一直存在民族認同及有效治理嚴重問題。隨著科技進步、經濟發達，各國都在向外擴張並建立邊疆戰略緩衝區或衛星國，此種地理政治問題勢必衝撞中國國家發展及內化效應，成爲中華民族未來生存的課題與挑戰。

　　兩百年以來，中國自清朝到至今日已經喪失350萬平方公里土地，蒙古國爲其中一部分。目前中國鄰國陸地有14個：越南、寮國、緬甸、印度、尼泊爾、不丹、巴基斯坦、阿富汗、塔吉克斯坦、吉爾吉斯斯坦、哈薩克斯坦、俄羅斯、蒙古、朝鮮；海洋鄰國尚有南韓、日本、菲律賓、印尼等，以及未解決之中華民國（臺灣）及數十島嶼爭議。當前全球各國籌組國際同盟之「大國戰略角力」與國內各民族興起「民族自決」與「民族獨立」運動將是未來國家發展嚴肅考驗。

第5章
中華民國北洋政府（The Beiyang Government）
五色旗（1912～1928）

中華民國北洋政府五色旗（照片來源：https://www.bing.com/search?q=+%E4%B8%A
D%E8%8F%AF%E6%B0%91%E5%9C%8B%E8%87%A8%E6%99%82%E6%94%BF
%E5%BA%9C%E5%9C%8B%E6%97%97）

　　北洋政府（The Beiyang Government）是中華民國立國（The Republic of China（ROC）第一個正統的、合法的政府；雖然民初選舉制度並不完善，民眾民主素質並不成熟，北洋政府是以選舉方式產生的民主政府。1912年1月10日中華民國臨時參議院通過決議，以五族共和旗（簡稱五色旗）爲中華民國國旗。中國境內各大小民族眾多，乃以漢、滿、蒙、回、藏五大民族爲代表；象徵中華民國成立具有對各民族的包容性，並以各民族的合作作爲基石，以「民族平等」爲原則，組成共和政府。五色旗說明中華民國建國「民族問題高於民權問題」。如果國家內部複雜的民族利益無法解決，國家內亂勢必發生。這也是其後各省軍閥、各地寡頭，以及邊疆各民族領袖紛紛在政爭中舉旗獨立的根本原因。

依據歷史記載，1911年12月28日革命團體代表伍廷芳與清朝代表唐紹儀在上海議和；1912年1月1日孫文在南京成立臨時政府，並就任臨時大總統。1912年2月13日孫文提出辭呈，向臨時參議院推薦袁世凱接任。2月15日臨時參議院接受孫文辭職，選舉袁世凱繼任臨時大總統。3月11日孫文公布《中華民國臨時約法》（The Provisional Constitution of the Republic of China），創立政府體制、人民權利及憲法初模；3月30日唐紹儀內閣成立。5月2日後美國、墨西哥、古巴、秘魯、日本、荷蘭、葡萄牙等國相繼承認中華民國，並正式建立邦交。南北議和後，1913年10月6日袁世凱被選爲中華民國首任正式總統，黎元洪爲副總統，10月10日正式就職，北洋政府正式成立。孫文與袁世凱促成「南北議和」，以和平方式解決政治爭端，避免南北內戰，生靈塗地；孫袁兩人忍讓爲國，樹立楷模，值得推崇。美國總統僅能連任兩次之規範，也是高風亮節的無私前輩建立的典範。

依照上述事實，1912年1月1日應爲中華民國開國紀念日，並爲國慶日。不過近代歷史總是被扭曲誤導。目前中華民國國慶卻訂在10月10日辛亥革命紀念日。1911年10月10日武昌辛亥革命時，滿清政府尚存，革命勢力分散於南方數省，且中華民國政府也未成立，總統未產生，國會未組成；10月10日僅能解釋爲「辛亥革命紀念日」，如何能爲國慶日？另中國國民黨是1919年10月10日孫文於上海法租界改組政黨，其與1911年10月10日辛亥革命關係不大。辛亥革命主要爲文學社和共進會兩個核心團體策劃與執行；文學社已在新軍鎭、協、標、營、隊、哨、棚各層單位發展有400多人。共進會組織則是由數個革命團體組成之聯合會。文學社和共進會與中國國民黨是有差異的，中國國民黨實有利用歷史奪取文學社和共進會革命成果，並竄改中華民國國慶日之嫌。

1911年10月10日武昌辛亥革命後，滿清隆裕太后（孝定景皇后）詔授袁世凱在北京全權組建臨時政府，這是結束276年清朝的統治（1636年～1912年），中華民國北京政府的成立奠定了基礎。同時南方聯軍形成，南方各省次第成立軍政府，以孫文爲代表的南方省分革命黨與以袁世

凱爲代表的清政府實力派軍人展開「南北議和」。1911年12月8日袁世凱派唐紹儀爲總理內閣大臣的全權代表與南方連絡，12月9日唐紹儀等離京奔赴武漢。同日，各省代表正式推舉伍廷芳爲民軍議和全權總代表，並組織議和代表團。12月18日在上海南京路市政廳南北議和會議開幕。參加會議的除南北議和代表外，還有英、美、德、法、日、俄等六國駐滬總領事。最後達成協議，袁世凱以逼清廷退位爲條件，換取南方各省支持出任中華民國第一任大總統。

北洋政府是指1912年至1928年中華民國建國初期以北京爲首都的中央政府，也稱爲北京政府。北洋政府是民初代表中華民國的唯一合法政府，也是清朝滅亡後在中國疆域上第一個被國際社會承認的合法政府。1911年12月3日10省22都督聯合會通過《中華民國臨時政府組織大綱》，規定中華民國臨時政府組織方法，提出聯邦制，不設總理。1912年12月初至1913年3月，北京臨時政府舉行第一屆國會大選。1913年4月8日中華民國第一屆國會在北京召開。1913年10月6日袁世凱當選爲首任中華民國總統。中華民國開國於1912年1月1日南京成立另一個臨時政府，孫文在南京就任臨時大總統，黎元洪就任副總統，形成南北兩個政府南北對峙局面。

南京臨時政府1月11日、17日、19日接連三次要求列強承認，均無回應。1月2日袁世凱得知孫文就任大總統後，撤銷唐紹儀和談代表的資格。議和談判暫時中斷。1月18日，孫文提出五條要約，命伍廷芳向袁轉達。條款中有「在北京不得更設臨時政府」；「得北京實行退位電，即由民國政府以清帝退位之故電問各國，要求承認中華民國彼各國之回章」。孫文還特意電邀伍廷芳、唐紹儀「入寧面商，以決大計」，伍廷芳、唐紹儀卻拒不赴寧。

1月20日南京臨時政府向袁世凱正式提出《清室優待條件》（The Articles of Favourable Treatment of the Great Qing after His Abdication）。1月22日孫文發表聲明，只要袁世凱贊成宣統退位，自己即行讓位於袁世凱。袁世凱得到這個保證後，加緊逼宮行動。袁世凱以利害威嚇隆裕太

后，如果革命軍殺到北京，皇室恐滅，如同意讓位，則可享《清室優待條件》。1月29日宣統召開清廷御前會議，會上決定退位，以取得革命黨人的優待條件。2月6日南京參議院通過清室退位《優待條例》和張謇起草的《宣統帝退位詔書》（The Imperial Edict of the Abdication of the Qing Emperor）：

奉旨朕欽奉隆裕皇太后懿旨：前因民軍起事，各省響應，九夏沸騰，生靈塗炭。特命袁世凱遣員與民軍代表討論大局，議開國會、公決政體。兩月以來，尚無確當辦法。南北暌隔，彼此相持。商輟於途，士露於野。徒以國體一日不決，故民生一日不安。今全國人民心理多傾向共和。南中各省，既倡議於前，北方諸將，亦主張於後。人心所嚮，天命可知。予亦何忍因一姓之尊榮，拂兆民之好惡。是用外觀大勢，內審輿情，特率皇帝將統治權公諸全國，定為共和立憲國體。近慰海內厭亂望治之心，遠協古聖天下為公之義。

袁世凱前經資政院選舉為總理大臣，當茲新舊代謝之際，宜有南北統一之方。即由袁世凱以全權組織臨時共和政府，與民軍協商統一辦法。總期人民安堵，海宇乂安，仍合滿、漢、蒙、回、藏五族完全領土為一大中華民國。予與皇帝得以退處寬閑，優遊歲月，長受國民之優禮，親見郅治之告成，豈不懿歟！欽此。

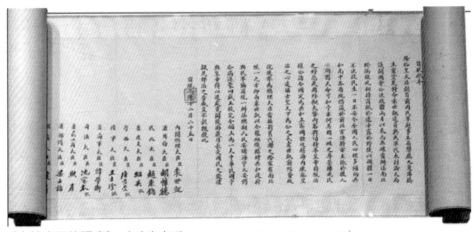

《宣統帝退位詔書》（照片來源：https://zh.wikipedia.org/wiki）

袁世凱隨後組建政府並被中華民國臨時參議院選為中華民國臨時大總統，成為當時掌握中國最大政治權力者之一。3月臨時參議院又通過《中華民國臨時約法》。同年西藏亦宣布獨立，從1912年至1949年，西藏不接受中華民國政府管治，但中華民國未放棄對西藏的主權，因故西藏雖然有了治權和政府但並未獲得承認。中華民國在西藏與蒙古未建行省，而以西藏與蒙古兩地方稱之。1913年10月6日中華民國大總統選舉過程中，袁世凱以脅迫議員手段，連續投票3次，最後，當選為正式大總統。

民國肇建各省革命團體對國旗，國體，政體，國都等爭議，本書以國旗爭議解析當時狀況。由於辛亥前後革命團體甚多，各省舉兵者均望各派之義旗能成為民國之國旗，於是參議院為國旗制訂方案展開了劇烈的爭辯。在當時各式旗幟中，主要參與角逐國旗候選的計有：

1. 共進會焦達峰，孫武等人力舉之九角十八黃星旗，即武漢義師所用。
2. 上海、江蘇軍政府之五色旗，乃宋教仁，陳其美所提議。
3. 廣東軍政府推薦之青天白日旗，此為革命軍歷次起義所常用。
4. 陳炯明在惠州舉兵之井字旗，此旗式原為丙午年廖仲凱在東京所提議。

第一面候選國旗是九角十八黃星旗，該旗代表各省欲建聯邦制國體，旗地本用白色，中間有一個紅圓心，代表中華民國中央軍政府；紅圓心外緣九道黑角，代表「禹貢」冀、兗、青、徐、揚、荊、豫、梁、雍九州。角之內外尖端各有一個小黃圈，共計十八個，代表中國長城以南直、江、浙、皖、晉、陝、甘、川、鄂、贛、湘、黔、閩、粵、桂、滇十八行省；其中顏色黑色表鐵質武器，紅色表同志熱血，黃色表黃帝子孫——漢族，立意乃在『抱定鐵血主義，恢復漢室』。後來旗地改用紅色，紅圓心也改成黑色，九個黑角不變，而十八個小黃圈，又變成十八顆黃星。所以稱十八黃星旗，或十八星旗，或鐵血旗，或十八角交叉三星旗，或稱九角十八星旗。九角十八星旗顯示各省軍閥及各地勢力乃想均分政治利益，共治國家。

此旗源於辛亥三二九黃花崗之役失敗，共進會主盟孫武等人擬再舉武

漢，乃用劉公（仲文）自日攜回之九角十八星旗為共進會會旗。「由鄂城
趙學魁（詩梅）、趙學詩（幻生）昆仲及巴東費槧（孟騫）等負責，在武
昌雄楚樓十號劉公楊玉如寓所，祕密摹繪圖案製成九角旗10面，存放漢
口漢興裡33號以備應用。」辛亥8月19日之夕，李賜生（次生）曾高舉九
角旗前導，率領廿九標之一部猛攻武昌蛇山，蛇山佔領之後，以九角旗一
面插於高處，另一面則懸掛於山下湖北諮議局——光復後之中華民國軍政
府。因此之功，李賜生於民國元年雙十節。中華民國臨時政府副總統兼海
陸軍大元帥黎元洪頒贈九角形金質武漢首義紀念章乙座。武昌首義之義旗
九角十八星旗，依其歷史上之特殊功績便成為共進會份子力爭為國旗的主
要原因。

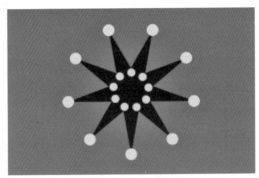

九角十八黃星旗（照片來源：https://www.bing.com）

　　第二面候選國旗是五色旗，五色旗是中華民國建國之初執政的南京臨
時政府和北洋政府所採用的國旗，旗面按順序為紅、黃、藍、白、黑的
五色橫條，比例為5：8。紅、黃、藍、白、黑的五色分別表示漢、滿、
蒙、回、藏傳統上所喜愛的顏色，代表五族共和。

　　五色旗最早於1906年冬同盟會本部討論《革命方略》和國旗草案時
被提出來。1911年12月4日江蘇、浙江、上海都督於上海會議籌組政府及
以五色旗為國旗方案，五色旗為程德全、宋教仁、陳其美、莊蘊寬、趙鳳
昌所支持，由有「民國產婆」之稱的趙鳳昌設計。認為五色在中國傳統中
的五行學說中有所反映，且與五德等中國文化使用五數的習慣相符合。代

表五個民族的五色可以緩和種族革命的意義，亦是政治清明的象徵。

　　武昌起義後，江蘇、浙江、安徽等省多用此旗。1911年12月4日在留滬各省代表及蘇浙滬三督參加的共和聯合會大會上，由程德全提出以五色旗爲國旗，並在會後刊布於報端，由滬軍都督陳其美統一式樣並於12月17日向全市頒發標準統一的五色旗。隨後參議院爲國旗制定產生了劇烈的爭議，最終以五色旗代表漢滿蒙回藏五族最爲普遍，決定採用五色旗作爲國旗。12月28日南京各省代表會議通電全國，號召在12月29日選舉臨時大總統時「凡我國國民應於是日懸掛國旗以誌慶典」，此時臨時大總統選票亦印有五色旗圖案。12月31日滬軍都督陳其美曉諭各界：「自明日起各界一律懸掛國旗，以昭慶賀而光大典」。1912年1月1日孫文就任臨時大總統日，南京、上海兩地普遍懸掛五色旗。

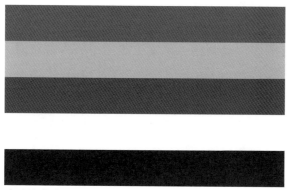

中華民國五色旗（照片來源：https://www.bing.com）

　　第三面候選國旗是青天白日滿地紅旗：青天白日滿地紅旗爲用紅底，左上角1/4面積爲青色長方形，中置白日青圈及12道光芒。究其歷史，青天白日滿地紅旗乃係青天白日旗演變而來。興中會成立之第二年（1895）正月，香港興中會正式成立於乾亨行。這年2月，中日戰爭結束，此時清廷與日本訂立喪權辱國的馬關條約，舉國沸騰、全民激昂。香港興中會幹部楊衢雲等召集會議，決定襲取廣州，做爲革命的根據地。革命黨人陸皓東當時手創青天白日旗幟，提請作爲起事之用，經會議採納，

是爲青天白日旗最早參與革命之起源。馮自由在「中華民國旗之歷史」一文中，對此段史實曾有詳盡之敘述：

興中會之青天白日旗，乙未（1895年）春，孫總理楊衢雲等人在興中會香港本部乾亨行商議攻取廣州策略。據興中會員謝讚泰英文筆記所載，是年陽曆3月16日興中會幹部開會，議決挑選健兒3000人由香港襲取廣州之方法，及採用青天白日爲國旗之方法以代滿清之黃龍旗云云。讚泰爲衢雲密友，每次會議恆參與機要，其言至有根據。此旗之方式係陸皓東所設計，皓東即殉於是役，爲民族革命流血之第一人。……其後尤列至南洋各埠創立中和堂，令各會所均懸掛青天白日旗，海外華僑團體以革命黨徽號標幟者自此始。當時旗上所排列叉光多寡不一，縫製者多莫名其妙，經總理解釋，謂叉光即代表干支之數，故叉光應排作12，以代表十二時辰，自是旗上叉光之數始確定不易。

1905年中國同盟會成立於日本東京。翌年冬，同盟會在幹部會議中曾討論中華民國國旗製式問題，孫文主張沿用興中會之青天白日旗，黃克強對青天白日旗獨特異議，謂形式不美且近似與日本旭日旗。經孫文堅持並修改潤飾，增加紅色爲底，始成青天白日滿地紅三色旗式，由於青天白日旗的光榮歷史及其製作人爲革命留血之永久紀念，使其成爲國民黨人在民元國會力爭舉爲中華民國國旗。

青天白日滿地紅旗（照片來源：中華民國總統府president.gov.tw）

新戰國時代：近代中國33面旗幟與政權

第四面候選國旗是井字旗，此旗形式為紅底，左上角1/4面積為長方形，中加黑色「井」字誌號。「井」謂井田制度之意。中國最早言井田者，首推孟子。孟子曰：「方裡而井，井九百畝；其中為公畝，八家皆私百畝，同養公田，公事畢，然後敢治私事，所以別野人也」。孟子對井田制度的解釋較為粗略，其後井田制度的敘述較為細密，使成為政治、經濟、社會相互結合的理想制度。漢朝述井田，「六尺為步，步百為畝，畝百為夫，夫三為屋，屋三為井，井方一裡，是為九夫，八家共之，各受私田百畝，公田十畝，是八百八十畝；餘廿畝為盧舍」。但是在可考的歷史中，井田之制僅在古籍中述及，未曾實際存在。不過此種簡明規律的土地造型，主要目的乃思以合理的土地改革以達理想的經濟社會。

井字旗緣於丙午（1906年）廖仲愷在東京同盟會時所提出，陳炯明基於廖陳同為廣東省惠陽縣人，遂用此旗為陳軍標誌。井字旗自同盟會東京會議中參與中華民國國旗之甄選後，成為革命義軍南方團體之重要旗幟，陳炯明在惠州之役亦樹此旗以號召同志。

井字旗（照片來源：https://www.bing.com/search?q=+%E4%B8%AD%E8%8F%AF%E6%B0%91%E5%9C%8B%E8%87%A8%E6%99%82%E6%94%BF%E5%BA%9C%E5%9C%8B%E6%97%97）

民國1912年4月初，孫文為求全國統一，人民免於生靈塗炭乃辭職讓位於袁世凱，參議院北遷北京。由於同盟會會員在參議院中人數不能佔半數以上，且共和黨內之同盟會份子徒知擁護武昌起義之十八黃星旗，而不願為母黨之助，結果國旗問題在劇烈之爭議後，終在5月10日採折衷意

見，議決以五色旗為中華民國國旗。「是日，參議院院會，由特別審查員楊廷棟說明國旗統一案審查報告，略謂：『五色國旗鉻處久用，中外咸知，自難更易。現用十八星旗為陸軍旗，即武昌起義之旗；青天白日滿地紅旗為海軍旗，即革命初起所用之旗，其文緻與國旗大無關聯。擬於五色國旗左方上角綴以星旗，其大小居全旗1/4，即定為陸軍旗；綴以青天白日旗，即定為海軍旗，商旗式樣尚待細商。』議員有提異議者，如曾有冀，籍忠寅等以為十八星本代表十八省，將置東三省、新疆、內外蒙古於何地？既有廿六省，即可添至廿六星，此以區域為標準之說也；張伯烈、劉成禹、穀芝瑞等則謂十八星旗確非代表十八省，天下一家，何分省界？將來於案內聲明十八星旗並非代表十八省，即不至再有誤會。兩派爭論甚多，高家驥謂請先表決五色國旗，陸軍星旗可再付審查。議長請贊成以五色旗為國旗者起立，遂經多數通過。」

當時，孫文聞五色旗議決為國旗深表反對。立刻覆函參議院以表明態度。「貴會諮來，議決用五色為國旗等因。本總統對於此問題，以為未可遽付頒行，概現時民國各省已用之旗大別有三：武漢首義則用內外十八省之徽誌，蘇浙則用五色之徽誌，今用其一，必廢其二，所用者必比較為最良，非有絕大之理由，不能為折衷定論，故本總統不欲遽定之於此時。而欲俟滿虜既亡，民選國會成立之後，付之國民公決。」孫文又說：「一、清國舊例，海軍以五色旗為一二品大官之旗，今黜滿清之國旗，而用其官旗，未免失禮。二、其用意為五大民族，然其分配代色，取義不確，如以黃代滿之類。三、既言五族平等，而上下排列，仍有階級。」此案雖經孫文力爭，然終無法挽回參議院最後之議決。及至民國八年孫文完成「文言本三民主義」論著之時，在文中對「國旗案」猶有深刻之批評：「我國人自漢族推覆滿清政權，脫離異族羈厄之後，則以民族主義已達目的矣；更有無知妄作者，於革命成功之初，創為漢、滿、蒙、回、藏五族共和之說，而官僚從而附和之。且以清朝之一品武員之五色旗，為我中華民國之國旗……此民國之不幸，皆由不吉之五色旗有以致之也。夫清朝之黃龍帝旗，我已不用，而乃反用其武員之五色旗，此無怪清帝之專制可以推覆，

而清朝武人之專制難以滅絕也。」

綜論民國元年孫文對中華民國國旗選擇頒用之主張，可歸納為下列三項原則來探討。一、依旗之歷史：十八黃星旗為共進會會旗，武昌首義李賜生高舉此旗為前導，為民國創建，寫下光榮的史頁；五色旗為蘇浙軍義旗曾參與京滬之役，為鞏固民國，立下豐功；青天白日旗為興中會革命標誌，曾在下列諸次起義中，具有輝煌的史蹟。

1. 廣州之役（乙未年二月廿日）。
2. 惠州三洲田之役（庚子年閏八月十五日）。
3. 黃岡之役（丁未年四月十一日）。
4. 防城之役（丁未年四月廿四日）。
5. 鎮南關之役（丁未年十月廿六日）。
6. 河口之役（戊申年十月廿六日）。
7. 廣州新軍之役（乙酉年除夕）。
8. 黃花崗之役（庚戌年三月廿九日）。

1912年1月9日副總統黎元洪致電南京：「正朔已定，國旗及軍商各旗式應即劃歸一律，請速頒發定式，以便遵行。」1912年（民國元年）1月10日，中華民國臨時參議院在南京通過《國旗統一案》，確定五色旗為中華民國國旗，青天白日滿地紅旗為海軍軍旗。並諮請臨時大總統「飭部頒布各省施行」。孫文暫時擱置了通告各省的計劃，而是1月12日諮復各省代表會議《復參議會論國旗函》：

貴會諮來議決用五色旗為國旗等因，本總統對於此問題以為未可遽付頒行。蓋現時民國各省已用之旗大別有三：武漢首義，則用內外十八省之徽志；蘇、浙則用五色之徽志；今用其一必廢其二，所用者必較此為最良，非有絕大充分之理由，不能為折衷定論。故本總統不欲遽定之於此時，而欲俟滿虜既亡，民選國會成立之後，付之國民公決。若決定於此時，則五色旗遂足為比較最良之徽志否，殆未易言。……夫國旗之領用，所重有三：一旗之歷史，二旗之取義，三旗之美觀也。武漢之旗，以之為全國之首義尚矣；江浙之旗，以之克復南京；而天日之旗，則為漢族共和

黨人用之南方起義者十餘年。……但本總統以爲非於此時決定則可勿詳論。因而知武漢所主張，亦有完滿之解說。究之革命用兵之際，國旗統一尚非所急。有如美國，亦幾經更改而後定現所行用之旗章。故本總統以爲暫勿頒定施行，而俟諸民選國會成立之後。謹復。並請公安。

1912年2月12日清帝退位，2月13日孫文提出辭呈，2月15日臨時參議院選袁世凱任臨時大總統。袁世凱被舉爲臨時大總統後公布了過渡暫行辦法，規定「國旗暫用五色旗」，並將「暫用國旗式樣」照會各國駐華公使。1912年4月臨時參議院遷至北京。5月6日北京臨時參議院第二次會議審議國旗統一案，議員穀鍾秀先敘述了南京會議議決的國旗統一案與臨時大總統孫文的諮復情況，並提付政府複議國旗統一案。但由於議員意見不一，於5月10日再次審議：在參議院院會上，特別審查員楊廷棟對國旗統一案做了審查報告，說明五色國旗各處久用、中外咸知，自難更易。隨後議員討論了將十八星旗定爲陸軍旗，青天白日滿地紅旗定爲海軍旗的方案。由於議員對於十八星代表的意涵存在爭議，高家驤謂請先表決五色國旗，陸軍星旗再付審查。議長請贊成以五色旗爲國旗者起立，以「此時民國全體皆爲五色旗，而實不能有所更動」原因，經多數表決通過以五色旗作爲中華民國國旗。隨後參議院頒布《諮請臨時大總統規定國旗及陸海軍旗式樣公布施行文》提請臨時大總統公布國旗：

　　僉以前當起義之初，沿江各省即以五色旗爲國旗。通行既廣，全國幾已一致。蓋旗者，常也。《周官》：「司常，掌九旗之名物。」中國漢宋諸儒學說，則均以仁義禮智信爲五常。而凡制度等威之辨、聲音臭味之殊，載籍所傳又率以五爲定數。至采色一端，近世科學家言雖區分爲七，而在中國習慣則五色，二字早以貫澈人民心理。況中華民國由五大民族結合，而成於旗色之五亦隱然不謀而合。以五色旗爲中華民國國旗，就道德上、歷史上、習慣上、政治上種種方面觀察，非惟足以代表全國精神，且爲中華民國永久不磨之特色。現友邦公使、外域華僑，函電所通均已共曉。而外人並

有目此旗為虹旗，謂中國驅除專制、建設共和正如彩虹互天，陰霾盡掃者。此尤可見此旗榮譽中外歡迎，應即定為中華民國國旗。

經過激烈爭辯，1912年1月10日中華民國臨時參議院通過專門決議，以五族共和旗（簡稱「五色旗」）為中華民國國旗；以九角十九星旗為中華民國陸軍軍旗，以青天白日滿地紅旗為中華民國海軍軍旗。主要因素九角十八星旗並不包括東北三省，也不能代表全中國。於是議員們提出意見修改九角十八星旗成為九角十九星旗。九角十九星旗的提案被議會表決通過，取代九角十八星旗成為陸軍軍旗。九角十八星旗使用期間為1907年8月至1912年，九角十九星旗使用期間為1912年至1928年。1912年6月11日中華民國臨時大總統袁世凱公布國旗議案結果，成為中華民國第一個具有法律意義的國旗方案。

　　然而國旗爭議並未結束，1928年12月17日國民革命軍北伐成功後，國民政府全面更換五色旗，改用青天白日滿地紅旗為國旗。截至今日中華民國國慶閱兵會有兩面青天白日滿地紅旗出現，其中間圓柱旗頭者為1928年啟用之國旗，其旁邊尖柱旗頭者為1912年起使用之海軍軍旗，其來源就是起於1912～1928國旗爭議。

　　立國之初，袁世凱吸納了社會菁英、各地人士和革命黨組成新政府，包容力很寬廣。北洋政府建立了三權分立制度，先後出現的五部憲法都以「三權分立」為基本原則，限制總統權力，防止個人獨裁，使人民的權利和自由得到尊重和保障。司法層面，北洋政府憲法保障司法獨立，明定獨立、公開審判的原則。例如1913年宋教仁被殺案，地方檢察廳就公開傳訊國務總理趙秉鈞。北洋政府制定的五部憲法包括1912年3月《臨時約法》；1913年10月《中華民國憲法案》（天壇憲草）；1914年5月《中華民國約法》；1923年10月《中華民國憲法》及1925年12月《中華民國憲法草案》。北洋政府時期社會與近代各政權相比，也相對有言論、出版、結社……等自由。當時報刊雜誌百花齊放，百家爭鳴，如《新青年》、《京報》、《國民新報》、《清華週刊》、《世界日報》、《現代

兩面青天白日滿地紅旗不同歷史意義：中間圓柱旗頭者為國旗，其旁邊尖柱旗頭者為海軍軍旗（照片來源：https://www.storm.mg/article/175881）

評論》、《語絲》、《晨報》、《新湖南》、《天津學生聯合會報》和《覺悟》等。政府對教育也非常尊重，軍隊、黨部與情治系統是不准進入校園逮捕、活動及設立組織。袁世凱曾頒布系列尊崇倫常、尊崇孔孟，春節慶典，提倡文化。北洋政府亦是中國真正享有的結社自由的時期，民政部立案的政治團體及政黨有85個。1918年毛澤東、蔡和森等人在長沙組織《新民學會》，1919年10月10日孫文成立的中國國民黨，1921年7月23日陳獨秀等人成立中國共產黨，1919年9月16日周恩來、張若名等人在天津組織的《覺悟社》，證明北洋政府時期是數千年歷史人民享有高度自由時期。

　　1913年2月國會選舉中，國民黨獲得多數議席，按約法精神應由該黨理事長宋教仁出任國務總理，不料宋教仁於3月20日在上海被人暗殺，兇手至今成謎。宋教仁被刺後，孫文發動二次革命，中國再興戰亂。戰爭使內外失衡，執政不穩，北洋政府制度不斷更動，軍閥派系趁機干政，各地軍閥在名義上受中央政府支配，但首都已成為各方軍閥相互角逐的舞

臺；加上內閣爭權輪替頻繁，議員操守貪奪汙劣，袁世凱為中央集權，有效治國，又興皇帝大夢：1915年12月12日至1916年3月22日間，袁世凱預備成立君主立憲制政權，更改國體。1915年12月31日袁世凱稱帝，改明（1916年）年為「中華帝國洪憲元年」，引發民怨，各省討袁；1916年3月23日袁世凱撤銷帝制，中華帝國國政敗亡，6月6日袁世凱憂憤猝逝；黎元洪繼任大總統，恢復民元約法。1917年中華民國第二次稱帝大戲上演，7月1日張勳發動政變，擁戴清朝廢帝溥儀復辟，自任政務總長兼首席議政大臣。7月12日皖系軍閥段祺瑞率領「討逆軍」擊敗張勳，張勳復辟瓦解。此後北洋政府軍頭遂形成直系、皖系、奉系等三大軍閥及各地小軍閥，北方中國陷入群雄割據，毀法亂法，兵荒馬亂，朝野動蕩，民不聊生的局面。1917年9月10日孫文籌組中華民國軍政府，自任陸海軍大元帥，展開護法運動（The Constitutional Protection Movement）。1924年10月23日馮玉祥推翻大總統曹錕，請段祺瑞出任「中華民國臨時政府」的大總統，又稱臨時執政府。南方情況，1917年5月20日孫文不滿軍政府改組，辭陸海軍大元帥職務，遠赴臺灣，日本。1919年10月10日孫文建立中國國民黨，展開與蘇聯共產黨合作，1921年4月10日廣州建立革命政府，選舉孫文為中華民國非常大總統，掀起南方建軍，聯俄容共，黨內鬥

1924年段祺瑞執政府（清陸軍部和海軍部舊址）（潘邦正攝於北京）

爭，國共分離及1926年至1928年間「南北戰爭」，又名「北伐」等重大歷史轉折。

1917年3月8～16日俄國發生《二月革命》（The February Revolution），沙皇尼古拉二世（Nicholas II）被推翻，俄羅斯帝國（The Russian Empire）滅亡。同年俄國《十月革命》（The October Revolution）再起，俄羅斯走向「無產階級領導」的社會主義國家。1922年15個權利平等的蘇維埃社會主義共和國（1945年蘇聯擴大為16個加盟共和國）自願聯合組成「蘇維埃社會主義共和國聯盟」（The Union of Soviet Socialist Republics），執政黨為蘇聯共產黨（The Communist Party of the Soviet Union）。1922年8月蘇聯派出駐華全權代表越飛抵達北京，首先聯絡北洋政府的吳佩孚，希望建立中蘇合作關係，但為吳佩孚堅決拒絕。越飛在北洋政府無所施展後，轉而聯絡在南方孫文，1923年1月26日兩人發表《孫越聯合宣言》（Sun-Joffe Manifesto），孫文同意蘇聯軍隊繼續留駐外蒙古，此舉成為日後外蒙古獨立的遠因。最重要的是孫越合作，允許蘇聯共產黨進入中國發展組織亦對1922年後的中國內部造成天翻地覆的改變。

袁世凱與外國駐華官員（潘邦正攝於上海孫中山故居）

長期以來，中國國民黨與中國共產黨已將中國近代史「黨史化」，歷史成爲兩黨政權宣傳工具，隱瞞眞相，篡改正史；如今兩岸人民能完整透徹瞭解中國近代史者微乎其微。部分學者爲五斗米折腰，御用撰文；少有良知秉筆直書者或遭排擠打壓，或遭驅逐謀害。中國國民黨北伐後，出於合法性和正統性的需要，貶低北洋政府，稱其爲「北洋軍閥」；並把北洋政府時期列爲「軍閥混戰」，並不能完全顯示出北洋政府全貌。事實上，北洋政府是中國民主社會的開端，政府型態亦是較爲民主的政府，亦在維護國家主權和領土完整方面也有重要貢獻，例如在北洋政府主導下，中華民國加入協約國參與第一次世界大戰，並以「戰勝國」的身分出席巴黎和會。1920年國際聯盟（The League of Nations）18國簽署關於《斯匹次卑爾根群島行政狀態條約》，後來史稱《斯瓦巴條約》（The Svalbard Treaty）；斯瓦巴是位於北極的群島，現是挪威王國最北界的疆域，群島橫跨北緯74°到81°、東經10°到35°。1596年6月19日荷蘭探險家威廉・巴倫支（Willem Barentsz）發現此一地區，由於該地區資源豐富，各國爭相設站。依據1920年《斯瓦巴條約》允許所有締約國公民均可自由進出該地區，並在該地區內進行任何不違反挪威政府法律的任何行爲，不需得到挪威政府簽證許可，但需遵守挪威政府的法律管制。1925年北洋政府代表中國加入《斯瓦巴條約》締約國，這個歷史事件鮮爲人知，史家研究者絕少。遲至2004年7月28日中華人民共和國始在斯瓦巴群島的新奧勒松（New Ålesund）設立中國北極黃河站（The Arctic Yellow River Station），成爲中華人民共和國在北極第一個科學考察站。北洋政府簽署《斯瓦巴條約》擴大中國領地，資源開發及戰略伸展，貢獻卓著，影響深遠。

　　北洋政府時期國家新建，官民教育較低，列強外患亦多，完全達成先進民主國家無此條件。吾人只能視北洋政府爲邁向先進民主國家的過渡時期。北洋政府教育文化相當自由燦爛，人才輩出，作品如海，當代外交，教育，文化，文學，藝術，戲劇大師級人物盡出自於北洋政府時期；更爲要者，北洋政府不允許情治、特務、黨部等單位進入校園，干涉學術自

由，監管老師與學生；今日中國著名學者大師皆出於北洋「自由時代」。相較1919年「五四運動」、1949年「四六學潮」與1989年「六四運動」之過程與結果，各時期政府對民主政治的實踐，社會自由平等的維護，各項差異性一目了然。基於過往兩岸學者對北洋政府歷史研究缺乏客觀性與深度性，未來對北洋政府重新審視，客觀撰寫是歷史研究重要工作。

第6章

西藏獨立運動（The Tibetan Independence Movement）
雪山獅子旗（1912～1951）

西藏獨立運動：雪山獅子旗（照片來源：https://zh.wikipedia.org/wiki）

　　西藏獨立運動（The Tibetan Independence Movement）除含有「博巴」（Bod Pa）民族主義色彩外，宗教自由問題亦是獨立運動動力之一。西藏領袖是宗教領袖，有別於民國以民主建國模式。西藏獨立運動又稱「圖博獨立運動」，亦稱「藏獨運動」，主張藏區成為一個主權國家。西藏獨立運動證明清末民初，民族平等是建立單一國家主要條件，十分重要；其牽連到政府結構，民族文化，宗教自由，問題，經濟利益等不能被剝奪與忽視。

　　西藏政教領袖達賴喇嘛（Dalai Lama），意謂「智慧深似海」的智者，是全西藏地位最高的領袖；傳統上是格魯派傳承領袖。格魯派四大祖古在當今有很高的地位，為所有藏傳佛教徒崇拜。依其影響力區分，達賴喇嘛在前藏，班禪喇嘛在後藏，章嘉呼圖克圖在內蒙古，哲布尊丹巴呼圖克圖在外蒙古（蒙古人民共和國）。

唐朝時稱西藏為「吐蕃」，清朝時稱西藏為「衛藏」，先後也用「土伯特」、「烏斯藏」、「烏思藏」、「圖白忒」或「唐古特」稱呼西藏；中華民國建政後宣稱繼承清朝對西藏的主權從。1912年至1949年，西藏雖不直接接受中華民國中央政府管治，但中國未放棄對西藏的主權。1912年4月22日袁世凱明確宣告蒙古、西藏、回疆各地方的一切政治俱屬中國內政。英國表示不承認中國對西藏主權的宣示，英國在西姆拉會議上以《麥克馬洪線》（McMahon Line）誘騙中方在條約草案簽約，被袁世凱的北洋政府回絕，捍衛了中國對西藏的主權。麥克馬洪線是一條由英國探險家為印度測量時於英屬印度和西藏邊境劃的一條分界線。名稱以英國外交官亞瑟・亨利・麥克馬洪爵士（Sir Vincent Arthur Henry McMahon）命名。《麥克馬洪線》草案中同時劃出內藏與外藏及西藏與中國其他地方的邊界，並未畫出西藏與英屬印度的邊界，造成許多模糊與紛爭，這些標繪籠統地圖被稱為麥克馬洪線。在英國支持影響下，西藏主權意識逐漸抬頭，中華民國對西藏的主權於是遭到達賴喇嘛十三世圖登嘉措、英國、蘇聯一致的反對與干涉。國民政府雖有派駐拉薩蒙藏事務機關，但對半獨立狀態的西藏行政中心噶廈（又稱第巴雄）鮮有實際影響力。1912年清朝滅亡後駐藏大臣等官員撤回。第十三世達賴喇嘛圖登嘉措返藏並掌握軍政實權。1913年初，十三世達賴喇嘛返回拉薩，隨即於2月13日發表《西藏全體僧俗大眾今後取捨條例》，又稱《聖地佛諭》，宣布「藏區」獨立，並與尼泊爾聯邦民主共和國（the Federal Democratic Republic of Nepal）、不丹王國（the Kingdom of Bhutan）建立邦交，並與博克多汗國（The Bogd Khanate of Mongolia）相互承認獨立，1913年通過《蒙藏條約》（A Treaty of Friendship and Alliance between the Government of Mongolia and Tibet）兩國關係正常化，但未得到世界上大國的外交認可。《聖地佛諭》文告表示：「鑑於外國人過去的入侵，我們的民眾必須無視可能要面對的一些困難。為了保護和維持我們國家的獨立，每一個人都要自覺努力」，「我們是一個很小的、信教的獨立國家」。此文被認為是達賴喇嘛宣布西藏獨立運動的宣示。達賴喇嘛藉此文告明白表示對自由

的渴望，及不受中國封號、欲統治西藏的意願。文告的內容亦涉及西藏的體制改革、實行新政等內容。新政包括首次發行紙幣，發行郵票，建立現代郵政系統等。部分研究西藏人士將《聖地佛諭》（西藏全體僧俗大眾今後取捨條例）文件看作是西藏的獨立宣言。1913年1月11日博克多汗國與西藏在《水牛年文告》發布前一個月，在蒙古庫倫簽訂《蒙藏條約》，互相承認彼此是獨立國家。主要內容為：「蒙古和西藏已經從滿族王朝解放，並從中國分裂出去，成為獨立的國家，而且，鑑於有兩個國家自古以來宣稱信仰同一宗教，以期加強歷史上彼此友誼，外交部長大喇嘛然丁，和助理部長、祕書長達布利特，作為統治蒙古人民的政府的全權代表，與阿旺德爾智、阿旺秋增和祕書格登堅參，作為西藏統治者達賴喇嘛的全權代表，簽訂如下協議：第一條西藏的統治者達賴喇嘛批准和承認蒙古成為一個獨立的國家，以及信仰黃教的哲布尊丹巴喇嘛在豬年十一月九日宣稱成為該國的統治者。第二條蒙古人民的統治者丹巴喇嘛批准和承認西藏成為一個獨立的國家，以及達賴喇嘛宣布為西藏的統治者。」此後在1912年至1959年期間，噶廈成為事實上的西藏政府行政中心。

　　1913年10月13日至1914年7月間，中華民國、英國、西藏三方代表在西姆拉（Simla）舉行會議討論西藏問題，簽訂《西姆拉條約》（Simla Accord），條約將西藏分為「外藏」和「內藏」：「外藏」由拉薩西藏政府自治管轄，奉中國為宗主國；「內藏」由中國政府的管轄。同約劃定西藏與中國的邊界，以及西藏和英屬印度邊界，又稱麥克馬洪線（Mc-Mahon Line）。

　　1918年達賴喇嘛正式頒布雪山獅子旗為西藏國旗。雪山獅子旗源於1913年日本人青木文教被派往西藏，他與西藏人達桑占堆一起設計的軍旗，旗底部為雪山形狀，雪山上是獅子，上部是旭日形象，圖案花紋有濃厚日本味道。1914年藏軍開始改革，此旗被正式用作西藏新軍的軍旗。1918年雪山獅子旗由藏傳佛教格魯派第十三世達賴喇嘛圖登嘉措頒布此旗幟為西藏軍隊軍旗，後來西藏流亡政府亦以此旗為西藏國旗，是西藏「國家主權」象徵。故雪山獅子旗既是西藏「政教合一的國旗」，又是

「藏軍的軍旗」。

藏區或藏地古稱吐蕃，位於4500公尺青藏高原，面積250萬平方公里，及喜馬拉雅山脈以北，平均海拔4900公尺，素有「世界屋脊」之稱。藏區大部的傳統語言是藏語，西藏的宗教主要由藏傳佛教、苯教（又稱本教、缽教）、民間宗教三種類別構成，苯教最高級的神是葉仙。苯教教徒頭裏黑巾，因此被稱為「黑教」。主要民族90%為藏族「博巴」，漢人佔8%，其餘為門巴族、珞巴族、回族、蒙古族，截至2020年11月1日，西藏自治區常住人口約為365萬人。

語言為藏語與康巴方言。西藏自治區現轄6個地級市，即拉薩、日喀則、昌都、林芝、山南、那曲；1個阿裡地曲，下設8個市轄市、66個縣。

1912年中華民國設理藩部，1913年中華民國北京政府改由內務部蒙藏事務處；隨後該處陸續改制為蒙藏事務局、蒙藏院。1928年7月11日國民政府將蒙藏院改制為蒙藏委員會，隸屬行政院。1936年2月10日國民政府制定《喇嘛轉世辦法》，管理西藏與蒙古的藏傳佛教喇嘛轉世相關事務。《喇嘛轉世辦法》第三條「達賴喇嘛，班禪額爾德尼，哲布尊丹巴呼圖克圖，暨各處向來轉世之呼圖克圖、諾們汗、班第達、堪布、綽爾濟、呼畢勒罕喇嘛等圓寂後，應報由該管地方最高行政機關，轉報蒙藏委員會備案，由其高級徒眾尋找具有靈異之同年齡幼童二人以上，以為各該喇嘛之呼畢勒罕候補人，報由該管地方最高行政機關，轉報蒙藏委員會查核，分別掣籤」。1940年2月22日時任蒙藏委員會委員長吳忠信，代表國民政府參加第十四世達賴喇嘛丹增嘉措在拉薩舉行之坐床典禮。同年4月1日駐藏辦事處正式在拉薩成立，孔慶宗被國民政府任命為第一任駐藏辦事處處長；1943年10月18日沈宗濂接任第二任駐藏辦事處處長，1947年沈宗濂被上海市市長吳國楨網羅為上海市政府祕書長；蒙藏委員會駐藏辦事處處長由陳錫章接任，直至國民政府離開中國大陸。依照1947年《中華民國憲法》（The Constitution of the Republic of China），「中華民國領土，依其固有之疆域，非經國民大會之決議，不得變更之」。事實上，西

藏問題涉及中英、中俄、中印、國共、漢藏等複雜關係；西藏亦曾在中華民國北洋政府及國民政府時期發生三次康藏糾紛，二次「驅漢事件」，顯示對中華民國政府治理西藏只是象徵性管理，無實質統治能力。

第十四世達賴喇嘛是西藏政治和宗教的象徵人物，曾任中華人民共和國全國人民代表大會常務委員會副委員長，藏人行政中央最高領導人等職務。1949年國民政府退守臺灣，1950年中華人民共和國與噶廈談判破裂後訴諸武力，史稱《昌都戰役》，噶廈戰敗。1951年5月23日雙方在北京中南海勤政殿簽訂《中央人民政府和西藏地方政府關於和平解放西藏辦法的協議》簡稱《十七條協議》。《十七條協議》確立中央人民政府對西藏行使實權。但英、美、法、印等國視《昌都戰役》為中國入侵西藏之舉。1957年第十四世達賴喇嘛反對《中央人民政府和西藏地方政府關於和平解放西藏辦法的協議》簡稱《十七條協議》（The Seventeen Point Agreement），1959年3月17日丹增嘉措流亡印度；隨後在印度達蘭薩拉（Dharamshala）建立藏人行政中央，亦稱西藏流亡政府，有大量藏族追隨他而流亡海外。1959年3月10日，中國人民解放軍入藏與西藏政府發生嚴重武裝衝突，1959年3月28日，中華人民共和國國務院宣布解散原西藏政府，由西藏自治區籌委會行使西藏政府職權，自治區籌備委員會於1959年7月17日第二次全體會議通過了《關於在西藏全區進行民主改革的決議》，中國政府推行土地公有制、廢除農奴制、收繳民間武器，摧毀寺院，基層建政等等，有些部落不接受「改革」反抗或逃亡。1965年9月1日，西藏自治區正式宣告成立。原西藏政府首腦第十四世達賴喇嘛與高官流亡到印度，成立「西藏流亡政府」（The Tibet Government in Exile），並主張大西藏地區自治。

1995年5月達賴喇嘛指認更登確吉尼瑪（Gedhun Choekyi Nyima）為第十一世班禪，此項授權未被中華人民共和國政府承認。中國政府亦按照清朝傳統金瓶掣籤儀式（The Golden Urn）冊立確吉傑布（Chökyi Gyalpo）作為第十一世班禪。金瓶掣籤儀式就是選一個「良辰吉日」；將「候選靈童」的名字寫在象牙籤上，密封在金奔巴瓶內，會同僧界領袖

及政要人士由政府所派官員當場用象牙筷子從瓶內取出一籤，籤上的「候選靈童」即成爲第十一世班禪。

　　大西藏地區包含南亞的印度與不丹佔有的藏南一帶和一部分中亞的國家和地區，達240萬平方公里。1987年9月21日達賴喇嘛在華盛頓對美國國會的演講中提出解決西藏問題的5點和平計劃，其中包括，把整個西藏轉化成爲一個和平地區，要求中國軍隊撤出「大西藏」地區。2014年2月21日美國總統歐巴馬在白宮會見達賴喇嘛。歐巴馬對達賴喇嘛近年來的提出的「中間道路」表示支持。中國政府則視達賴喇嘛爲「藏獨」分離主義（Separatism）份子。目前中華人民共和國官方認爲任何西藏分離主義象徵活動都予以禁止，然而海外流亡藏人與國際間支持西藏獨立運動的團體與個人經常展示這面雪山獅子旗幟在世界各地持續爲西藏的獨立主權不斷抗爭，至今全球各地支持西藏獨立運動並未停止。西藏獨立運動證明中國內部多數政權興起，其根源乃奠基於「中國革命運動優先次序，首爲民族主義革命，次爲民主主義改革」，導致「大漢民族主義」與「邊疆少數民族主義」之嚴重對撞；千年以來各民族在中華大地不斷的對抗，自古延今，永無止境。

　　由於尼泊爾聯邦民主共和國、不丹王國、博克多汗國當時分別是英國與蘇聯的附庸國，其外交承認實有爭議。西藏的獨立亦未被大清帝國、中華民國及中華人民共和國承認，也未得到世界大國的普遍承認。根據1933年《蒙特維多國家權利義務公約》（Montevideo Convention on the Rights and Duties of States），國家做爲國際法人應具備常住人民、界定的領土、有效的政府、國際承認並與其他國家建立關係的能力。國家在國際社會上具權利，承擔的義務，並以獨立（Independence）、平等（Equity）與和平共存（Peaceful co-existence）展現國格。依照此一標準，西藏獨立運動只能算是建立短暫的政府，而非國家。

　　中英關係與中印關係是西藏獨立運動外在因素，扶助緩衝國是印度長期對西藏政策，西藏人士亦望藉助英國與印度支持，達到建立政權目標。1947年印度獨立後期望繼承殖民時期的政策，在西藏建立緩衝地帶，通

過派遣軍隊控制西藏，以鞏固喜馬拉雅山脈的水源。1951年2月印度軍隊乘中國參與韓戰，派兵占領西藏噶廈政府管轄的達旺地區，此後數十年中印大小衝突不斷；及至2020年5月中印兩國部隊在邊境實際控制線多地進行數起對峙和衝突，戰鬥地點尤其是位於西藏自治區阿裡地區的班公錯及日喀則的乃堆拉山口，並造成雙方人員傷亡。未來中印關係走向以及第十四世達賴喇嘛領導之西藏獨立運動，均將是中國國家發展的重大變數。

第7章

中華帝國（The Empire of China）

紅叉五色旗（1915～1916）

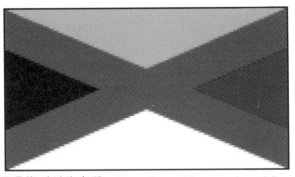

中華帝國：紅叉五色旗（照片來源：https://www.bing.com/search?q=+%E4%B8%AD%E8%8F%AF%E6%B0%91%E5%9C%8B%E8%87%A8%E6%99%82%E6%94%BF%E5%BA%9C%E5%9C%8B%E6%97%97）

　　中華帝國（The Empire of China）亦稱洪憲帝制，是中華民國走向民主共和道路上，傳統帝王思想之再復起，君主立憲之再嘗試。滿清末年君主立憲（Constitutional Monarchy）是國家政治改革重要選項之一。君主立憲就是在保留君主的前提下，通過立憲，樹立人民主權、限制君主權力、達成實際上以民爲主的制度。亞洲日本、泰國都是君主立憲國家，虛位的國家元首，國會推舉的首相和內閣名單須按慣例經天皇確認。歐洲的英國、西班牙亦是君主立憲國家。世界多數歷史悠久國家都有傳統國君，因此國家政治改革選用君主立憲制，可以兼顧王室永存，亦可發展民主政治。

　　梁啓超是推動清朝君主立憲制要角。梁啓超強調：「英人恆自稱爲大不列顛合衆王國，或自稱爲共和王國。其名稱與美無異，淺人驟聞之，或

且訝爲不詞。不知英之有王，不過以爲裝飾品，無絲毫實權，號爲神聖，等於偶像。故論政體者，恆以英編入共和之一種。其後比利時本此意編爲成文憲法，歐洲各小邦多效之。故今日歐洲各國，什九皆屬虛戴君主之共和政體也，今省名曰虛君共和制。」唯當時革命黨支持共和制，其主要原因清室爲滿人，滿人爲中國永久皇室，以孫文爲首革命黨漢人無法接受。1895年2月21日孫文在英屬香港成立興中會總會，提出誓詞和目標爲「驅逐韃虜，恢復中華，創立合眾政府」。「驅逐韃虜，恢復中華」明顯表達推翻清朝的民族主義是革命團體首要目標，故不會接受以滿人爲虛君的君主立憲制，這是中國革命以民族主義（Nationalism）優於民權主義的結果，也造成其後中國在建立民主共和制（Democratic Republic）階段，中央與地方爭權，產生以戰爭結束紛亂之百年苦難。袁世凱在中華民國成立後，再一次嘗試效法英日，選用君主立憲制政權，歷史便出現了一段中華帝國的興亡痕跡。中華帝國亦稱「洪憲帝制」，是指1915年12月12日至1916年3月22日間，時任中華民國大總統袁世凱認爲「共和不適於中國國情」，預備成立的一個「君主立憲制」政權，意在保留君主的前提下，通過立憲，達成建立民主政體之理想；仿效英國女皇，日本天皇政治體制。袁世凱在《撤銷帝制令》中申明，「民國肇建，變故紛乘，薄德如予，躬膺艱鉅，憂國之士，怵於禍至之無日，多主恢復帝制，以絕爭端，而策久安。」1915年8月3日袁世凱安排前哈佛大學（Harvard University）校長查爾斯·威廉·艾略特（Charles William Eliot）委請美籍憲法顧問弗蘭克·詹森·古德諾（Frank Johnson Goodnow）發表《共和與君主論》稱：「大多數之人民智識不甚高尙⋯⋯由專制一變而爲共和，此誠太驟之舉動，難望有良好結果⋯⋯中國將來必因總統繼承問題『釀成禍亂』，「中國如用君主制，較共和制爲宜，此殆無可疑者也」。古德諾觀點被籌安會利用作爲支持袁世凱稱帝的理論。古德諾亦於1915年8月18日《北京日報》（Peking Daily News）澄清，否認籌安會強加於他的觀點。即使如此，袁世凱還是以此理論，定中華帝國年號爲「洪憲」，1916年爲洪憲元年，首都設在北京，中華帝國旗色仿原制，改爲紅叉五色旗（如圖），

並發行中華帝國銅元。袁世凱的企圖遭到各方勢力反對，最後袁世凱並沒有正式即位爲皇帝，中華帝國即宣告收場。中華帝國從洪憲元年改國號算起，時僅82天便趨滅亡。中華帝國興亡固爲曇花一現，但其帝王思維與專制陋制卻死而不僵。事實上，近代中國各黨領袖均效仿袁世凱，他們建立之各種政權，無不以各種手段與理由，粉飾「外似民主，內實專制」的政體模式，推行自由民主爲假，個人／政黨世襲獨裁爲眞。

1915年8月14日，楊度聯通孫毓筠、李燮和、胡瑛、劉師培及嚴復，聯名發起成立「籌安會」，此六人被稱爲「籌安會六君子」。8月23日楊度親自起草的籌安會宣言公開發表，大聲疾呼道：「我等身爲中國人民，國家之存亡，即爲身家之生死，豈忍苟安漠視、坐待其亡？用特糾集同志，組成此會，以籌一國之安。」籌安會宣言指出「美國者，世界共和之先達也。美人之大政治學者古德諾博士即言，世界國體，君主實較民主爲優，而中國則尤不能不用君主國體。此義非獨古博士言之也；各國明達之士，論者已多。而古博士以共和國民，而論共和政治之得失，自爲深切明著；乃亦謂中美情殊，不可強爲移植。」籌安會於北京石駙馬大街掛牌宣布成立，楊度爲理事長，孫毓筠爲副理事長。楊度強調：「中國人程度低，共和決不能立憲，只有君主才能立憲。與其共和而專制，不如立憲而行君主。且共和國選舉總統時容易發生變亂，國家永無安寧之日。計唯有易大總統爲君主，使一國元首立於絕對不可競爭之地位，庶幾足以止亂。」並稱袁世凱爲「當時全民有權威有聲望之人，未有敢冒言其非者」。袁世凱細閱楊度文章後，讚賞不已。

8月23日「籌安會」召集各省文武官吏和商會團體進京商討國體事宜，各文武官吏除少數表示擁護共和外，大都表示必須改變國體。10月6日參議院起草《國民代表大會組織法》，由全國選出1993名國民代表；12月11日國民代表就國體變更進行投票，結果以全票通過同意君主立憲制。當日，各省代表民意第一次請求袁世凱就任中華帝國皇帝，袁世凱以無德無能刻意婉拒。12月12日袁世凱同意代表們第二次請求；取「弘揚憲法」之意，袁世凱於是宣布改次年爲洪憲元年，改國號爲「中華帝

國」，大肆籌備即皇帝位；總統府則改爲「新華宮」，準備吉日登基。

　　1915年1月18日日本駐中國公使日置益向袁世凱提出不平等條約《二十一條》（The Twenty-One Demands），內容嚴苛，索求甚廣；袁世凱最終未能滿足日本的要求，政治立場逐漸向歐美各國靠攏，因此日本決定推翻袁世凱政權。1916年3月1日日本駐滬武官青木中將晤梁啓超，商量討袁一事；3月7日大隈重信內閣以袁世凱不能保障日本在華利益，壓迫袁世凱退出權力核心。1916年3月22日袁世凱宣布取消帝制，其籌備帝制時間前後共計102天。袁世凱在《撤銷帝制令》稱：「蓋在主張帝制者，本圖鞏固國基，然愛國非其道，轉足以害國；其反對帝制者，亦爲發抒政見，然斷不至矯枉過正，危及國家，務各激發天良，捐除意見，同心協力，共濟時艱，使我神州華裔，免同室操戈之禍，化乖戾爲祥和。總之，萬方有罪，在予一人！」上文顯示袁世凱尚存認罪羞恥之心。自此中華帝國胎死腹中，鬧劇結束，這段期間亦無任何國家承認中華帝國。

　　楊度之意本爲中國千年帝制，當時國情應效日本，美國行君主立憲制。然中華民國建立之時爲何不採用君主立憲制？前文已說明，革命團體興中會在南方起兵革命，宗旨爲「驅逐韃虜，恢復中華，創立合眾政府」；其目標仍以「驅除韃虜」爲主軸。實行君主立憲制，滿洲人將永世爲中國的皇帝，漢族自不能接受；無疑辛亥革命實爲民族主義之革命。另者，1915年8月14日「籌安會」成立是在漢人執政下嘗試再度討論中國政體問題，然民國既成，帝制再起，已難服人心。

　　君主立憲制問題在清朝曾經有兩次萌芽：第一次爲1898年6月11日～9月21日康有爲與弟子梁啓超合作發動戊戌變法。戊戌變法失敗後梁啓超撰寫《新大陸遊記》，對比中美兩國歷史和國情，深感中國不適合美式共和制度，毅然放棄共和方案，期望中國像英國那樣通過君主立憲，逐步過渡民主憲政，相信將來中國必將實現民主共和制度。梁啓超十分鮮明主張君主立憲，遭到孫文與革命共和派的嚴厲指責，「孫梁國體爭辯」由此開始。第二次爲1906年～1909年立憲運動，目的在使清朝成爲君主立憲的國家。1906年孝欽顯皇后（西太后）據貝子銜奉恩鎮國公載澤等五臣意

見，下詔預備立憲，闡述「仿行憲政」的涵義爲「大權統於朝廷，庶政公諸輿論，以立國家萬年有道之基。朝野黨派對於在預備立憲緩急與責任內閣制的組成與權限，意見頗不一致，爾後也牽動了敏感的滿漢之爭，立憲運動以致無疾而終。靳曉霞認爲：清末統治階級缺乏實施立憲的主動性，對立憲的作用和意義認識不足，加上漢滿權力相爭，宮內派系林立，統治集團內部認識也不統一，並沒有眞立憲開民主的意願，認爲慈禧實際上是迫於形勢才眞的想改革。光緒雖然曾有嘗試立憲的意圖，但並無實權能實行國體改良。

綜觀中華帝國興亡，就人而言，袁世凱民初勸退清帝遜位，達成南北議和，以和平手段解決與清朝及與革命黨的政治問題，避免內戰，救人民於水火，實爲大功。民國成立，共和推展，袁世凱稱帝，再提倡君主立憲已難服眾，這是失敗之主因。後觀近代中國歷史發展，中華帝國滅亡後，各式政體「以共和之名，實帝王專制者」比比皆是，且極權之制勝於袁氏。就事而言，君主立憲制並非不好的制度。民主政治有兩點值得吾人深思：其一世界大國國體採用君主立憲制者眾，大不列顛暨北愛爾蘭聯合王國（United Kingdom of Great Britain and Northern Ireland），簡稱聯合王國（United Kingdom）爲老牌民主國家，亦採用君主立憲制。君主立憲制特色爲虛位君主，議會政治及責任內閣。君主立憲制並非專制國體，現今民主先進國家多爲君主立憲制如英國，日本，大英國協國家等，君主立憲制無損民主政治，多爲歷史悠久國家實行民主政治權宜之計。

其二世界大國國體採用聯邦國體者亦多。例如美利堅合眾國（United States of America），簡稱美國下轄的50個州，華盛頓哥倫比亞特區（Washington, D.C.），及五個自治領地。State含義亦爲國家，故各自有「州旗，州法」，美國實爲美利堅聯邦國。美國總統非全民選出，乃由各州選舉人票總合產出。另蘇維埃社會主義共和國聯盟（The Union of Soviet Socialist Republics）也是一個存在於1922年至1991年聯邦國體的社會主義國家。英國更是由4個王國（Kingdom）組成，分別爲英格蘭、蘇格蘭、威爾斯及北愛爾蘭。大英國協（Commonwealth of Nations）亦一個

由數十個主權國家所組成的國際組織，成員鬆散，大多爲前殖民地及其屬土。英國足球並無英國隊，而是以英格蘭隊、蘇格蘭隊、威爾斯隊出賽，實則各王國自立自治並無損「國家統一」，大英國協數十個主權國家奉英國女王伊莉莎白二世（Elizabeth II）爲國家皇后，亦無傷英國及大英國協各國「自由民主」國體。

　　對一個擁有數千年歷史文化，並包含56民族的大中國而言，實行單一共和國家故爲理想，然百年政治實驗結果，民族問題遲難解決，帝王思想亦終始不斷，很難找到政治平衡點。中國百年以來，革命者建立數十個不同政權，執政後卻以各種手段愚民治民，製造政治神話，其目的還是建立領袖專制獨裁，造成朝野對抗，烽火遍地、生靈塗炭，全國人民流離失所，億萬同胞水深火熱。全國人民流離失所，億萬同胞水深火熱。中華帝國的興衰當可借鏡，並再度提醒國人，深思未來中國國體發展，應如何規劃能達成人民自由、社會平等、政治民主、民族合作、經濟透明、文化昌盛的國家體制與實踐方式。

第8章

烏梁海共和國（The Uryankhay Republic）（1911～1914）

烏梁海邊疆區（Uryankhai Krai）（1914～1921）

唐努圖瓦人民共和國—圖瓦人民共和國

（The Tuvan People's Republic）（1921～1926/1944）

俄羅斯蘇維埃聯邦社會主義共和國—圖瓦自治州（The Russian Soviet Federative Socialist Republic）

（1944～1961）

圖瓦蘇維埃社會主義自治共和國（The Tuvan Autonomous Soviet Socialist Republic）（1961～1992）

圖瓦共和國（Tyva Republic）（1992～）

唐努圖瓦人民共和國國旗（1921～1926）
（照片來源：https://zh.wikipedia.org/wiki）

圖瓦人民共和國國旗（1926～1930）（照片來源：https://zh.wikipedia.org/wiki）

圖瓦人民共和國國旗（1930）（照片來源：https://zh.wikipedia.org/wiki）

圖瓦人民共和國國旗（1930～1935）（照片來源：https://zh.wikipedia.org/wiki）

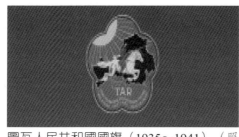

圖瓦人民共和國國旗（1935～1941）（照片來源：https://zh.wikipedia.org/wiki）　圖瓦人民共和國國旗（1941～1943）（照片來源：https://zh.wikipedia.org/wiki）

圖瓦人民共和國國旗（1943～1944）（照片來源：https://zh.wikipedia.org/wiki）

　　圖瓦人民共和國（The Tuvan People's Republic）原本為中國領土最北疆域，在地區民族主義與蘇聯帝國主義合作下，成為獨立政治實體，再轉變為蘇聯衛星國家。圖瓦人民共和國目前是俄羅斯西伯利亞聯邦管區（Siberian Federal District）成員之一，位於俄羅斯聯邦亞洲部分中部。俄羅斯聯邦西伯利亞聯邦管區計有阿爾泰共和國（The Altai Republic）、伊爾庫次克州（Irkutsk Oblast）、哈卡斯共和國（The Republic of Khakassia）及圖瓦人民共和國（The Tyva Republic）等十個政體。

　　圖瓦在1911年以前是大清帝國領土，稱「唐努烏梁海」，是清人對居住於薩彥嶺與唐努山之間的烏梁海人的稱呼。唐努烏梁海之薩彥嶺（北緯53°57'）是中華民國的國土面積最北之地，位於外蒙古之西北，東界喀爾喀土謝圖汗部，西界科布多所屬諸部，南界喀爾喀紮薩克圖汗部，北界俄羅斯。清朝早期共分五旗四十八佐。五旗即唐努旗、克穆齊克旗、撤爾吉

格旗、圖吉淖爾旗、庫布遜淖爾旗。

「唐努烏梁海」土地面積約17萬平方公里,清代唐努烏梁海位於外蒙古西北,北至薩彥嶺,南到唐努烏拉山脈,西到俄羅斯巴爾瑙爾東南,東到外蒙古庫蘇古爾湖以東,是一個群山環抱的狹長盆地。葉尼塞河(The Yenisey River)流經其境,水源充沛,土地肥沃,適宜畜牧耕作;山區森林茂密,盛產黑狐、銀狐、貂獺、灰鼠等珍貴毛皮。礦產資源極為豐富,鐵、鉀鹽、石棉、煤及有色金屬儲量頗大。清朝雍正時期,唐努烏梁海分九旗:托眞、薩勒塔克、奧雲納爾、赫木奇克、哈蘇特、沙尼克、尼巴吉、達瓦恩、喬杜貝子。前四旗由烏里雅蘇臺將軍管理,後五旗蒙古人負責。

唐努烏梁海在647年至648年歸入唐朝版圖為都播地,隸屬安北都護府管轄,正式納入中國版圖。唐朝滅亡後,該地區先後處於遼、金統治之下。宋金時屬西遼政權,稱謙州。1206年成吉思汗統一蒙古草原後,取得了整個唐努烏梁海的土地;元朝屬嶺北行省,稱益蘭州。明朝屬蒙古瓦剌部,清朝稱為唐努烏梁海,為外蒙古紮薩克圖汗轄地。1727年《恰克圖界約》(The Treaty of Kyakhta)規定,中俄在此以薩彥嶺為界,歸烏里雅蘇臺將軍管轄。1858年至1864年清朝與沙俄先後簽訂了《璦琿條約》(The Treaty of Aigun)、《北京條約》(The Convention of Peking)、《勘分西北界約記》,亦稱《塔城議定書》(The Treaty of Tarbagatai),據此沙俄強佔了中國東北部100多萬平方公里的土地。1864年的中俄《塔城界約》即《中俄勘分西北界約記》,沙俄割去清朝西北部十佐領,即割占了巴爾喀什湖以東以南的地區,包括唐努烏梁海西北部土地。1904至1910年沙俄軍官波波夫多次率領遠征隊以考察為名,在唐努烏梁海地區活動。1911年中部27佐領為沙俄所強佔,東部9佐領為當時宣布「獨立」的喀爾喀封建主所佔領。

從十六世紀開始,俄國謀取太平洋北岸利益;十七世紀中葉,俄國人穿過黑龍江兩岸,向東急劇擴張,尋找出海良港;十八世紀初,沙俄侵略勢力已在葉尼塞河上游建立殖民據點。十九世紀中葉以來,清政府的日趨

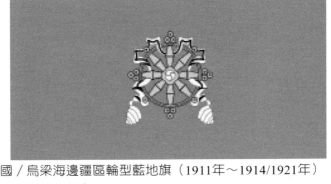

烏梁海共和國／烏梁海邊疆區輪型藍地旗（1911年～1914/1921年）（照片來源：https://zh.wikipedia.org/wiki）

腐敗貧弱，沙俄乘機侵奪中國大片領土。1911年辛亥革命後，外蒙古率先宣布脫離清帝國獨立，唐努烏梁海仍舊爲外蒙古統治。而後沙俄以保護僑民爲由，趁機佔領唐努烏梁海，並慫恿其獨立，唐努烏梁海逐被俄國控制，成其附庸。1913年中俄發表聲明將唐努烏梁海與科布多劃入「外蒙古自治區域」。1912年年初，唐努烏梁海爆發騷亂，伊爾庫茨克總督府趁機以保護僑民爲由，趁機佔領唐努烏梁海，並慫恿其獨立，成立「烏梁海共和國」（The Uryankhay Republic），使用輪型藍地國旗，1911年至1914年短暫脫離中國。烏梁海共和國在該地區脫離外蒙獨立後，沙俄於1914年將其吞併，成立「烏梁海邊疆區」（Uryankhai Krai），直至1921年。1914年底，居住在唐努烏梁海的沙俄移民增加到1.2萬多人，當時唐努烏梁海人總共6萬人。沙俄移民局的文件將唐努烏梁海稱作「薩彥嶺南的俄羅斯」。1917年俄國十月革命後，中國恢復對包含圖瓦在內的外蒙統治。蘇俄於1918年將首府別洛查爾斯克更名爲肯貝勒德。

清朝在唐努烏梁海未設立專官，僅授唐努旗總管以副都統職銜，兼管五旗事務。直隸於烏里雅蘇臺將軍管轄之下。唐努烏梁海人民多以遊牧爲業，風俗與外蒙古相似。1911年辛亥革命發生，清朝無暇遠顧極邊地區，唐努烏梁海逐被俄人佔領。1917年俄國聖彼德堡帝國大學法科畢業嚴式超被任爲庫倫辦事大員公署祕書長，任內剷除朱成章有功；政府委調嚴式超赴烏梁海辦理收復事宜。1918年5月間嚴式超率軍平俄，10月中旬

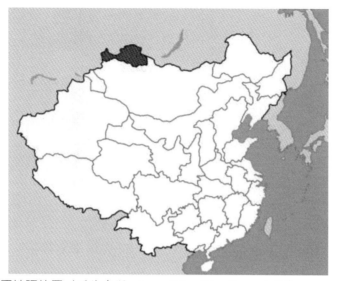

烏梁海共和國地理位置（照片來源：https://zh.wikipedia.org/wiki）

獲勝。1919年1月13日正式任命嚴式超爲都護副使，駐紮唐努烏梁海佐理專員，中國在烏梁海設置政府官員實自此開始。1919年7月嚴式超聯合外蒙和民國軍隊收復白俄占據的唐努烏梁海。1920年2月19日，中國北洋政府佔領圖瓦。

　　1921年2月3日羅曼・費奧多羅維奇・馮・恩琴-史登伯格男爵率領俄國白軍進入外蒙古，擊敗褚其祥率領的中國軍隊，攻佔庫倫，並於2月22日擁戴博克多汗復位，博克多汗國重建。3月18日人民軍進入阿勒坦布拉格（買賣城）。1921年5月，中華民國大總統徐世昌任命東三省巡閱使張作霖兼任蒙疆經略使，奉系軍閥無力駐軍外蒙古。

　　1921年8月14日圖瓦的布爾什維克建立「唐努圖瓦人民共和國」（The Tannu Tuva People's Republic），「唐努」指唐努烏拉山；「圖瓦」則指圖瓦人。首府肯貝勒德被更名爲克孜勒，中央人民委員會主席爲索德南・巴爾車・阿木本—諾楊。蘇聯和蒙古人民共和國在1926年11月24日簽訂條約，將唐努烏梁海改名爲「圖瓦人民共和國」（The Tuvan People's Republic），圖瓦人民共和國的執政黨是圖瓦人民革命黨。圖瓦人民共和國中後期主要領導者爲薩爾察克・卡爾巴克霍雷科維奇・

托卡，圖瓦人占該地人口的82%，國旗原用車輪紅旗，後經數次改變，至1944年改TAP紅旗。1944年被併入「俄羅斯蘇維埃聯邦社會主義共和國」改稱圖瓦自治州（The Russian Soviet Federative Socialist Republic, 1944~1961），使用蘇聯紅星旗。1961年10月10日圖瓦自治州升格為「圖瓦蘇維埃社會主義自治共和國」（The Tuvan Autonomous Soviet Socialist Republic, 1961~1992），使用藍條蘇聯紅星旗。

　　1948年5月中華民國駐蘇大使傅秉常照會蘇聯外交部，聲明唐努烏梁海為中華民國領土，但蘇聯並未理會。長期以來，中華民國及中華人民共和國兩岸政府均聲稱保留對該地區的主權。1992年3月31日該地區建立「圖瓦共和國」（Tyva Republic），加入成為俄羅斯聯邦成員之一。圖瓦為主席制共和國，共和國結構於1993年被承認。最高法律機關為上議院，五年選舉一次。執行機構為以主席為首的部委員會。共和國政府主席是卡拉－奧奧爾·紹爾班·瓦列里耶維奇，共和國大呼拉爾主席為霍努克－奧奧爾·蒙古施。圖瓦共和國下轄17個區、1個直轄市、4個區級市、3個市鎮，村地區有117個。人口30.7萬，面積16.8萬平方公里。主要宗教信仰為藏傳佛教，薩滿教和東正教。圖瓦共和國是生產畜產品的農業國，80%多的產品為畜產品，又蘊含著豐富的礦藏，包括金、銅、鐵、煤、雲母、岩鹽、石墨、鎂等，故為東西伯利亞經濟區的重要部分。

　　圖瓦共和國國旗啟用於1992年9月18日，國旗為黃藍橫丫字旗，左側為黃色三角形，其他大部分面積是淺藍色，淺藍色部分中一個白色的橫丫

俄羅斯蘇維埃聯邦社會主義共和國圖瓦自治州國旗（1944～1961）（照片來源：https://zh.wikipedia.org/wiki）　俄羅斯蘇維埃聯邦社會主義共和國國旗（1954～1981）（照片來源：https://zh.wikipedia.org/wiki）

圖瓦蘇維埃社會主義自治共和國國旗（1978～1992）（照片來源：https://zh.wiki
pedia.org/wiki）

字型。白色象徵白銀和美德；黃色象徵黃金和佛教；藍色象徵牧民的道德
和圖瓦的天空。蘇聯解體後，1993年圖瓦通過了自己的憲法，進行全民
公決，脫離俄羅斯聯邦。但在經濟上仍然依賴俄羅斯。圖瓦共和國現有居
民31萬人，主要民族爲77%圖瓦族、20%俄羅斯族及其他科米族和哈卡斯
族。

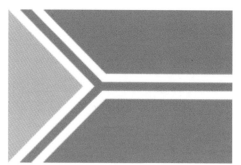

圖瓦共和國國旗（照片來源：https://zh.wikipedia.org/wiki）

　　2000年5月18日圖瓦共和國成爲俄羅斯聯邦管區西伯利亞聯邦管區成
員之一，發行獨立的貨幣圖瓦阿克沙鈔票。圖瓦阿克沙爲圖瓦共和國法定
貨幣。早期中華民國政府不承認圖瓦共和國獨立和併入俄羅斯，陳水扁
總統主政時期，出版的中華民國全圖已將其視爲俄羅斯聯邦的一部分。中
華人民共和國政府默認圖瓦共和國獨立，並承認其爲蘇聯及俄羅斯領土。
中華人民共和國政府於2001年7月16日在《中華人民共和國和俄羅斯聯邦

睦鄰友好合作條約》中宣布「雙方在兩國邊界尚未協商一致的地段維持現狀」，至今疆界仍為懸案。中華民國政府則於2013年承認圖瓦共和國為俄羅斯聯邦主體之一。目前國際上普遍認同圖瓦為俄羅斯領土。換言之，民國初年圖瓦共和國與蒙古人民共和國原來分別為「地理中國」內部政治實體，目前圖瓦共和國與蒙古人民共和國分別獨立，成為「地理中國」外部政治實體，並被海峽兩岸政府承認；自此唐努烏梁海地區在「地理中國」消失，不再屬於中國。

第9章
中華民國安國軍政府（The National Pacification Army）
十二章五色國旗（1927～1928）

安國軍政府十二章五色國旗（照片來源：https://zh.wikipedia.org/wiki）

　　清末辛亥各省建立不少軍政府（Military Government），那時軍政府目標是以武力為革命後盾，目標是推翻滿清政府。軍政府是國家的政治權力由軍事領袖所擁有，所以大部分軍政府，多是通過軍事政變而建立起來的。由於軍事領袖掌握著最高權力，軍隊無法國家化，軍政府的統治，通常都採一人或一黨專制獨裁制度。軍政府大多實行總統制，總統因無議會制衡，容易形成為有權無責國家領袖，無疑是變相皇帝制。文人總統制會形成有任期的皇帝制，軍人總統制則形成終身的皇帝制。民國成立之後，民主思想廣布，再建立軍政府是違反時代潮流之舉，難得民心。

　　中華民國安國軍政府前身為中華民國北京政府（北洋政府），安國軍政府其後為中華民國國民政府。有史家認為安國軍政府是北洋政府一部分，實際上，安國軍政府是軍人政府，北洋政府是民主政府，兩者實有差異，安國軍政府與北洋政府不同，嚴然是另一個政權。雖然北洋政府實行

民主制度，其間確有賄選，貪瀆等情事，那是初期民主被政客操弄國會及人民教育不足的現象，任何民主政府都要有一段學習過渡時期。相較二十世紀其他在中國建立之政權，北洋政府相對有較自由的社會體系。

中華民國安國軍政府總統張作霖（照片來源：https://zh.wikipedia.org/wiki）

　　安國軍政府自成立到覆亡前後約1.5年，屬於過渡性政府。1916年前清宗室與日本人勾結的宗社黨在東北進行復辟活動，張作霖予以打擊。袁世凱死後，張作霖被任命為東三省巡閱使，兼奉天都督及省長，成為奉系首領。1926年4月段祺瑞於反奉戰爭中下臺，5月張作霖於國奉戰爭中擊敗馮玉祥，控制北洋政府。1926年6月11日張作霖在北京順承王府召集直系強人孫傳芳、山東軍閥張宗昌等將領舉行會議，討論了「和戰問題」和組建「安國軍政府」。會後孫傳芳等7名將領聯名，發出推戴通電，其所轄北方各省軍隊一律改稱安國軍。1926年11月29日15省推舉張作霖為安國軍總司令，次年張作霖宣布「反共討赤」，處死中國共產黨黨員李大釗，鎮壓國民黨活動。當時李大釗為第三國際（The Communist International）成員，並為該組織在中國的代理人，北洋政府指控其裡通蘇聯，顛覆中華民國北洋政府。1927年6月16日，張作霖在京都市（北平市）建立中華民國軍政府（The National Pacification Army），亦稱安國

軍政府，就任中華民國軍政府陸海軍大元帥，行使總統職權。張作霖任用潘復爲國務總理兼交通總長，是北洋政府末代國務總理；潘復內閣任命內務總長沈瑞麟、外交總長王蔭泰、教育總長劉哲、財政總長閣澤溥、軍事總長何豐林、司法總長姚震、實業總長張景惠、農工總長劉尚清等人。首都爲京都市（北平市），國旗用十二章五色旗。十二章國徽爲1913年2月至1928年間北洋政府時期的國徽，又稱「嘉禾國徽」。原設計者爲周樹人、錢稻孫和許壽裳。

　　1927年6月16日深夜孫傳芳、張宗昌、吳俊升、張作相、褚玉璞、張學良、韓麟春、湯玉麟等人聯名發表擁護張作霖就任安國陸海軍大元帥的通電發出，即「銑電」。電文：「傳芳等當身先將士，盡力疆場，以副拯民水火之忱，而盡殄除暴亂之責。切請勿拘小節，而失人心。勿慕謙先，而釀巨變。總之全國之人將死，惟我總司令生之。全國之士將亡，惟我總司令存之。事機所迫，間不容髮，幹冒尊嚴，不勝惶悚屏營之至。孫傳芳、張宗昌、吳俊升、張作相、褚玉璞、張學良、韓麟春、湯玉麟。銑（十六日）」。

　　在國際關係上，安國軍政府自成立開始，就面臨著外交承認問題。張作霖約請各國大使到外交部茶敘，表示「反對布爾什維克主義，保護列強在華利益與人員安全，希望得到列強的承認與支持。但是列強還是拒絕承認安國軍政府，安國軍政府並與1927年失去了在國聯的席位，致使安國軍政府的外交活動陷入癱瘓。唯有日本爲保障在安國軍政府統治領域的利益，表示支持安國軍政府；日本爲阻止北伐軍北上，派兵襲擊國民革命北伐軍；1928年5月3國民政府代表與日本代表談判，山東交涉公署交涉員蔡公時及17名中國外交人員慘遭日軍虐殺，是謂「濟南慘案」（The Jinan Incident）、或稱「五三慘案」。迫使蔣中正放棄濟南，繞道北進。由於缺乏外交關係，張作霖又不願成爲日本附庸，與日關係曖昧不明，1928年6月4日凌晨5點張作霖離京出關，在奉天皇姑屯站，被人預埋炸藥炸死，史稱「皇姑屯事件」（The Huanggutun Incident）；兇手爲何方集團排遣，當時爭議不止。2010年後日本人指出俄羅斯聯邦（The Russian Federation）作家普羅霍羅夫（Prokhorov）稱張作霖系蘇聯情報人員暗殺，嫁禍給日本關東軍。目前可信說法是張作霖接受日軍的援助，卻向英、美國家示好，因此被日本陸軍懷疑他圖。日本陸軍省兵務局局長田中隆吉作證，1928年6月3日在南滿鐵路和京奉線交叉處，河本大作帶領他的手下，炸毀從北京返回奉天的張作霖的專列。1952年日本陸軍大佐河本大作作為日本戰犯被捕，經審訊後，他詳細交代了策劃使用120公斤黃色炸藥炸死張作霖的全部過程。1949年解放軍攻克太原，河本大作成為了俘虜，被監禁在太原戰犯管理所。1955年8月25日河本大作病逝於該地。

1928年6月4日「皇姑屯事件」現場（照片來源：https://www.bing.com）

張作霖死後，其子張學良就任東北保安總司令，6月8日國民革命軍佔領北京，將北京改稱北平。12月29日張學良聽聞皇姑屯事件為日本所為，遂為父仇投靠國民政府，在東北宣布易幟；廢除安國軍政府十二章五色國旗，改用青天白日滿地紅旗，服從國民政府，安國軍政府正式滅亡。東北易幟歸順國民政府後，中國完成了形式上的統一，以蔣中正為代表的南京國民政府成為中國境內最大政權，受到世界主要國家的外交

新戰國時代：近代中國33面旗幟與政權

承認。青天白日滿地紅旗逐取代北洋政府五色旗及安國軍政府十二章五色國旗，建立「中國國民黨執政的中華民國」。1930年9月18日張學良發表「巧電」，再度入關，武裝調停，幫助蔣中正結束「中原大戰」（The Central Plains War）。「中原大戰」事後，張學良以29歲年齡，成爲中華民國陸海空軍副總司令，全國第二號軍政人物。1931年9月18日日軍發動「九一八事件」，佔領中國東北三省；張學良向瀋陽東北駐軍下達不抵抗命令，當時東北軍在關內的兵力約有11.5萬人，關外的兵力近19萬人，完全有能力抵抗日軍；張學良不抵抗的原因推測爲：

1. 日本已實質掌握東北，張學良不願與日本正面衝突，東北軍抗日又防俄，會腹背受敵。
2. 1930年5月至11月張學良軍隊已經入關支持蔣中正「中原大戰」（The Central Plains War），回防不及。
3. 擁護蔣中正「先安內，再攘外」政策。

　　1931年12月15日蔣介石與張學良雙雙被迫辭職。張學良離開東北後，失去地盤，終生未能再回故鄉。1932年蔣介石與張學良復出後，兩人再度走上驚濤駭浪的政治舞臺，成爲中國歷史轉折關鍵人物。1932年3月1日日本扶植清遜帝愛新覺羅・溥儀在東北正式成立「滿洲國」。

第10章
中華民國國民政府（廣東革命政府／南京政府）（The National Government of the Republic of China）
青天白日滿地紅旗（1928～）

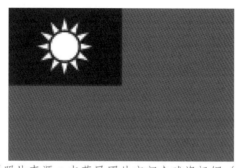

青天白日滿地紅旗（照片來源：中華民國外交部全球資訊網（mofa.gov.tw））

　　首先說明為何將中華民國北洋政府與中華民國南京國民政府（The National Government of the Republic of China）劃分為兩個政治實體討論。理由為：

1. 南京政府是以所謂「北伐」名義，用軍事武力手段，推翻北洋政府，不符合民國成立後議會競爭及民主共和程式。

2. 自1923年起廣東革命政府／南京政府首都、國旗、疆界、主權、人民、政黨、政治體制都有重大變遷，與北洋政府差異甚大，儼然已是另一個政治實體，國民政府可視為中華民國「第二共和」。

　　換言之，中華民國南京政府除國號「中華民國」未予更替外，其他國家組成條件全部更新，無疑成為一個改頭換面「新的國家」，以現行總統屆期為例，2020年中華民國總統選舉，即第15任總統、副總統選舉，中華民國政府並未將北洋政府總統／總理屆數列入，故以專章討論。

1923年「廣東革命政府」（The Government of the Republic of China in Guangzhou）的建立，開啓出現第二個「中華民國」政府先例；當時中華民國北洋政府尙爲合法正統之政府。自此以後，近代中國產生多個以「中華民國」爲國號的國家或政府，它們各爲獨立政體或國體，有時前後繼承，或同時並存，彼此有合作，彼此亦有對立，最終興亡各異。諸如中華民國北洋政府、中華民國國民政府、中華民國臨時政府（華北政務委員會）、中華民國維新政府及中華民國戰時傀儡政府（汪精衛政府）；現今唯中華民國臺北政府（原國民政府）僅存，並爲1912年以來中國境內建國歷史最長久的國家。中國境內目前尙有其他不同國號政權，本書另章討論。

中華民國國民政府，或稱南京政府，前身是1923年3月2日孫文在廣州河南士敏土廠創建的「中華民國陸海軍大元帥大本營」（The Army and Navy Marshal stronghold），亦稱之爲廣東革命政府；4月7日非常國會公布青天白日滿地紅旗爲國旗，推選孫文爲中華民國非常大總統。非常大總統是一個奇怪的名稱，史無此例。1923年民國已建，廣東革命政府不以議會競爭爲方式，而以革命鬥爭爲手段，堪爲「政變」，其「合法性」是極大問題。1925年3月12日孫文逝世後，汪精衛於7月1日將廣東革命政府改組爲國民政府，割據廣州，與北京北洋政府相互對峙。廣東革命政府成立後，中國形成「一國兩府」或「兩個中國」現狀，爲國家和平／合法發展樹立惡例，其後軍閥、政客仿效之，在中國大地上成立黨軍，創建政府，建立國家，設置國都，自豎國旗等，案例層出不窮。歷經1923年至1928年南北內戰，1928年12月29日東北保安總司令張學良通電宣布三省易幟，全國出現形式上統一局面。南北戰爭結束後，南京政府取代北京政府，成爲首都；青天白日滿地紅旗取代五色旗，成爲國旗。其後國民政府於抗日戰爭遷至重慶；1945年抗日戰爭勝利後，還都南京；1949年國共戰爭結束後，國民政府再東遷臺北。

南京政府繼承北京政府國家疆域及國號，依據1936年後至2005年間中華民國行政院主計總處所頒布之中華民國大陸時期行政區域，中華民

國的國土面積達1141萬8174平方公里，四極爲：極北：唐努烏梁海之薩彥嶺（北緯53°57'），極南：南沙群島曾母暗沙海域（北緯3°10'）。極東：黑龍江與烏蘇里江合流處之黑瞎子島（東經135°4'）。極西：帕米爾高原的噴赤河（東經71°）。1946年中華民國憲法（本文）規定：「中華民國領土，依其固有之疆域，非經國民大會之決議，不得變更之。」中華民國的疆域曾有多次變化，建國時繼承自清朝領土，現今中華民國有效管轄範圍僅涵蓋臺灣、澎湖群島、金門、馬祖與部分南海島嶼，國土面積約只有36,000平方公里，而且這些島嶼是1945年日本戰敗歸還中國之割讓國土，不在清朝移交疆域之內。20年內，中華民國南京政府自抗日退守山城重慶，抗日勝利後名列世界五強之一，內戰後退居小島，國運大起大落，只能長嘆造化弄人。

1919年10月孫文改組中華革命黨，擴大吸收黨員，成立中國國民黨，這是近代中國歷史一件大事。因爲孫文不僅成立政黨，並且自立政府，繼而成立軍隊。1920年秋孫文在上海寓所接見共產國際（第三國際）東方部代表格里戈里·納烏莫維奇·沃伊京斯基（Grigori Naumovich Voitinsky），伊京斯基是中國共產黨創始人之一，中共初創時期經費的實際提供者。孫文考慮與蘇聯第三國際與第三國際支持的中國共產黨合作。1923年1月17日至1月26日蘇聯政府全權代表阿道夫·阿布拉莫維奇·越飛（Adolph Abramovich Joffe）到上海與孫會談，發表著名的《孫文越飛宣言》，簡稱《孫越宣言》確立中國國民黨「聯俄」政策，主要內容有：「蘇聯願援助中國完成統一大業」，「蘇聯願拋棄沙俄對華之不平等條約」等。事實上，蘇聯拋棄沙俄對華之不平等條約是一個謊言及誘餌，欺騙了孫文。1858年5月28日清朝與沙俄簽訂之《璦琿條約》60萬平方公里的失土及其他共管領域；其後中華民國時期更扶植蒙古人民共和國與圖瓦共和國成爲其附庸國，讓中國損失300多萬平方公里領土，豪取強奪，至今不止。蘇聯實應爲中國大患仇敵，怎麼能成盟邦密友？1923年孫文認爲蘇聯是中國革命最大支持者。1924年1月孫文改組中國國民黨，提出「聯俄容共」政策。允許中國共產黨人以個人身分加入中國國民黨，

協助國民黨建立國民政府。孫文「以俄爲師」建立了國民黨，共產黨，蘇共及共產國際「四合一」的南方政權，是謂「第一次國共合作」。這個「四合一」的政權結構後來導致中蘇兩國內外重大的政治變革。

孫文是一個矛盾又善變的領導者，從他早期「親日」到晚年「聯俄」，他的180度的政策轉移，就可發現其「機會主義個性」的特點。關於孫文的「聯俄聯共」政策，中國國民黨多數學者解釋爲是孫文的「階段性暫時政策」。但是如何解釋下列問題：

1. 孫文臨終前，圍繞其身邊忠實追隨者如宋慶齡、汪精衛、陳友仁、宋子文、孫科等人，皆爲中國國民黨「左派人士」；當時這些成員強力排斥「右派人士」；事實上，國民黨改組後，已成爲共產國際在華附庸組織；直至1925年7月15日汪精衛的武漢國民政府決定與中國共產黨決裂，才開始「向右轉」，並與南京國民政府合作。

2. 宋慶齡一生堅持執行孫文的「聯俄聯共」政策，她並具有共產國際祕密黨員及中國共產黨雙重身分，在政治舞臺上多次扮演關鍵角；宋慶齡逝世後被中華人民共和國授予爲名譽主席。宋慶齡時常大罵蔣中正等中國國民黨「右派人士」違背孫文路線。答案在於宋慶齡堅持「聯俄聯共」是代表她自己？還是代表孫文？

3. 「聯俄聯共」期間，孫文將軍隊及黨務大權交予蘇聯總顧問米哈伊爾・馬爾科維奇・鮑羅廷、瓦西里・康斯坦丁諾維奇・布柳赫爾（加倫將軍）等人；蘇聯前後除給與孫文巨額經費與軍事裝備外，總計派遣250位龐大軍事專家負責訓練及指揮國共兩黨軍隊。共產國際欽差大臣鮑羅廷在廣東掌控國民黨軍隊與黃埔軍校，李德在中央蘇區爲中國共產黨最高領導階層的成員之一，掌握中共槍桿，南方勢力基本上爲蘇聯所控；孫文是爲蘇聯建立一個「中國親蘇聯政府的傀儡政權」。

4. 中國國民黨尊稱孫文爲「國父」，將孫文畫像置於所有政府機關及各大、中、小學；每逢會議必需恭唸國父遺囑。

中國共產黨亦尊稱孫文爲「革命先行者」；並將孫文畫像立於天安門樓。這種矛盾現象竟然長存百年，無人質疑，實在嘆爲觀止。我們要問：

新戰國時代：近代中國33面旗幟與政權

到底孫文是何面目？國共雙方又誰對誰錯，如何解釋？總之，孫文的「聯俄聯共」政策影響中國政治發展甚巨，歷史是國家的病歷表，國家是否健康一目了然；吾人當深思這段歷史重要分水嶺，方知國家發展之正確方向。

　　眾所周知，日本帝國與俄羅斯帝國向爲世仇。1904年2月8日至1905年9月5日爲爭奪朝鮮半島和中國東北地區，日俄戰爭在遼東半島以及朝鮮半島發生。最終在美利堅合眾國總統小西奧多·羅斯福（Theodore Roosevelt Jr.）斡旋下，簽訂《樸茨茅斯條約》（Treaty of Portsmouth），「俄國政府承認日本國於韓國之政治軍事經濟上均有卓絕之利益」，「俄國政府以中國政府之允許，將旅順口、大連灣並其附近領土領水之租借權內一部分之一切權利及所讓與者，轉移與日本政府，俄國政府又將該租界疆域內所造有一切公共營造物及財產，均移讓於日本政府」，結束戰爭。

　　孫文早期革命受到日本政府與民間友人大力支持，1905年7月20日孫文在東京成立中國同盟會；1914年7月8日孫文在東京成立中華革命黨，以及1915年10月25日孫文與宋慶齡在東京祕婚都是與日本關係密切，可謂主要「親日代表人物」。孫文的好友宮崎滔天在《三十三年之夢》盡述如何結識孫文和陳少白，如何爲中國的革命運動提供幫助，以及最後革命受挫，心灰意冷，落花殘生。孫文替《三十三年之夢》乙書序讚：「宮崎寅藏者，今之俠客。識見高遠，抱負不凡，具懷仁慕義之心，發拯危扶傾之志。日憂黃種陵夷，憫支那削弱。數遊漢土，以訪英賢，欲建不世之奇勳。襄成興亞之大業。聞吾人有再造支那之謀，創興共和之舉，不遠千里相來訂交，期許甚深，勖勵極摯。方之虬髯，誠有過之。惟愧吾人無太宗之資，乏衛公之略；驅馳數載，一事無成，實多負君之厚望。」1922年12月6日宮崎滔天死後，孫文外交策略由「親日派」轉爲「親俄派」，顯示了孫文的個性善變，孫越宣言也造成日本內部的不安，由原來「中日親善」政策轉向視中國爲「敵國」的態度。孫文轉向「親俄」，蘇共駐華，以及中國共產黨成立都對日本造成威脅，蘊藏日後日本侵略中國之遠因。孫越宣言後，1924年11月28日孫文在日本兵庫縣立神戶高等學校演講

《大亞洲主義》，強調「亞洲國家受到西方強權侵略之時，亞洲出現復興曙光，也就是中日是同種同文的國家，是兄弟之邦，應合作共創和平安全的亞洲」。孫文《大亞洲主義》與其主張之「聯俄聯共」政策相互砥觸，日本政府情何以堪？隨之日本對孫文及中國國民黨逐漸轉變態度，採取敵對立場。

1921年4月2日非常國會於在廣州開會，取消護法軍政府，組織中華民國政府，稱廣州政府，以別於中華民國北京政府。4月7日非常國會公布青天白日滿地紅旗為國旗，推選孫文為中華民國非常大總統，5月5日孫文就任非常大總統，以表示其總統職權的來源是非正統的。廣州政府的形成造成中國出現「一國兩府」或「兩國並立」模式，助長了後來各地政府的仿效，紛紛立國，使中國陷入歷史上未曾出現的「大戰國時代」，致1921～1949年中國大地出現了二十多種各式政權。1925年3月12日孫文逝世於北京，7月1日汪精衛於7月1日改組陸海軍大元帥大本營為「中華民國國民政府」（The National Government of the Republic of China），聘任鮑羅廷為顧問，設置國民政府軍事委員會，以蔣中正、汪精衛、譚延闓為常務委員，汪精衛兼任主席；同時將廣東軍隊和黨軍，一律改稱為國民革命軍，簡稱國軍。當時之中國南北兩個政府，數群軍閥，黨內鬥爭，列強干政，戰爭待發。孫文絕不會想到他的革命期望拯救全國人民於水火，卻引發烽煙四起，內戰不熄；短短三十年內，錦繡河山成為戰場，京都名城堆為墳地，使民初「共和未得其利，先受其害。」

1921年12月共產國際代表亨德里克斯・約瑟夫斯・法蘭西斯克斯・馬林・斯內弗利特（Hendricus Josephus Franciscus Marie Sneevliet）在張太雷陪同下抵達廣西桂林與孫文會面，馬林建議：改組國民黨，與社會各階層，農民及勞工大眾聯合、創辦軍官學校，建立革命軍的基礎、謀求中國國民黨與中國共產黨的合作。第一次國共合作就此開展，馬林是策畫者，孫文是執行者。孫文與共產國際合作後，蘇聯方面給予孫大量軍火和銀錢援助，並派出軍事顧問幫助孫文建立「黨軍」北伐。

1920年至1925年中國各地政治人物參考美國聯邦制的模式，掀起

「聯省自治運動」（United States of China），社會菁英在報刊雜誌發表大量關於聯邦制的文章，呼籲實行聯省自治。1922年7月中國共產黨在中共二大決議案中宣布中共的目標之一是聯合蒙古、西藏、回疆等地建立中華聯邦共和國。1923年10月頒布的《中華民國憲法》就是一部聯邦制憲法，但因曹錕賄選，這一憲法遭到反對。陳炯明是聯省自治運動擁護者，陳炯明支持孫文，亦寄望與孫文合作，完成政治理想。未料孫文思以北伐、武力統一全國的政策與陳炯明主張聯省自治意見不合。1921年2月孫文召集廣東的國會議員召開非常會議，推選孫文為非常大總統。陳炯明等人以選總統無異於自樹目標，形成「一國兩府」或「兩個中國」。1921年8月孫文下令陳炯明北伐，激化其與陳炯明的矛盾。1922年6月16日清晨命令葉舉砲擊總統府，驅趕孫文離開廣州，逃至永豐艦。6月29日蔣中正登艦護衛，獲得孫文賞識及信任。孫文後來經香港轉赴上海。孫文非常大總統一職在形式上繼續保留著。1923年2月21日孫文返回廣州時，不再使用中華民國非常大總統的職稱，1923年3月2日在廣州設立中華民國陸海軍大元帥大本營，自任大元帥。

　　1923年2月孫文返回廣州，重建大元帥府，邀請蘇聯派遣軍事專家和政治工作人員到廣州協助建軍，並委派代表團赴蘇考察政治、軍事，學習蘇聯辦軍事學校的經驗。1923年6月12日至20日中國共產黨第三次全國代表大會正式通過了中國共產黨人以個人身分加入國民黨的決議。1923年8月16日孫文派遣蔣中正代表團訪問蘇聯。1924年1月20日中國國民黨第一次全國代表大會決議開辦軍官學校，創立「黨軍」。陸軍軍官學校最初定名為「中國國民黨陸軍軍官學校」（黃埔軍校），為中國國民黨培養革命軍幹部之軍官學校，蘇聯為黃埔軍校派來了以弗・波里亞克為組長的軍事顧問小組，參加軍校的籌建工作。軍事顧問小組成員有：切列帕諾夫、雅・格爾曼、尼・捷列沙托夫、斯莫連採夫、波良克等10多人，幫助設計黃埔軍校。蘇聯軍事顧問小組則根據「蘇聯紅軍」的經驗，規劃了半年初階軍官軍事訓練的速成學制。

　　蘇聯總顧問米哈伊爾・馬爾科維奇・鮑羅廷（Mikhail Markovich

Gruzenberg, Borodin）鑒於軍校缺乏軍事幹部，受孫文的囑託，1924年5月邀請蘇聯軍長帕維爾‧安德列耶維奇‧巴甫洛夫（Pavlov，化名高和羅夫）到達廣州，受聘孫文首席軍事顧問、黃埔軍校軍事總顧問兼軍事顧問團團長。鮑羅廷作為蘇聯代表，負責聯繫蘇聯派軍事顧問團及調撥金錢、武器供應陸軍軍官學校。5月3日孫文以中華民國陸海軍大元帥名義特任蔣中正為陸軍軍官學校首任校長，委任廖仲愷為中國國民黨黨代表，委任李濟琛和鄧演達為教練部正、副主任，王柏齡和葉劍英為教授部正、副主任，戴季陶和周恩來為政治部正、副主任，以及其他國共兩黨重要幹部，政治與軍事指揮權則操在蘇聯總顧問及首席軍事顧問手中。1924年6月16日孫文主持中國國民黨陸軍軍官學校在廣州黃埔長洲島開學典禮。當時蘇聯軍事顧問雲集廣州，被稱為「紅色廣州」。順便一提，鮑羅廷與周恩來是蘇聯與中國共產黨主要情報首腦，兩人情報布線廣密，造成日後中國國民黨內潛伏眾多中國共產黨特工，人數難以估算；導致中國國民黨歷次戰爭，軍機外洩，內戰失利，丟失大陸。中國國民黨退至臺灣後，中華民國國民政府內仍然諜影重重，「匪諜就在你身邊」標語貼滿臺灣大街小巷。

黃埔軍校除有蘇聯身影外，其教育方式與學習程度也不同於世界著名軍事大學。以美國西點軍校（United States West Point Military Academy）為例，入學標準嚴格，每個學生都必須接受完整四年課程，包括數學、化學、物理、工程、歷史、地理、哲學、領導能力、英文學、外語、政治學、國際關係、經濟學、憲法及法律等。黃埔一期1924年4月28日入學，1924年11月30日畢業，受訓時間僅僅7個月；黃埔二、三、四、五期及後期受訓時間也大致如此。黃埔軍校學科教育以戰術、兵器、交通與築城等四大教程為主，學員主要學習步兵操典、射擊教範與野外勤務令等。因此黃埔軍校畢業生軍事訓練及教育素質離美國、日本、德國軍官學校差距甚遠；以外國標準，黃埔軍校只能算是「新兵訓練中心」。更奇妙的是中華人民共和國開國十大元帥林彪（黃埔四期）、陳毅（黃埔軍校政治部文書）、徐向前（黃埔一期）、聶榮臻（黃埔軍校祕書兼政治教官）、葉劍英（黃埔教授部副主任）等半數以上將領任職或畢業自黃埔軍校，也就是

說「國共戰爭實際上是黃埔內戰」。這是極為諷刺的歷史,當初孫文也一定始料未及。

　　1924年10月馮玉祥發動甲子兵變,推翻直系大總統曹錕,驅逐廢帝溥儀,並致電邀孫文北上共商國事。12月4日孫文抵天津,受到盛大歡迎,因勞累並受風寒,身體感覺不適。1925年1月孫文主張速開國民會議以解決國是,臨時政府執政段祺瑞卻主張召開善後會議。1925年2月1日善後會議在北京召開。該會議的宗旨為「解決時局糾紛,議籌建設方案。」1925年1月孫文經北京協和醫院治療,病勢嚴重,經西醫診斷為肝癌末期;2月18日底移至鐵獅子胡同5號顧維鈞住宅。3月12日9時30分孫文在呼喊「和平」、「奮鬥」、「救中國」後,病逝於顧維鈞官邸。陸軍軍官學校校長蔣中正得知孫文死訊是在十天之後間接得知,1925年3月22日《蔣中正日記》「接胡省長通電,知總理於本月十二日午前九時卅分薨於京寓,嗚呼!」可見當時蔣中正是被排除在中國國民黨權力核心之外。蔣中正撰總理輓聯,上聯為「精神重光日月」,下聯為「主義鼎立天

1925年3月12日孫文逝世前在北京所治病之協和醫院（潘邦正攝於北京）

地」，橫額題「主義無疆」。孫文病逝之後，中國國民黨內外產生翻天覆地的「汪蔣鬥爭」「與國共戰爭」。

孫文逝世後，中國共產黨員勢力快速擴張，反共人士被迫離開紅色廣東。1925年5月1日中國共產黨加入共產國際「赤色職工國際」（The Red International of Labor Unions），並成立「中華全國總工會」（The All-China Federation of Trade Unions）。1925年11月23日至1926年1月4日旅居上海、北京等地之中國國民黨中央委員鄒魯、謝持等在北京西山舉行「西山會議」（The Meeting of Western Hills），決定取消容共政策，另設中央黨部於上海，廣州中國國民黨中央不予承認，指為非法，中國國民黨遂開始分裂。

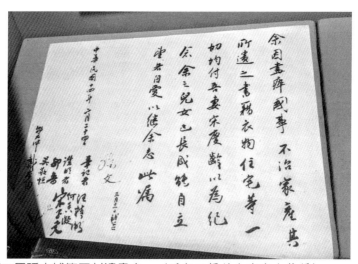

1925年3月11日孫文補簽三封遺書之一（潘邦正攝於上海中山故居）

歷史上往往一位領袖去逝之後，必有極大的政治資產及一段時間權力真空期，這時各路英豪便會群起，合縱連橫，以謀大位。孫文在去逝前一天，補簽三分遺囑，分別給中國國民黨、宋慶齡及蘇聯共產黨；前2封中文遺書由汪精衛草擬，後一封英文遺囑由陳友仁撰寫；這三分遺囑引起了家變與國變。1915年10月25日孫文與宋慶齡是在日本東京梅屋莊吉家舉行婚禮，孫文逝世時，孫科（孫文與盧慕貞之子）亦在身邊，孫文給宋慶

齡的遺書確立宋慶齡的政壇地位。孫文給蘇聯共產黨遺書，如今懸掛在北京香山碧雲寺，成爲孫文是「共產黨革命先行者」的證明。孫文逝世後，蔣中正頓失靠山，廣東汪精衛及中國共產黨正謀掌權；黃埔軍校自然是軍事權力重要的舞臺。蔣中正自訪蘇考察回國後，對共產國際有新的體認，國共衝突，汪蔣暗鬥逐漸浮出水面。自孫文逝世後，蔣中正與汪精衛關係亦有巨大變化。國民黨內派系鬥爭不斷，蔣中正因受內外排擠，幾度萌生退意。蔣中正亦認爲汪精衛表現左傾，凡事與鮑羅廷商討，並猜疑汪精衛在政治上處處陷害。一方面，1926年3月20日前夕各種政治跡象，蔣中正懷疑汪精衛對其有所行動，準備放棄名位，一走了之。另一方面，廖仲愷事件導致胡漢民被放逐俄國，此一模式造成蔣中正心理的嚴重疑懼。1926年2月11日《蔣中正日記》「蘇友疑忌侮慢，防範欺弄之行，或非其本來方針，然亦無怪其然，惟有以誠義感之而已。」3月5日《蔣中正日記》，其心境已感孤獨，「單槍匹馬，孤苦零丁，迕逆毀蔑，此吾今日之環境也。」3月10日《蔣中正日記》「近日反蔣運動傳單不一，疑我、謗我、毀我、忌我、排我、害我者，亦漸顯明。」由於北伐大業未成，又遭受個人事業最嚴重之挑戰，蔣中正在最後關頭臨時起意產生死裡求生想法，也意識到階級鬥爭優先一切，逐於1926年3月20日發動著名的「中山艦事件」。

「中山艦事件」是蔣中正轉變容共政策手段，其主要原因爲：

1. 蘇俄扶植共產黨勢力，除在陸軍軍官學校威脅蔣中正的地位，並在北伐政策上極力阻撓。
2. 蔣中正在北伐政策上有強烈民族意識，蔣中正對共產黨依附俄國至深表不滿。蔣中正深信中國當有決定本身命運之權，不應受外國所操縱。
3. 蔣中正認爲「孫越聯合宣言」意涵共產制度不適合在中國發展。蔣中正意識到階級鬥爭優先一切，逐發動中山艦事件。

蔣中正與蘇聯關係惡化及對蘇聯產生反感乃基於：

1. 俄國基於考慮日本與英國因素，否決中國北伐軍事計畫，導致蔣中正

與蘇聯關係惡化。

2. 蔣中正訪俄期間，未受對方重視，目睹俄國軍紀苛嚴，社會凋零，農工缺失甚多，甚為失望。

3. 受「孫越聯合宣言」影響，蔣中正認為共產組織，甚至蘇維埃制度，均不能引用於中國。

中山艦事件是蔣中正實行自保行動的偶發事件。但中山艦事件實存有長期且複雜的因素。這些因素包涵：

1. 北伐過程中蔣中正與蘇聯關係惡化。

2. 北伐過程中蔣中正轉變容共政策。

3. 北伐過程中蔣中正與汪精衛互爭領導權。

蔣中正的北伐志業與中山艦事件是中國現代史一個重要轉捩點，對民國歷史產生之影響至為深遠。中山艦事件鞏固蔣中正在國民黨的地位，影響了蔣中正的一生；中山艦事件造就北伐的展開，直接影響中國的統一；中山艦事件造成日後清黨，決定國民黨與中國共產黨的興衰；中山艦事件扭轉國民政府的發展，改變中國人的命運。

「北伐戰爭」是中國國民黨分裂的導火線。國民革命軍北伐，又稱國民政府北伐，是中國國民黨1926年至1928年間領導的國民革命軍向北洋軍閥發動之內戰，因為國民革命軍由廣州向北京討伐，故又簡稱「北伐」或「北伐戰爭」。中山艦事件後，蔣中正取得揮師北伐的實權。中山艦事件發生後三個月，北伐軍事行動正式展開。中山艦事件發生前，國民黨內外對北伐主張分歧，且無法採取統一軍事行動。中山艦事件發生後，國民黨內外對北伐主張一致，且立即付諸軍事行動。顯見中山艦事件不僅是蔣中正個人政治生命轉捩點，也是北伐完成，統一中國的重要關鍵點。

北伐過程中蔣中正與蘇聯、中國共產黨、汪精衛關係由合作，妥協衝突，轉為疏遠，北伐意見不同是主要原因。中山艦事件則是蔣中正與蘇聯、中國共產黨、汪精衛關係的重要分水嶺。中山艦事件後，蔣中正決定採取「先抗俄，次抗日」及「先安內，再攘外」政策，正是北伐爭議與中山艦事件演變之結果，蔣中正的「反共抗俄」政策直至民國25年西安

事件結束，國共二次合作始有所轉變。但抗戰結束後，蔣中正又重新執行「反共抗俄」政策，至死未變。

當時環伺廣州政府的敵人，有東江之陳炯明、林虎、洪兆麟，約3萬人；南路之鄧本殷、申葆藩，也約3萬人；廣州近郊南有滇軍楊希閔和桂軍劉振寰二部。北方軍閥吳佩孚亦協助陳炯明；而鄰近廣東的軍閥，尚有福建周蔭人所部2萬人，江西方本仁所部2.5萬人，湖南趙恆惕所部2.5人，雲南方面也有3萬人。英帝國主義的香港政府，向來對廣州政府不懷好感，革命政府的聯俄政策，更使其寢不安。在廣州政府「打倒列強除軍閥」聲中，香港政府感到首當其衝，乃挑撥廣東商民，藉助陳炯明等以推翻廣州政府。

1925年2月1日，善後會議召開。同月蔣中正率中華民國陸軍軍官學校（黃埔軍校）師生共3千人攻打陳炯明，鞏固廣東根據地。戰役至1926年初廣東全省底定；李宗仁也歸附國民政府，兩廣革命根據地統一，準備發動北伐戰爭。1925年7月，中華民國陸海軍大元帥大本營改組，並設立國民政府軍事委員會，改編黃埔學生軍和各地方部隊。中國國民黨成立國民政府，組織國民革命軍，並得到蘇聯派遣顧問及提供武器彈藥等援助。同時，加大收編南方各省降部，直至1926年7月國民政府共收編擴充國民革命軍8個軍。

中山艦事件是蔣中正與汪精衛分裂之始，「四一二東南事件」則是蔣中正與共產國際／中國共產黨合作之末。1927年4月12日蔣中正領導中國國民黨右派黨員，在上海青幫杜月笙的幫助下，大規模逮捕、處決中國共產黨黨員和部分中國國民黨左派份子，取締大批蘇聯顧問，並解散上海特別市臨時政府、上海總工會和一切中國共產黨組織逮捕千餘人。4月18日國民政府奠都南京，蔣中正另立「南京政府」，以胡漢民為主席，和武漢「國民政府」對立，是為「寧漢分裂」。中國共產黨和中國國民黨左派也進行清黨，大量處決中國國民黨右派人士，在武漢聯合發動討蔣。武漢方面最初主張容共，其後也與中國共產黨發生磨擦。汪精衛乃於7月15日當日，在武漢召集會議，宣布停止國共合作。1927年8月13日由於作戰失

利，南京國民政府蔣中正下野，8月19日寧漢復合。

「四一二東南事件」對國家發展產生三項重大影響：

1. 蔣中正與中國共產黨結下血海深仇，中國共產黨與中國國民黨開啓「互不信任政策」，促成中國共產黨建立另一支紅色黨軍。兩黨政治自此放棄議會競爭，開啓武裝鬥爭；對後來的國共大規模內戰埋下種子。

2. 蔣中正與汪精衛明爭暗鬥不息，中國國民黨內部分裂難合。

3. 蔣中正發動「四一二東南事件」，蔡元培召開中國國民黨中央監察委員會，發起「護黨救國」聯名通電，指責中國共產黨破壞革命；「四一二東南事件」使中國國民黨與中國共產黨分道揚鑣，中國國民黨自此由「紅黨，紅軍」轉型成「藍黨，藍軍」。

中國共產黨指蔣中正違背孫文三大政策「聯俄、聯共、扶助農工」，為「反革命份子」。截至今日，中國國民黨仍奉孫文為「國父」，中國共產黨則尊孫文為「革命先行者」。國共對孫文的態度形成一個有趣的研究：孫文究竟是何面貌？

1926年蔣中正、汪精衛發起國民革命軍北伐。國民政府北伐之前，

1928年4月23日國民政府特任蔡元培為中央研究院院長（潘邦正攝於上海蔡元培故居）

當時中國政治和軍事形勢呈現多方格局，國民政府控制兩廣。1926年奉系張作霖稱霸於北方，掌控北洋政府，並轄有華北，東北等地，擁兵35萬。直系吳佩孚割據中原，占據湖南、湖北和河南三省以及河北、陝西部分地區，軍隊約20萬。在東南方面，孫傳芳自稱五省聯軍總司令，兵力約22萬。1927年12月1日蔣中正與宋美齡在上海大華飯店結婚，主婚人由兩位兄長蔣錫侯、宋子文擔任，自此蔣、宋、孔三家在中國政治舞臺舉足輕重；唯代表孫文之宋慶齡立場捉摸不定。1927年12月中國國民黨中央執行委員會在上海召開第二屆中央執行委員會第四次全體會議預備會，恢

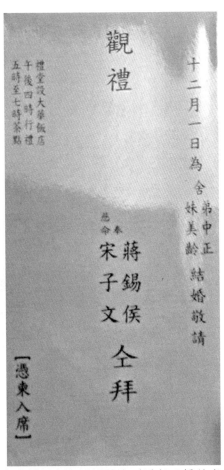

1927年12月1日蔣中正與宋美齡上海結婚請柬（潘邦正攝於臺北士林官邸）

復蔣中正爲國民革命軍總司令職，再領北伐。1927年6月8日國民革命軍第三集團軍商震部開入北京，將北京改名北平。1928年5月9日張作霖呼籲雙方南北雙方停戰，合力對抗日本侵略，在通電中表示「僉以國內苦戰，外侮趁虛而入」應「以侮釋嫌，合力抗外，必得世界之同情，對內更多符多年國民之要求」。6月3日晚，張作霖撤離北京，退出山海關外。張作霖坐火車抵達皇姑屯車站被日本人預埋炸藥刺殺。兩週後，張作霖兒子張學良趕回瀋陽，繼任父職，東北局勢復趨穩定。1928年10月10日蔣中正就任國民政府主席，同時選出五院院長。11月1日國民政府中央銀行在上海開幕運作，穩定金融。1928年12月29日東北保安總司令張學良通電宣布東三省易幟：「於即日起宣布遵守三民主義，服從國民政府，改易旗幟」。全國出現形式上統一局面。自此中國南北戰爭結束，南京政府取代北京政府，青天白日滿地紅旗取代五色旗；遲至1937年6月3日中國國民黨才議決通過以「黨歌代爲國歌」。中華民國南京政府自1928年北伐完成後建立，後經抗日戰爭遷至重慶。

1927年4月12日至1936年12月12日是國共第一階段武裝鬥爭。1927年8月1日中國共產黨在南昌武裝起事，第一次國共合作徹底破滅。1927年10月毛澤東策動兩湖秋收事件失敗後，在井岡山建立基地；11月中國共產黨彭湃發動海陸豐武裝衝突，成立「海陸豐蘇維埃工農兵政府」，成爲第一個中國蘇維埃地方政權，中國形成「兩個政府」。1930年12月9日國民政府在南昌召開軍事會議，開始第一次圍剿中共；1931年4月1日國民政府實施第二次圍剿中共，7月1日國民政府實施第三次圍剿中共。1931年11月中國共產黨第一次全國蘇維埃代表大會在瑞金召開。成立「中華蘇維埃共和國」；再度形成「兩個中國」局面。1932年3月9日日本扶植之滿洲國成立，國內情勢日趨複雜。1932年12月30日國民政府實施第四次圍剿中共；1933年10月16日國民政府實施第五次圍剿中共，11月20日陳銘樞在福建聯合中國共產黨，成立中華共和國。事實上，當時國民政府與蘇聯、日本扶助的兩股「代理人勢力」，加上其他自立之政權，中國已形成戰國時代。

1936年12月12日凌晨5時30分震撼中外的「西安事件」爆發，該事件被認為是西北剿匪副總司令張學良與西安綏靖公署主任楊虎城發動的一次「兵諫」。張學良在口述西安事件時表示：事件始末乃由於蔣中正的國家政策與他不同。「我與蔣先生衝突沒別的，就是他要『安內，攘外』，我要『攘外，安內』」。其實張學良早在1935年間已與中共建立「三位一體」，即張學良、楊虎城與中國共產黨組成抗日統一戰線。由中國共產黨為政治領導與張學良、楊虎城軍事同盟。西安事件前夕，1936年3月4日張學良親駕飛機赴洛川與李克農祕密會談，確定「抗日反蔣」路線。4月9日張學良再飛延安於一座教堂內與中共代表周恩來會商具體方案。延安會談是張學良發動西安事件向蔣中正提出8項主張之重要里程碑。

張學良的邏輯是：

1. 內部抗日已無條件，唯有借助外部勢力才能驅逐日本；以世界情勢而言，唯獨與日本積怨之蘇聯有此能力，因此抗日必須聯合蘇聯。
2. 由於中共是聯蘇盟友，因此聯蘇必須聯共。

《蔣中正日記》1931年9月20日記載：「聞瀋陽長春營口被倭寇強佔之後，心神哀痛如喪考妣。苟為我祖我宗之子孫，不收回東省永無人格矣……臥薪嘗膽，教養生聚，忍辱負重是我今日之事。」明顯地，蔣中正對東北遭日強佔，有悲痛之心，收復之志。但「日本侵略東省已成之事，無法補救。如我國內從此能團結一致，未來可轉禍為福。」蔣中正評估中國作戰實力，無法作為，只有寄望抗日於未來。

「西安事件」發生前共產國際曾經指示毛澤東與蔣中正合作，共同抗日。1936年8月15日共產國際指示中共中央：現階段一切以抗日為主軸，不應同時既反日又反蔣。你們號召西南集團反蔣是錯誤的，不能將張學良視為可靠盟友。共產國際明白指出「抗日反蔣」是錯誤的路線，「抗日聯蔣」是可行之路；當時共產國際對日戰略並未被中共領導人毛澤東充分理解或故意隱瞞，故未及時傳遞此一政策給張學良與楊虎城，造成「西安事件」發生後，張學良與楊虎城騎虎難下，意見分歧。

蘇聯為阻止日本西侵，中國必須代理抗日。「西安事件」爆發後，

西安事变发生后，周恩来（右）和秦邦宪（左）、叶剑英（中）等赴西安，通过谈判，促成西安事变和平解决。
Zhou, Qin Bangxian (left) and Ye Jianying (middle) in Xi'an

西安事件中共談判代表（潘邦正攝於革命領袖視察黑龍江博物館）

史達林命令中共中央釋放蔣中正，因他是抗日關鍵人物。如能說服蔣中正停止內戰，一致抗日，則蘇聯，中國可免於滅亡。如殺蔣中正，內戰更烈，抗日無望。「西安事件」三天後，1936年12月15日紅軍將領致國民黨國民政府電：「願率人民紅軍20萬眾，與貴黨軍隊聯袂偕行，共赴民族革命之戰場。」最終釋放蔣中正成為中共、蘇聯、張學良之共識。主要因素是蔣中正的生死成為中共、張學良、國民黨、日本及共產國際共同關注的焦點。蔣中正的生死不僅影響其個人前途，也影響中國的命運，蘇聯之存亡，甚至世界歷史的發展；再度促成形式上第二次國共合作。諷刺地是欲殺蔣中正而後快的中國共產黨反而由周恩來赴西安扮演說服張學良、楊虎城之角色，以「八項主張」為條件，遵照共產國際與中國共產黨指示，釋放蔣中正。簡言之，當時張學良主宰蔣中正的生死；中共影響張學良的決定；共產國際指導中共的路線。釋放蔣中正可謂是三方協商之共識。張學良在日記中自評個性：「多言、快口、任性三事不能改。」「西安事件」從開幕到閉幕過程中，張學良的180°轉變，從「捉蔣」到「放蔣」；從「反蔣」到「擁蔣」在短短兩週內快速翻轉，充分反映張學良的人格特質。

依照12月16日《蔣中正日記》，蔣中正已經預知莫斯科介入「西安事件」善後，並對安全離開西安燃起信心。「余聞其四至七日之期，乃知此為逆輩請示於莫斯科者也，余心頗安。以蘇俄決不能贊成張之叛逆行為，而且素知蘇俄賤視張之為人也。」12月16日《蔣中正日記》顯示兩種涵意：

1. 蔣中正期望莫斯科介入「西安事件」。
2. 張學良與中國國民黨爆發內戰，有利於日本侵華；蘇俄基於自身考慮，不會贊成張學良之主張。

　　由蔣宋檔案觀察，蔣中正並無與張學良或周恩來在任何文件上簽字之事實。然而「八項主張」之大部分如改組南京政府，容納各黨各派，共同救國，停止一切內戰，釋放上海被俘愛國領袖，共軍易幟，中央軍調離陝甘，開放民眾愛國運動等要求，蔣中正曾囑咐宋子文口頭轉達同意。「西安事件」和平落幕後，抗戰開始，國共兩黨兩軍聯合抗日；1937年8月25日國民政府由軍事委員會收編共軍，任朱德為第八路軍總司令，彭德懷為副總司令，下轄三個師，受第二戰區指揮；後中央又准葉挺、項英收編舊部，成立新編第四軍，受第三戰區指揮。9月22日中國共產黨提出「共赴國難宣言」，並同意「紅軍」編為「國民革命軍」，引發共軍內部抵制。11月15日毛澤東提出「721方針」，指示八路軍與新編第四軍「七分發展實力、二分應付政府、一分抗日」；這是抗日戰爭結束後，國共實力消長的主要原因。11月20日國民政府遷都重慶，抗日戰爭進入最艱難的時期。有趣的是，1949年中華民國退守臺灣後，4與8成為政治禁忌，故臺灣公車沒有「4路公車」與「8路公車」。歷史證明國共二次合作都由蘇聯主導，國共兩黨被動執行，可見蘇聯中國近百年影響何其巨大。

　　「西安事件」中有一位被歷史遺忘外籍人士威廉・亨瑞・端納（William Henry Donald）扮演重要角色。威廉・亨瑞・端納出生於澳大利亞，死於中國，葬於上海，是一位中國近代史傳奇人物。端納在長達半個月西安事件中扮演四種角色：刺探者，聯絡者，保護者及協調者。做為刺探者，1936年12月14日宋美齡派端納帶兩封信飛入西安，瞭解西安各方具

體情況。宋美齡的兩封信一封給其丈夫，安撫蔣中正情緒並報告南京動向，宋美齡暗示將赴西安與蔣共患難；另一封給張學良，提醒蔣張兩家長期交情及抗日大計仍需蔣中正。端納作為使者圓滿完成第一階段任務：端納說服張學良和平解決僵局，要求張學良速移蔣中正至安全地點，同時端納安服蔣中正以大局為重，考慮抗日政策，先求脫身西安，並向宋美齡「正確」回報西安情況，立即安排宋美齡西安之行。端納飛西安攜宋美齡親筆信給蔣中正。信的內容為：

夫君愛鑒昨日聞西安之變，焦急萬分。竊思吾兄平生以身許國，大公無私；凡所作為無絲毫為自己個人權利著想，即此一點寸衷足以安慰。且抗日亦係吾兄平日主張，惟兄以整個國家為前提，故年來竭力整頓軍備，團結國力，以求貫（澈）抗日主張；此公忠為國之心，必為全國人民所諒解。目下吾兄所處境況若何？望即示知，以慰焦思。妹日夕上帝賜福，吾兄早日脫離惡境。請兄亦祈求主宰賜以安慰，為國珍重為禱。臨書神往不盡欲言，專此奉敬祝康健。

妻美齡二十五年十二月十三日

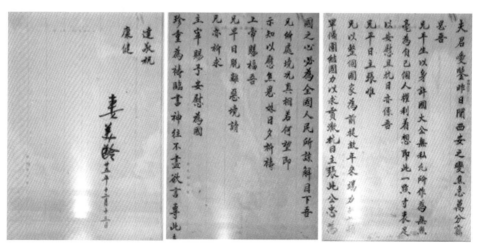

威廉‧亨瑞‧端納親赴西安遞送宋美齡致蔣中正之親筆信（照片來源：中國國民黨黨史會）

宋美齡親筆信點明一件重要大事，她一方面表明蔣中正抗日之準備及苦心；一方面規勸蔣中正「團結國力」，貫徹抗日主張。端納使蔣中正與張學良緊張關係得到緩和。

　　做為聯絡者，如何將西安狀況及蔣中正的意見帶到南京至為重要。當時蔣中正與外界隔離，並不知各派人馬已分別在莫斯科，南京，延安，西安等地爭議討論「中、蘇、日關係」及「國、共、張」前途。蔣中正委託端納帶一封給其妻子表示：他決心為國犧牲；已委託宋美齡照顧經國及緯國兩子；勸宋美齡勿來西安。1936年12月15日端納飛到洛陽電告宋美齡具體情況及傳遞有和平解決西安事件之可能此一訊息對宋美齡至為重要，因此宋美齡要求南京主戰派停止轟炸及進兵西安。宋美齡關鍵時刻被張學良請入西安乃端納聯絡安排，並由其本人陪伴匆促入都。

　　做為保護者及協調者，端納是被蔣張高度信任之人。12月12～14日張學良數度請蔣中正移居，蔣中正堅持不移。12月14日下午5時端納到達西安後，蔣方聽從其建議，自新城大樓移居高培五師長宅，得保安全。12月16日端納二度飛入西安，其任務是要張學良確保蔣中正人身安全，傳遞宋美齡給張學良承諾，協調蔣張談判及安排宋美齡，宋子文赴西安共商大計事宜。「西安事件」中期，張學良已經得到共產國際指示，準備收拾殘局。如何釋放蔣中正？何時釋放蔣中正？成為張學良思考之問題。端納的出現建立蔣張協商和平管道，在某種程度上端納確實影響了張學良最後決定。端納也是張學良的保護者，端納原本是張學良的外籍顧問，張學良未被處死，端納與宋美齡是關鍵人物。張學良晚年承認：「西安事件」結束，「我沒死，關鍵是蔣夫人幫我」，替宋美齡與張學良穿針引線之人正是威廉亨利‧端納。

　　端納能在「西安事件」完成四方和平收場任務，乃植根於端納與宋美齡、張學良三人長久互信之友誼。1940年端納和蔣中正在對德政策意見不和，辭職離開中國，駕艇環遊太平洋。1941年12月太平洋戰爭爆發，宋美齡急電端納希望他回中國助戰，他在自紐西蘭（New Zealand）返回中國途中，途經菲律賓（Philippines）被日軍逮獲，關入馬尼拉集中營

（Manila Prison Camps），但當時他用假名，日軍因而未查知他真實身分。至日本宣布無條件投降前夕，1945年2月遠東地區司令道格拉斯·麥克亞瑟（Douglas MacArthur）應蔣中正的要求，美國組織了一次「洛斯巴尼斯」行動，派傘兵赴菲律賓集中營營救端納，至端納方死裡逃生，但身體重殘，他被送往珍珠港海軍基地醫院療養。其最後病危之際，宋美齡派飛機接他回上海醫治，在其彌留之際，宋美齡親自在床側為他誦讀聖經。可見端納與蔣宋家族生死情誼。1946年11月9日端納於上海過世，中華民國政府以國葬儀典厚葬，並安排端納長眠在宋家家族「上海萬國公墓」。以上種種，可以看出威廉·亨瑞·端納與蔣宋家族深厚之情誼。

孫文去逝後，汪精衛與蔣中正展開長期黨內鬥爭；兩人都以孫文繼承人自居，自認都是中國政壇要角，兩人或掌權，或下野，輪為常事。1937年7月7日「七七事件」爆發後汪精衛主張對日本親善，提出「和平運動」。汪精衛認為當時局面，中國不可能打贏這場戰爭，在徹底失敗之前以談判實現和平將更為有利日本侵華佔領地區人民的利益。1938年11月3日，日本首相近衛文麿宣布六原則的「亞洲新秩序」：東亞的永久和平、善鄰友好和國際正義、聯合防共、經濟合作、創建新文化、世界和平。12月22日近衛文麿再發表了第三次對華聲明，調整中日新關係。1938年12月19日汪精衛借道雲南前往法屬印度支那，發表「艷電」，響應近衛聲明，主張與日媾和，中止抗戰。「艷電」要點為：

第一點，為善鄰友好。鄭重聲明日本對於中國無領土之要求，無賠償軍費之要求，日本不但尊重中國之主權，且將仿明治維新前例，以允許內地居住營業之自由為條件，交還租界，廢除治外法權，俾中國能完成其獨立。

第二點，為共同防共。日本政府屢曾提議，吾人顧慮以此之故，干涉及於吾國之軍事及內政。今日本政府既已闡明，當以日德義防共協定之精神締結中日防共協定，則此種顧慮，可以消除。防共目的在防止共產國際之擾亂的陰謀，對蘇邦交不生影響。中國共產黨人既聲明願為三民主義之實現而奮鬥，則應即澈底拋棄其組織及宣傳，並取消其邊區政府及軍隊之

特殊組織，完全遵守中華民國之法律制度。三民主義爲中華民國之最高原則，一切違背此最高原則之組織與宣傳，吾人必自動的積極的加以制裁，以盡其維護中華民國之責任。

第三點，爲經濟提攜。此亦數年以來，日本政府屢曾提議者，吾人以政治糾紛尚未解決，則經濟提攜無從說起。今者日本政府既已鄭重闡明尊重中國之主權及行政之獨立完整，並闡明非欲在中國實行經濟上之獨佔，亦非欲要求中國限制第三國之利益，惟欲按照中日平等之原則，以謀經濟提攜之實現，則對此主張應在原則上予以贊同，並應本此原則，以商訂各種具體方案。

汪精衛認爲日本「對於中國無領土之要求」、「尊重中國之主權」，能使中國「完成其獨立」，以「互相善鄰友好、共同防共和經濟合作」三原則，中國應該「與日本政府交換誠意，以期恢復和平」。1940年3月30日至1945年8月16日汪精衛於中國抗日戰爭期間與日本合作建立一個傀儡政府，正式名稱依然爲「中華民國」，其政府設於南京，故爲「中華民國南京國民政府」，有別於西遷之「中華民國重慶國民政府」；汪精衛另立執政黨中央，也以中國國民黨爲名稱。最高機關是中央政治委員會與國民政府委員會。當時形成中華民國有「重慶，南京兩個政府」，及「兩個中國國民黨中央黨部」。當時中華民國政局與黨派之混亂，古今罕見。

1931年「九一八事件」後，中華民國領土各地群雄並起，日本、蘇聯相繼培植傀儡政權政權，1931年至1945年前前後後中國境內存在有23個國家／政府，使中國進入史所未見內憂外患的「新戰國時代」，致使人民流離失所，生靈塗炭。這23個國家／政府興衰起落將分章介紹於後。

抗日戰爭期間中國疆界內存在23政權之表列（1931～1945）

序號	時間	國家／政府
1	1911～1915/ 1921～1924	博克多汗國（The Bogd Khanate of Mongolia）：黃教旗
	1924～1992	蒙古人民共和國（The Mongolian People's Republic）
	1992	蒙古國（Mongolia）

序號	時間	國家／政府
2	1912～1951	西藏獨立運動（The Tibetan Independence Movement）
3	1911～1914	烏梁海共和國（The Uryankhay Republic） （俄占時期）
	1914～1921	烏梁海邊疆區（Uryankhai Krai）
	1921～1926/ 1944	（俄占時期） 唐努圖瓦人民共和國－圖瓦人民共和國（The Tuvan People's Republic）
	1944～1961	俄羅斯蘇維埃聯邦社會主義共和國－圖瓦自治州（The Russian Soviet Federative Socialist Republic）
	1961～1992	圖瓦蘇維埃社會主義自治共和國（The Tuvan Autonomous Soviet Socialist Republic）
	1992～	圖瓦共和國（Tyva Republic）（1992～）
4	1928～	中華民國國民政府（The National Government of the Republic of China）
5	1931～1937	中華蘇維埃共和國（The Chinese Soviet Republic）
6	1932～1934 1934～1945	滿洲國（State of Manchuria） 大滿洲帝國（Empire of（Great）Manchuria）
7	1933～1934	東突厥斯坦伊斯蘭共和國（The East Turkestan Islamic Republic）：1933 和闐伊斯蘭王國（The Hetian Islamic Kingdom）：1934
8	1933～1944	新疆省自治行政區（Xinjiang Autonomous Government）
9	1933～1934	中華共和國（The People's Revolutionary Government of the Republic of China）：福建人民政府
10	1935～1938	冀東防共自治政府（The East Hebei Autonomous Government）／中華民國臨時政府（The Provisional Government of the Republic of China）
11	1935～1936	中華蘇維埃共和國西北聯邦（The Northwestern Federation of the Chinese Soviet Republic）
12	1936～1937 1937～1939 1939～1941	蒙古軍政府（Mongolia Military Junta） 蒙疆聯合委員會（The Mengjiang United Committee） 蒙疆聯合自治政府（The Mengjiang United Autonomous Government）

序號	時間	國家／政府
13	1937～1950	陝甘寧邊區政府（Shaan-Gan-Ning Border Region），簡稱邊區政府
14	1937～1939	察南自治政府（The South Chahar Autonomous Government）
15	1937～1939	晉北自治政府（The North Shanxi Autonomous Government）
16	1937～1939	蒙古聯盟自治政府（The Mongol United Autonomous Government）
17	1937～1938	上海市大道政府（The Dadao Government）
18	1937～1940	中華民國臨時政府（The Provisional Government of the Republic of China）
	1940～1945	華北政務委員會（North China Political Commission）
19	1938～1940	中華民國維新政府（The Reformed Government of the Republic of China）
20	1939～1941/ 1945	蒙疆聯合自治政府（Mengjiang United Autonomous Government）蒙古自治邦
21	1940～1945	中華民國戰時南京政府（The Reorganized National Government of the Republic of China）
22	1944～1946/ 1949	東突厥斯坦共和國（The East Turkestan Republic）
23	1945	內蒙古人民共和國（The Inner Mongolian People's Republic）
	1946	東蒙古人民自治政府（The East Mongolian Autonomous Government）
	1945～1947	內蒙古自治運動聯合會（The Inner Mongolian Autonomous Sports Federation）（1945～1947）
	1947～1949	內蒙古自治政府（The Inner Mongolian Autonomous Government）

（圖表：潘邦正製作）

　　抗日戰爭時期，國民政府「軍事委員會」為中華民國政府最高軍事機關，其職權是在中國國民黨指導、監督下，管理、統率國民政府所轄境內陸軍、海軍、航空及一切關於軍事之各種機關。1937年7月17日蔣中正在江西廬山發表《廬山抗戰聲明》（Lushan Declaration）是象徵性抗日宣

言。該聲明稱：「如果放棄尺寸土地與主權，便是中華民族的千古罪人！那時便只有拼全民族的生命，求我們最後的勝利。」「臨到最後關頭，便只有拼全民族的生命，以救國家生存。最後關頭一到，我們只有犧牲到底、抗戰到底。」「地無分東西南北，年不分男女老幼，皆有守土抗戰之責！」。當時國民政府軍事實力薄弱，尚無力對抗日本，直到1941年政府才正式對日宣戰。

中國抗日戰爭何時開始？抗日戰爭軍事抵抗行動爆發於1937年7月7日日本駐屯軍第一聯隊第三大隊大佐隊長一木清直挑起「盧溝橋事件」（Marco Polo Bridge Incident）。長期以來，「中國抗日戰爭」均從軍事層面觀察，故有「八年抗戰」之稱。此一觀點過於窄化。事實上，1936年6月1日廣東陳濟棠廣西李宗仁就有抗日號召「兩廣事變」，同年亦有「綏遠抗戰」。抗日戰爭不單以軍事抗日界定，而是包涵軍事、外交、經貿、文化、社會、資源等全面抗日。依此觀點「中國抗日戰爭」起始有三個觀察點：

1. 1931年9月18日日本發動九一八事件後，侵佔中國東北，並成立滿洲國，東北軍民已有抗日行動。
2. 1937年7月7日盧溝橋事件；中國展開軍事抵抗行動。
3. 1941年12月9日日本發動太平洋戰爭後；蔣中正當日「下午召集大員通過宣戰文告七時對內外正式宣布」。國民政府正式對日本宣戰。

正確的說，「中國全民抗戰」應自1931年9月18日起算，為期「十四年全民抗戰」；「中國軍事抗戰」自1937年7月7日盧溝橋事變起算，為期「八年軍事抗戰」；「中國政治抗戰」自1941年12月9日國民政府對日宣戰起算，為期「四年政治抗戰」。

為何國民政府遲至1941年12月9日正式對日本宣戰？實則蔣中正深知中華民國海軍、空軍薄弱，無制空、制海優勢，戰則必亡，只有等待外國援助。抗日戰爭前，中國加強與德國軍事合作關係，1928年北伐時期蔣中正聘請德國軍官馬克斯・鮑爾（Max Hermann Bauer）上校以「工業顧問」身分，擔任中國「軍事顧問」，協助中國軍火生產及買賣。1930

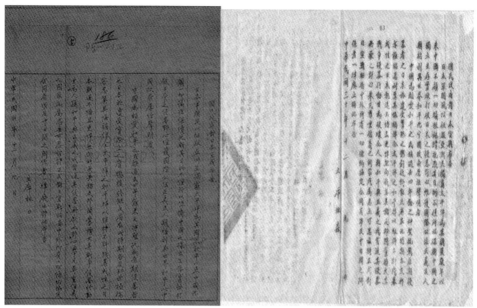

1941年12月9日國民政府主席林森對日宣戰布告原稿與公布文（照片來源：中華民國國史館）

年5月第2德國在華總顧問為喬治·魏澤爾中將（Georg Wetzell），參與剿共戰爭。1934年5月第3德國在華總顧問為德國大將漢斯·馮·塞克特（Hans von Seeckt），擔任國民政府軍事顧問團資深顧問，奠定國軍現代化的基礎。1935年3月至1938年德國第四任總顧問為德國大將亞歷山大·馮·法肯豪森（Alexander von Falkenhausen），其任務是加速國民政府中央軍的德式機械化，並協助中華民國軍隊戰略、戰術上的部署。邀請德國「軍事顧問」協助國民政府軍隊訓練，武器更新，戰鬥機械化都是蔣中正有步驟提升中華民國軍隊計畫；因此抗日戰爭前期形成中華民國軍隊使用德式裝備對抗日軍場景，而德國與日本恰是軸心國（Axis power）盟友。1938年7月5日德國軍事顧問撤離中國，1940年9月27日德國、日本和義大利三國外交代表在柏林簽署《德意日三國同盟條約》（The Tripartite Pact），成立以柏林、羅馬、東京軸心為核心的軍事集團。

1941年12月8日日本對美國太平洋基地珍珠港（Pearl Harbor）發動空

1937年12月12日日本侵華部隊占領南京（照片來源：https://www.bing.com）

襲。同日美國國會通過了對日本的宣戰，爆發太平洋戰爭，扭轉中國命運。美國、英國與日本宣戰使蔣中正等來外援機會。12月9日中華民國亦正式向日本、德國、義大利宣戰，並加入同盟國。中華民國並與英國簽訂了友好同盟條約，並與英、美等國簽訂廢除部分不平等條約，重慶國民政府的國際地位大幅上升。1942年1月3日同盟國推舉蔣中正委員長為盟軍中國戰區最高統帥。1943年3月5日第十四航空隊（Fourteenth Air Force）正式成立於昆明，為中國抗日戰爭中重要的美軍駐華單位。第十四航空隊前身是成立於1941年的中華民國空軍美籍志願大隊（Flying Tigers）。1943年4月15日中美特種技術合作所（Sino-American Special Technical Cooperative Organization）成立，由戴笠負責，合作項目包括建立的戰時跨國情報、搜集中國大陸氣象情報、對日反情報作業、訓練游擊隊、協助美軍在中國沿海登陸作戰、救援美國飛行員等。德國、美國、蘇聯等國的先後援助，使中華民國持續生存，直至1945年8月15日日本投降。

中華民國對日本戰爭之勝利，主要因為太平洋浴血戰爭扭轉了對日戰爭的局面，幫助中國取得抗日戰爭最終勝利；故太平洋戰爭犧牲之各國英雄，不應被中國人遺忘。參與太平洋戰爭的同盟國包括美國、中國、英

國、英屬印度、澳大利亞、紐西蘭、加拿大、荷蘭、法國和蘇聯。同盟國在太平洋戰爭計11次大規模海戰及數十次慘烈空戰與陸戰，約70萬人陣亡，96萬人受傷。所以太平洋戰爭犧牲之盟軍戰士對中國抗日戰爭貢獻卓著，中國抗日戰爭與太平洋戰爭兩者關係，此一領域缺乏深入探討，歷史學者應加強研究。

「中國抗日戰爭」何時結束？1945年8月6日美軍在日本廣島投下第一枚原子彈，8月9日又在長崎投下第二枚原子彈，迫使日本昭和天皇8月15日通過廣播發表《終戰詔書》，宣布無條件投降，又命外相重光葵9月2日在美國軍艦密蘇里號（USS Missouri）上正式簽署降書。當日蔣中正在日記寫道：「今晨接獲敵國無條件投降，正式覆文以後惟有深感上帝賦予我之恩典與智慧之大，殊不可思議」。對中華民國而言，1945年9月9日是個重要日子。侵華日軍總司令岡村寧次在南京向中華民國政府陸軍總司令何應欽呈交降書。事實上，中國抗日戰爭全面勝利主要因素是以美國為首的聯軍於1945年8月6日及8月9日美軍分別在日本廣島，長崎投下原子彈，以不人道之方式殺害日本人民，結束太平洋戰爭。不過中日軍事戰爭結束，但是中日政治、外交戰爭持續進行；例如琉球問題，釣魚臺問題，「慰安婦」（Comfort Women）問題，賠償問題至今尚未解決。第二次世界大戰結束後，中華民國做為主要戰勝國之一，成為聯合國創始會員國及五大安理會常任理事國之一，蔣中正個人國際地位升達至人生最高峰。

國共內戰規模比抗日戰爭還要激烈，可分為兩個階段，第一階段是1927年至1937年第一次國共內戰，第二階段則是1945年至1950年第二次國共內戰。中國抗日戰爭結束後，1945年8月至10月毛澤東飛赴重慶與國民政府談判，經過激烈的爭論，雙方於10月10日簽署「政府與中共代表會談紀要」（雙十協定）決定在年底召開政治協商會議。事實上，國共雙方互不信任，大仇亦深，合作困難；當時處於邊打邊談的狀態，雙方在東北、中原、華北等處展開爭奪。1948年11月至1949年1月，中共解放軍在蘇聯，美國（白皮書），日本（留滯中國之日軍，以及汪政府軍隊）直接

或間接幫助下，通過遼瀋戰役、淮海戰役、平津戰役及其他數十大小戰役，殲滅國民黨軍隊的主力精銳。

1949年1月平津會戰解放軍攻入陳長捷天津城防司令部牆壁上彈孔遺跡（潘邦正攝於天津耀華中學）

　　國共兩黨除「武鬥」外，亦有長期「文鬥」；西南聯大是抗戰時期國共「文鬥」主要戰場。所謂「文鬥」係指知識份子及學生在意識形態，組織發展、思想分歧、情報收集、學術衝突，致師生捲入政爭憾動國政。1937年7月7日盧溝橋事變後，南京國民政府在盧山召開了一系列會議討論戰局問題：其中有關淪陷區大學遷移問題，8月28日南開大學校長張伯苓、清華大學校長梅貽琦和北京大學校長蔣夢麟奉命擔任「國立長沙臨時大學」（National Changsha Temporary University）籌備委員會委員，三校預備在長沙合併組成「國立長沙臨時大學」。1937年底戰事惡化，京滬失守，武漢危急，國立長沙臨時大學師生們決定三路再往西遷，選擇昆明為新校址，1938年4月2日國立長沙臨時大學正式更名為「國立西南聯合大學」（National Southwestern Associated University），5月4日正式開課。西南聯大為三校精英組成，大結構下亦有小集團：校務統一不易。西南聯大在組織上是一個奇怪的產物，三頭馬車，各有想法；三批學者，教

學各異；團結統一，談何容易？因此容易受左右煽動，產生學術分歧與政治對立局面。

　　1937年國共雙方在雲南組織已分別布建；中國國民黨布建明椿，中國共產黨布建暗椿。1939年中共南方局由周恩來在重慶祕密設立，並擔任書記：領導川、渝、粵、湘、滇、貴、港、澳、桂等地區地下黨組織。1941年李公樸到達雲南昆明，在昆明組織「青年讀書會」，出版《青年週刊》。1941年11月16日張瀾、章伯鈞、羅隆基、左舜生在重慶召會，公開宣告民主政團同盟成立。1942年，李公樸在昆明創辦「北門書屋」，傳播馬列主義思想；1943年創辦「北門出版社」。1944年9月19日中國民主政團同盟在重慶特園召開全國代表會議，改名為中國民主同盟，10月發表《對抗戰最後階段的政治主張》。1944年10月中國民主同盟雲南省支部在昆明成立，李公樸當選支部執行委員。1945年10月1日李公樸當選中國民主同盟中央執行委員。客觀而言，在抗日戰火中知識分子首要考慮「國家生存」與「國民生活」兩大優先議題，當此關頭前國民黨員李公樸致力於宣揚「民主」政治，他的主要目標是「反蔣」，故被蔣中正列為監管的對象。

　　1943年起聞一多也被中國國民黨視為反對勢力敵人。相較李公樸的政治信仰，聞一多是一位較溫和的浪漫詩人。1943年中共南方局派任宣傳部長華崗到昆明，擔任中國共產黨與「雲南王」龍雲之間的聯絡人。1945年11月25日西南聯合大學教員吳晗、錢端升、費孝通、周新民、伍啓元、潘大逵等教授與學生發起學運，策動四校的「學生自治會」在西南聯大圖書館前廣場進行「反內戰時事講演會」。新上任的雲南省黨部主任、代理省政府主席李宗黃與警備總司令關麟徵、第五軍軍長邱清泉等召集緊急聯席會議，做出了禁止集會的決定。最後「反內戰時事講演會」還是強行召開；造成呼籲罷課與反罷課學生雙方爆發衝突。12月1日昆明發生震驚中外的「一二一事件」（121 Incident）。軍人和暴徒襲擊了聯大、雲大、中法大學等校，殺害了於再、李魯連、潘琰、張華昌等11名學生死亡，50多位青年受傷，馬大猷、袁復禮、錢鍾韓等教授也遭到受辱

和毆打。

1946年5月31日滇軍184師長潘朔端在遼寧海城宣布反蔣,自稱是民主同盟第一軍,擁護民盟綱領。國民黨極爲震驚,將「531事變」視爲是民盟策動的結果。7月6日深夜一點鐘中國民主同盟中央執行委員李公樸於在昆明遇刺。7月15日上午民盟雲南省支部在雲南大學(原西南聯大)至公堂召開李公樸殉難經過報告會,聞一多發表「最後一次講演」。當日下午5點多,聞一多與他的長子聞立鶴走出民主週刊社,突然槍聲大作,聞一多後腦、胸部、手腕連中十餘彈,遭到暗殺。史稱「李聞案」。蔣中正日記1946年反省錄亦記載:「昆明聞一多與李公樸被刺以後,共匪與民盟又藉此掀起學潮。美國輿論亦皆爲之吠聲附和,集矢於余一人」。8月26日開槍殺害聞一多兩名兇犯湯時亮,李文山被政府逮捕,奉核執行槍決,李公樸案至今仍爲懸案。李聞案後來影響了中國國民黨高層對自由主義人士的態度,國民黨退居臺灣後吳國禎、雷震、江南、美麗島編輯群等自由主義人士類似案件均遭嚴密禁查。

聞一多案結束後,雲南學運並未終止,反而漫延擴至全國。1947年5月25日何紹周致電蔣中正:「本市昆師、昆工、體師、女師、昆女職、昆農、虹山師範等7校700餘人今在小西門外潘家灣……向教育廳提出五項請願……晚8時學聯會在雲大操場舉行螢火晚會。」全國學運繼在京、滬、渝、蓉……等地蜂起。「雲南學運」及「聞一多效應」後擴至全國各地。中國國民黨退守臺灣後,爲防止類似學運再起,挑戰黨國政權;在臺實行全面控制校園政策。黨團深入學校,建立組織,吸收師生入黨/入團;教官進入班級,實行軍訓/護理訓練;三民主義爲高中必修課程且爲大專聯考科目之一,國父思想爲大專必修課程……此後在臺灣學生運動成爲中國國民黨禁忌,「西南聯大學運」影響戰後教育發展至深。中國國民黨後來的轉型也是出於八〇年代國立臺灣大學大型學生抗爭運動,以「民主牆」與「愛國牆」訴求爲大學自治、言論自由、教授治校、學術獨立等。1989年北京天安門廣場也發生史上最大規模的學生抗爭運動,結果造成震驚中外的「六四慘案」。

1949年4月毛澤東在北京雙清別墅指揮中國人民解放軍渡江戰役（潘邦正攝於北京香山）

　　1949年1月21日蔣中正引退下野，1949年4月毛澤東在北京香山雙清別墅指揮中國人民解放軍展開渡江戰役，4月23日中共解放軍攻入南京；中華民國政府開始展開世界歷史罕見之200萬人跨海逃難。1949年5月19日陳誠以臺灣省政府主席兼臺灣省警備總司令身分頒布的《戒嚴令》，宣告自同年5月20日起在臺灣省全境實施戒嚴，這項《戒嚴令》至1987年7月15日由總統蔣經國宣布解嚴為止，共持續38年又56天之久，創下世界各國實施戒嚴次長記錄。蔣中正與陳誠以「鞏固臺灣，反共抗俄」為號召，五〇年代共治臺灣。

　　中國各政黨生存發展，必需要有外強支援。早期孫文革命受到日本政府與民間友人大力支持，後由受到蘇聯政府支持，中國國民黨其後方能建軍、建府，乃至統一中國。1949年中國共產黨獲取江山，主要也是

得到蘇聯軍事、外交之支持，日本滯華戰俘在東北後勤技術間接幫助以及美國中止對中國國民黨軍事、外交、財政援助。1945年10月巴貝（D. E. Barbey）將軍用船艦護送國軍前往東北接收，蘇聯封鎖所有港口，迫使巴貝將軍艦隊回轉。相反的，共軍卻在東北得到蘇聯掩護，以及日本俘虜的後勤支助，贏得遼瀋戰役優勢。可以說1949年中國共產黨戰勝國軍，取得大陸政權，蘇聯是最重要的推手。蔣中正的軍事失敗在於外交先敗：1927年到1928年蔣中正實施清黨，「反共抗俄」政策先與蘇聯建立深仇；「西安事件」蔣中正被史達林釋放後，1937年中國國民黨被迫抗日，再失去與日本的友好關係；1948年美國總統大選蔣中正巨額捐款支持湯瑪斯‧愛德蒙‧杜威（Thomas Edmund Dewey），結果杜威敗選，美國新任總統哈瑞‧杜魯門（Harry Truman）實行之軍經援助、調停行動均使中華民國政府走向挫敗。1949年8月5日美國國務院發表《中美關係白皮書》（The China White Paper），嚴詞譴責蔣中正，表示國共內戰失敗，是國民政府領導問題；美國並停止軍事援助，中華民國外援斷絕。面對內外夾擊，中國國民黨軍隊兵敗如山倒，一年時間江山盡失。

共軍渡江後，國民政府有三項撤退戰略方案：
1. 湯恩伯部隊退守福建、廣東、海南島，維持勢力，建立南方基地。
2. 胡宗南部隊守住四川，建立西南基地。
3. 陳誠部隊東遷臺灣，建立東南基地，隔海對峙。

如此國民政府進可攻，退可守。由於情勢速轉，湯恩伯部隊與胡宗南部隊分別遭到挫敗，國民政府最終決定東遷臺灣，實施「反共保臺」。金融方面，1949年1月21日蔣中正下野，回鄉思考：「另起爐灶，重定革命基礎」，將重點置於經營臺灣。陳誠受命洽請中央政府撥黃金80萬兩作為幣制改革基金，放棄金圓券匯兌，外貿以臺幣對美金5：1計價，由臺灣銀行發行2億新臺幣，折合美金4000萬元。新舊臺幣以1：40000兌換。陳誠幣制改革成功主要因素為中央銀行黃金運臺順利自滬移臺及陳誠將金塊交金瑞山金號驗證以取信於民。幣制改革穩定了臺灣的財經及社會民心。以大陸運臺之黃金為儲備，發行獨立的貨幣新臺幣，延用至今。但是

新臺幣發行也產生了政治、經濟的副作用。日本撤離臺灣前大量印製舊臺幣，強行購買糧食與各種物資運回日本；同時也造成臺灣島內通貨膨脹。1945年10月25日臺灣光復後，當時政府頒行之金融政策，實施以4萬元舊臺幣折換1元新臺幣，讓臺灣人民財產蒙受損失，埋下臺灣同胞痛恨中國國民黨，及對大陸來臺外省同胞的芥蒂。

教育方面，1949年大陸撤退，來臺人口劇增，臺灣中小學有限，無法容納過多之學齡兒童。政府推行計畫教育：讓學齡兒童就學、使畢業生就業、做到全臺實行反共教育。以1949年為例，當年臺灣省教育預算1800萬元占總預算29.65%，超過憲法規定百分比。當年臺灣省國民小學增加900班，中等學校增加197班（含師範學校），高等學校增加7班並新設高等學校2所。政府推行計畫教育為臺灣教育普及奠定良好基礎。1952年蔣中正指示在中學教育國文、公民、歷史、地理配合基本國策，重定課程目標。1952年9月臺灣省教育廳頒布「臺灣省各級學校加強民族精神實施綱要」，要求童軍、軍訓、體育、訓導工作配合。往後三民主義與國父思想教育亦成臺灣的大學、中學教育必修課程。

軍事方面，蔣中正來臺後，派曹士澂連絡日本戰犯岡村寧次，根本博，富田直亮等人，1949年11月1日籌組「白團」，協助我軍外島「海島防禦」。及先後派遣日籍教官83人，訓練我軍中高軍官對領袖「效忠精神」，受訓高階將領計達5,968名。外交方面，1951年9月8日美國、日本等49個國家的代表在美國舊金山市戰爭紀念歌劇院（War Memorial Opera House）簽訂《舊金山和平條約》（The Treaty of San Francisco），日本放棄對臺灣、澎湖等島嶼的一切權利，《舊金山和平條約》正式生效日為1952年4月28日。1952年4月28日日本政府派遣全權代表河田烈與中華民國外交部長葉公超，在《舊金山和平條約》正式生效前，雙方在臺北賓館簽訂《中華民國與日本國間和平條約》（The Sino-Japanese Peace Treaty），同年8月5日雙方換文生效。條約說明「中華民國國民應認為包括依照中華民國在臺灣及澎湖，所已施行或將來可能施行之法律規章、而具有中國國籍之一切臺灣及澎湖居民及前屬臺灣及澎湖之居民及其後裔；

中華民國法人應認爲包括依照中華民國在臺灣及澎湖所已施行或將來可能施行之法律規章所登記之一切法人。」

外交方面，最重要的外交軍事成就是蔣中正利用韓戰時機，1954年12月3日再與美國簽訂《中美共同防禦條約》（Sino-American Mutual Defense Treaty），條約以軍事爲基礎，鞏固中華民國在國際外交的地位。《中美共同防禦條約》（Sino-American Mutual Defense Treaty）第二條：「締約國爲了更加有效的達成此條約的目的，由自助及互相援助、單獨及共同、維持且發展對締約的領土保全及政治安定的來自外界武力攻擊及共產主義者的破壞活動的、個別的及集團的抵抗能力」。《中美共同防禦條約》奠定臺灣長期安全「革新保臺」之基礎。1963年7月2日中華民國與德國成立「明德專案連絡人室」，亦稱「明德小組」，由留學德國蔣緯國中將負責。德國先後派遣孟澤爾（Oskar Munzel）少將，若爾丹（Paul Jordan）和考夫曼（Kurt Kauffmann）等人來臺，對國軍軍官實施各種軍事訓練教育及軍隊現代化；「明德小組」至1975年12月31日解散，共歷時十二年半。當時臺灣有日本、美國、德國三個國家以明暗不同方式協助反共戰爭，其中兩國爲軸心國成員，實爲歷史奇象。由於美國最強大的艦隊之一第七艦隊（United States Seventh Fleet）介入臺海防衛，1950年6月韓戰爆發後，臺灣實無戰爭之憂，中華民國政府開放解嚴，實施憲政實爲適當時機，可惜蔣中正錯失良機；1966年第三任「行憲總統」大選後，國際社會開始質疑中華民國政府的合法性，導致1971年多數國家迫使中華民國退出聯合國及1979年中美斷交之演變。

1970年代，兩岸由軍事戰爭轉變爲外交戰爭，1971年10月中華民國退出創辦之聯合國，1979年中華人民共和國與美國建交，中華民國逐漸在外交、軍事、經貿、金融、科技……失去優勢，節節敗退。1972年中華民國退出聯合國及1979年中美斷交主要原因有三：

1. 1960年代及1970年代冷戰（Cold War）漸趨於緩和。1969年3月中蘇在邊界武裝衝突，發生珍寶島事件，美國總統理查·米爾豪斯·尼克森（Richard Milhous Nixon）利用此機會改變冷戰中的美蘇平衡，而中國

也希望從美國得到制衡蘇聯的助力。「聯中制蘇」成爲美國對華新政策，因此美國需要拉攏中華人民共和國政府。

2. 美國經貿需要利用中國大陸的廉價人力，代工技術，設廠土地及消費市場。美國政治、軍事及外交也需要取得關於共產國家的戰略情報；「瞭解中國，瓦解蘇聯」是美國與中華人民共和國建交核心利益。

3. 1948年5月10日中華民國政府頒布《動員戡亂時期臨時條款》（The Temporary Provisions Effective During the Period of National Mobilization for Suppression of the Communist Rebellion），1960年第1次修訂，凍結《憲法》對於總統連任之限制。

　　1966年第2次修訂，解除國民大會行使創制和複決權之限制，使國民大會權力得以擴張。如此中華民國行憲後第三屆總統、國民大會代表及立法委員可無限屆連任。但是1948年至1991年間中華民國政府及萬年國會長達四十三年，世界各國從來無此案例，被國際社會高度質疑中華民國「政府及國會合法性」及刻意實施違反憲法之行爲。

　　1945年10月24日聯合國正式宣告成立時，中華民國是聯合國創始會員國及五大安理會常任理事國之一。當時國際上以中華民國代表中國，一個政治中國自此出現，兩岸爭執近80年。1949年中國土地尚存在圖瓦共和國、中華民國、蒙古國（蒙古人民共和國）、中華人民共和國、香港特別行政區、澳門特別行政區6個政治實體。由於歷史上兩岸分別承認圖瓦共和國與蒙古國（蒙古人民共和國）通過自決獨立，故中國土地1949年存在中華民國、中華人民共和國、香港特別行政區及澳門特別行政區等4個政治實體。然而1949年世界各國都只採認「一國一主權」原則。世界上普遍採用「一個中國」政策，故1949年至1971年中華民國是世界上唯一合法國家，代表「政治中國」。聯合國「一個中國」承認，使得中華人民共和國於1949年建立，產生「兩個中國」的矛盾。1971年10月聯合國大會通過《聯合國大會第2758號決議》後，中華人民共和國取得中國席位，國際社會中「政治中國」代表性逐由中華人民共和國取得。同樣，1972年中華民國亦面臨「兩個中國」出現之尷尬。1979年1月1日美

國終止與中華民國間所有正式外交關係，轉而承認中華人民共和國。美國國會授權美國政府繼續維持美國人民與在臺灣人民間之商業、文化及其他關係，以促進美國外交政策，簽訂《臺灣關係法》（Taiwan Relations Act），中華民國在國際社會名稱由「中華民國」改爲「臺灣」，逐漸與邦交國斷交，並被國際社會邊緣化。依照聯合國標準，目前「政治中國」只有一個中國，即中華人民共和國。這種說法充滿荒謬，且矛盾。中華民國原爲聯合國會員是歷史事實，不能否認，中華民國自1912年成爲獨立的主權國家也是事實，它目前只是疆域縮小，並未滅亡。如國際社會承認1912年建立之中華民國及1945年聯合國創始會員國中華民國，同時也承認1949年建立之中華人民共和國；無疑的，國際社會在世界上已經創立「兩個中國」。

　　1987年7月15日中華民國政府解除1949年5月19日頒布的《臺灣省戒嚴令》，開放兩岸老兵返鄉探親，兩岸關係進一步緩和，民間經貿、觀光、學術、體育、文化交流逐漸加強。1992年10月26日至10月30日兩岸政府的代表財團法人海峽交流基金會（The Straits Exchange Foundation）與海峽兩岸關係協會（The Association for Relations Across the Taiwan Straits）展開「香港會談」，達成無文書、非正式、非契約的「九二共識」（The 1992 Consensus）；雙方對一個中國的政治內涵有各自表述空間。理論上，無契約的協議是有爭議，很難執行；並且一個中國如能各自表述，那也就是默認兩個中國。1999年李登輝提出「兩國論」，使得兩岸政治關係降至冰點。自1995年起中共分別向臺灣外海發射飛彈，並舉行兩棲登陸作戰演習。2008年中國國民黨總統侯選人馬英九當選中華民國總統後，兩岸官方與民間交流一度恢復正常；2015年11月7日兩岸領導人在新加坡「馬習會」是兩岸關係最穩定的時刻。但是「馬習會」雙方領導人無實質議題討論及達成政經協議，尤其對兩岸人民生活改善、政經自由化、環境保護及人權保障等議題全無觸及，令億萬人民失望；「馬習會」純粹是兩岸官方領導人做一場政治大秀。馬英九此舉明顯違背蔣經國對中華人民共和國採取的三不政策（不接觸、不談判、不妥協），「馬習

會」後，中國國民黨及馬英九個人聲勢大跌，失去臺灣人民信任；次年民主進步黨總統候選人蔡英文大勝中國國民黨總統候選人朱立倫，以308萬張選票差距（6,894,744票vs. 3,813,365票），當選第14任中華民國總統，中國國民黨二度丟失執政，自此一蹶不振。

　　九○年代末至一○年代，兩岸有長達二十多年友善的民間交流期，隨著世界新秩序爭奪與重整，兩岸再度兵鋒相對，人民左右徬徨，歷史的轉折點似乎又將到來。面對中國崛起，中華民國的危機已經再度顯現，目前支撐中華民國的柱石只剩「自由社會」、「半導體」科技、「善良勤奮的人民」與糢糊的「美、中、臺三角關係」。2016年及2017年中華民國總統蔡英文支持香港政治制度改革及2019年6月9日「守護香港反送中」大遊行，導致目前中國人民解放軍各式軍機繞臺灣島巡航，已成常態，兩岸關係完全中斷。2018年12月31日美國總統唐納·約翰·川普（Donald John Trump）簽署《2018年亞洲再保證倡議法》（Asia Reassurance Initiative Act of 2018），內容為美國制定印度—太平洋地區長期戰略，強化美國在該地區的領導地位，同時透過貿易方式幫助美國經濟發展。中華民國總統蔡英文對此倡議表達支持與感謝並「希望未來臺美可以進一步合作與深化夥伴關係。」2015年中華人民共和國在南海島礁進行造島工程，引發美國及周邊各國不滿。2021年後香港惡化，南海衝突及中、美、臺的關係突變使得東北亞地區戰雲密布，情勢緊張。

　　為何中國國民黨在中國大陸以軍事作戰失去政權，在臺灣又以總統大選失去政權？其關鍵點在於中國國民黨派系過多，不斷分裂。自1919年10月10日中國國民黨改組以來，黨內有左派、右派、中間派、政學派、西山派、CC派、黃埔派、早期中國共產黨等；中國國民黨來臺灣後，團派、陳誠派、新黨、親民黨、甚至黨外民進黨……其部分根源均出自中國國民黨；導致不論軍事作戰或政治競爭，中國國民黨都敗在自己人手上。為何中國國民黨派系過多？答案是百年歷史的中國國民黨不願，也不能實行「黨內民主化」；黨內菁英份子只能寄望另闢途徑，結派分權。理論上，中國國民黨本身不能「黨內民主化」，又如何實施「國家民主化」？

這就是2000年後中國國民黨在臺灣總統大選兩度失去政權的主要因素。

　　客觀而言，「兩蔣時代」政府為人垢病者有白色恐怖、萬年國會、限制自由、專制獨裁、排除異己等情事；但是「兩蔣時代」政府反共保臺、維護文物、穩定金融、建設臺灣、提倡教育、振興工商等重大貢獻，當為中華民國全體人民永懷。例如1956年7月退伍老兵開建之東西橫貫公路，1974年至1979年間一系列重大基礎，例如十大建設，都是國家發展重要成就；對這些國家基礎建設，蔣中正在日記中都念念不忘，親臨視察。中國國民黨曾經是世界最大的政黨，黨員千萬，人才濟濟，黨產億萬，事業蓋國；如今派系分裂，老人掌權，國策無章，在野掙扎，令人不勝唏噓。任何政黨執政後忘卻初心，私利謀國，冷凍人才，迷失方向，不能實踐人

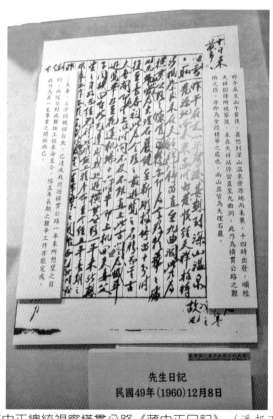

先生日記
民國49年(1960)12月8日

1960年12月8日蔣中正總統視察橫貫公路《蔣中正日記》（潘邦正攝於臺北士林官邸）

民自由，社會安全，政治民主，經濟富足必爲時代淘汰，人民唾棄。基本上，中國政治舞臺上所有軍閥，政黨都犯了上述錯誤。目前中國國民黨百年老店已四分五裂，國策迷失，並已盡棄兩岸關係主導地位，前景堪憂。

現階段臺灣已成全球華人選擇定居之首選地區，主要因素臺灣具備各項建設硬實力及教育文化的軟實力。這些硬實力與軟實力的基礎歸源於五〇年代及六〇年代臺灣在穩定中發展各項重要建設。如今臺北已是全球華人希望之城，其意義在於全球華人高度期望臺灣能眞正成爲自由平等，安和富裕的模範省。七十年來，臺北政府還維持著一個模糊的生存空間，等待世變。諷刺的是曾經高舉建立「自由、平等、民主新中國」大旗的中國國民黨，1949年由全大陸的執政黨變爲臺灣小島的執政黨，2000年臺灣政黨輪換後，中國國民黨再由臺灣小島的執政黨變爲臺灣小島的在野黨。當前兩岸之北京政府與臺北政府關係惡化，雙方軍事，外交衝突仍然不斷，曾經代表「政治中國」的兩岸政府角力持續進行「拖延」與「模糊」，中華民國臺北政府何去？何從？無人能預知兩岸關係未來發展。深盼兩岸未來國家發展，任何政治，經濟，文化……各種問題，都不再以戰爭解決爭端，望億萬同胞在苦難生活中找到幸福出路。並期望執政者不以「國家強大」爲目標，而以「人民幸福」爲優先。近日兩岸關係惡化至戰爭邊緣，似乎要重演民初戰國歷史。長期觀之，過去七十多年兩岸和平競爭，才成就今日的中華民國與中華人民共和國的昌盛國力，機遇來之不易，毀之可惜；現階段兩岸在政經發展應是「互補互助，共存共榮」，防止戰爭發生，莫讓人民再陷生死苦難。思之！愼之！

第11章

中華蘇維埃共和國（The Chinese Soviet Republic）

鐮刀斧頭紅旗（1931～1937）

中華蘇維埃共和國鐮刀斧頭紅旗（照片來源：https://zh.wikipedia.org/wiki）

中國工農紅軍軍旗（1928年～1930年）（照片來源：https://zh.wikipedia.org/wiki）

　　中華蘇維埃共和國（The Chinese Soviet Republic）是中國共產黨在蘇聯和共產國際的支持下創建的共產主義政權，是中華人民共和國的前身。中華蘇維埃共和國建立基礎以農民、工人及無產階級為主，口號為致力「中國民主革命的政權」。中華蘇維埃共和國1931年11月先成立臨時政府，11月7日適逢十月革命紀念日，中華蘇維埃第一次全國代表大會在瑞金葉坪村謝氏祠堂舉行，會議並選舉毛澤東、項英、朱德等人組成中華蘇維埃共和國中央執行委員會，宣告中華蘇維埃共和國臨時中央政府成立；11月27日中央執行委員會第一次會議選舉中央政府主要領導人：中共中央總書記秦邦憲、中央執行委員會主席毛澤東、中央革命軍事委員會主席朱德；制定《中華蘇維埃共和國憲法大綱》（The Constitution of the Chinese Soviet Republic），憲法大綱主要強調「中華蘇維埃政權所建設的是工人和農民的民主專政的國家」，「保證工農勞苦民眾有言論、

出版、集會結社的自由」，「保證工農勞苦民眾有真正的宗教自由」及「推翻與外國帝國主義簽訂的不平等條約」；會議定首都瑞金名稱為「瑞京」。1933年4月臨時中央政府從瑞金葉坪遷駐沙洲壩；1936年首都遷至保安；1937年首都再遷至延安。

中華蘇維埃共和國成立後，在經濟上進行土地改革，開展經濟建設。《中華蘇維埃共和國中央執行委員會》並布告表明在中國疆域內有兩個國家：「從現在起，中國疆域內有不同的兩國。一個是中華民國，是帝國主義的工具。另一是中華蘇維埃共和國，是剝削與壓迫下廣大工農兵的國家，他的旗幟是打倒帝國主義、消滅地主階級，推翻國民黨軍閥政府、建立蘇維埃政府於全中國，為數萬萬被壓迫被剝削的工農兵士及其他被壓迫群眾的利益而奮鬥，為全國真正的和平統一而奮鬥。」1934年1月由於中華蘇維埃共和國中央革命根據地擴大，臨時中央政府改稱中央政府；先後轄區有18省、4直轄縣，全中國的紅色區域計有16萬平方公里。中華蘇維埃共和國政權主張消滅資本主義、實現共產主義。中華蘇維埃共和國是繼孫文建立廣州政府後，再度創立「一國兩府」或「兩個中國」政治實體的案例。

對於少數民族政策，中國共產黨在1931年11月7日中華蘇維埃第一次全國代表大會通過《中華蘇維埃共和國憲法大綱》（The Constitution of the Chinese Soviet Republic），主張民族權益上，承認中國境內少數民族的民族自決（Self-determination），承認各弱小民族可由中國脫離、成立獨立國家的權利。蒙、回、藏、苗、黎、高麗等，他們有完全自決權：加入或脫離中國蘇維埃聯邦，或建立自己的自治區域。中國蘇維埃政權在現在要努力幫助這些弱小民族脫離帝國主義、國民黨軍閥、王公、喇嘛、土司的壓迫統治，而得到完全自主。1931年《中華蘇維埃共和國憲法大綱》宣告已經過去90多年了，今日中國共產黨是否尚記得當年對各弱小民族的政治承諾與崇高理想，並繼續致力實現呢？截至目前，答案是否定的。

中華蘇維埃共和國之建立主要倚重中國工農紅軍的軍事力量，其中軍

事、情報骨幹乃源於孫文在蘇聯支援下創立之黃埔軍校，分別由朱德、周恩來領導。中國工農紅軍始建於1928年5月25日至1937年8月25日之間。中國工農紅軍是第一次國共內戰時期（1927年四一二事件發生後至1937年間）中國共產黨領導的武裝力量。1928年5月前稱爲中國工農革命軍，直屬中國共產黨中央軍事委員會，其間在中國各省市地區建立多個由中國共產黨統治的「革命根據地」。

　　1926年至1927年北伐進行期間，國民政府實施「清黨」，又稱「四一二事件」；清黨就是蔣中正領導的國民黨右派與汪精衛、共產黨合流之左派劃清界線，視爲仇敵。不久，武漢汪精衛政府也宣布正式與共產黨分裂及驅逐其黨員，通過「取締共產議案」，罷黜鮑羅廷及其他蘇聯顧問。1927年8月1日在中國共產黨的領導下，爆發了南昌事件，中國共產黨朱德、周恩來等領導的2萬餘人部隊向駐守南昌的國民革命軍發動進攻，激戰後佔領了全城，公布了《八一起義宣言》（81 Declaration）、《八一起義宣傳大綱》，史稱「南昌事件」（The Nanchang Incident）。「四一二事件」若視爲國共政治分道揚鑣的轉折點，則「南昌事件」就是國共軍事分治的分水嶺。「南昌事件」是中國共產黨建立武裝力量之始，也是黃埔軍校師生全面分裂之引爆點。1933年6月30日中國共產黨和中華人民共和國中央軍事委員會通過「八一建軍」議案，是日爲中國人民解放軍建軍紀念日。1928年4月朱德領導的隊伍到達井岡山，與毛澤東領導的秋收起義的隊伍會師，組成中國工農革命軍第四軍。1928年5月25日中

中國工農紅軍軍旗（1934年～1937年）（照片來源：https://zh.wikipedia.org/wiki）

共決定將工農革命軍定名「紅軍」，即中國工農紅軍第四軍。1928年至1930年中國工農紅軍軍旗使用鐮刀斧頭白星紅旗，1930年至1934年中國共產黨使用軍旗五花八門，大體不脫鐮刀斧頭紅旗；1934年至1937年則改為鐮刀斧頭黃星紅旗。

1929年前，各地紅軍並不被中央特別重視。中央對各地陸續建立的主力紅軍只有原則上的指導，這些武裝大多由省委一級或特委一級的黨組織自行規劃和指揮。1930年3月各地紅軍有6萬多人，新編為13個軍，分布在南方8省127個縣；1933年秋，全國紅軍已經發展到30萬人。1930年10月到1934年10月，國民黨先後發動了五次圍剿紅軍和根據地的軍事行動，中國工農紅軍進行了五次反圍剿的抵抗，中共前四次反圍剿取得勝利；後1934年10月第五次反圍剿失敗，紅軍受到很大損失，中國工農紅軍第一方面軍主力被迫北上逃避，史稱「長征」。1935年1月「遵義會議」（The Zunyi Conference）後，紅軍在毛澤東的領導下，擺脫政府軍的圍截；轉遷至陝甘根據地。1936年10月紅軍三大主力紅一方面軍、紅二方面軍、紅四方面軍，在會寧縣會師，僅剩3萬餘人。

紅軍三大主力來由為：1930年8月紅一、三軍團在瀏陽永和市會師，成立了第一方面軍。也稱「中央紅軍」。兵力最高達24個軍，共7萬餘人；總司令朱德，總政治委員毛澤東。1932年6月改稱紅一方面軍。1936年5月紅二、六軍團在戰略轉移途中，奉中央命令，組成紅二方面軍，並將紅三十二軍（一方面軍）編入二方面軍。總指揮賀龍、政治委員任弼時，約1萬餘人。紅四方面軍以鄂豫、皖、蘇區部隊為主力組成，1931年11月7日於湖北黃安七里坪成立，總指揮徐向前、政治委員陳昌浩、政治部主任劉士奇，總兵力約3萬餘人。紅四方面軍的實際領導權為張國燾。長征途中，毛澤東與張國燾的意外不合、相互猜疑，雙方權力鬥爭在1934～1938年達到高峰，最後張國燾敗投中國國民黨，鬱死他鄉；然而紅一方面軍與紅四方面軍舊部的黨內鬥爭至今尚存。

中國工農紅軍成立期間在各地建立許多蘇維埃縣市政府，簡稱「蘇區」。1931年9月在成功防禦了國軍第三次江西剿共戰爭後，紅一方面軍

在閩贛邊界的廣大地區乘勝發動戰略進攻，開闢了石城、長汀、雩都、會昌、武平、尋鄔等縣，打通了贛南和閩西根據地的聯繫，正式形成以瑞金為中心的「中央蘇區」。11月7日「中華蘇維埃」第一次全國代表大會在瑞金勝利召開，「中華蘇維埃共和國」（The Chinese Soviet Republic）和「蘇維埃臨時中央政府」宣布成立；此為中共黨、政、軍首腦機關所在地，是中國共產黨「全國蘇維埃運動的大本營」。共產主義在中國「由政治理論變成了軍事實踐」。1932年6月23日《紅色中華》第24期和1932年7月中央蘇區統計，列出江西「蘇區」有16個縣：瑞金、興國、贛縣、勝利、公略、萬太、會昌、寧都、南廣、尋鄔、永豐、樂安、安遠、石城、雩都、信康；福建有8個縣：長汀、上杭、永定、武平、龍巖、連城、寧化、新泉。1932年2月19日蘇區中央局所作的《目前政治形勢的分析與蘇區黨的任務》的決議案中指出：「中央蘇區（閩西在內）在全國蘇維埃大會之後，開展了貫通閩贛25縣的蘇維埃疆土。」中華蘇維埃共和國中央政府發行獨立貨幣及「革命戰爭公債」、「經濟建設公債」，其貨幣上竟然使用蘇聯領袖列寧頭像。中華蘇維埃共和國貨幣圖像提供一項重要證據：「中華蘇維埃共和國是蘇聯在中國的傀儡政權」。依照《中華蘇維埃共和國憲法大綱》，中國共產黨提出工農民主專政，保障剝削者的政治自由，以消滅封建殘餘，及趕走帝國主義在華勢力，統一中國。諷刺的是中華蘇維埃共和國旗及貨幣卻使用蘇聯帝國主義符號及領袖頭像，中國人民還是中國政府的主人嗎？當時中國共產黨為蘇聯傀儡政權鐵證如山。

中華蘇維埃共和國貨幣（照片來源：https://zh.wikipedia.org/wiki）

1934年春，中央蘇區設有江西、福建、閩贛、粵贛4個省和瑞金直轄縣，共轄66個縣。1934年10月國民政府圍剿境內的反政府中央紅軍勢力，中共中央及紅軍主力放棄中央蘇區而「長征」。留守的中央蘇區分局最後被壓縮在以油山為中心的粵、贛邊界，上猶、崇義、汀州、瑞金等狹小地區。留下部隊和游擊隊於1934至1937年間在中國南方八省進行游擊戰爭，史稱「南方三年游擊戰爭」。1937年至1945年間閩西與海南瓊崖成為中國共產黨在南方僅剩的兩個游擊地區。

　　中華蘇維埃共和國曾與中華共和國政權合作。1933年11月22日陳銘樞、李濟琛等中國國民黨左派及國民政府軍第十九路軍在福建省建立中華共和國政權。11月27日中華共和國閩西善後處代表陳小航與中華蘇維埃共和國臨時政府代表張雲逸簽訂了《閩西邊界及交通條約具體規定》，該條約確定了雙方共同合作及邊界的劃分和交通、貿易等事項，對中共方面對抗南京國民政府的經濟封鎖起到一定的作用。兩個政權並約定一致「反蔣」為同盟目標。中華民國政府長期視中華蘇維埃共和國為武裝叛亂團體，並蔑視為「共匪」；直到西安事件之後，史達林要求國共第二次合作。

　　1936年12月12日張學良、楊虎城發動，震驚中外「西安兵諫」。蔣中正最終在史達林對中共的戰略指示下，經由宋美齡、周恩來斡旋，獲得釋放。蔣中正放棄剿共，國民政府與中國共產黨進行第二次國共合作，聯合抗日。1937年9月22日根據國共兩黨協議，中華蘇維埃人民共和國「中央政府西北辦事處」撤銷國號，改制為「陝甘寧邊區政府」（Shaan-Gan-Ning Border Region），隸屬於中華民國國民政府行政院直轄的特別行政區，中華蘇維埃共和國正式結束。

　　1937年中國抗日戰爭期間，中國工農紅軍被改編為國民革命軍，由重慶國民政府軍事委員會改編為國民革命軍第八路軍、國民革命軍第十八集團軍，簡稱八路軍及新編第四軍，簡稱新四軍；中國共產黨八路軍及新編第四軍均改使用青天白日滿地紅旗。八路軍、新四軍亦被要求更換原紅軍使用紅布五星帽徽，改為佩戴「青天白日」帽徽；由於戴上了昔日「敵

人」的徽章，中共兩支軍隊均發生士兵抵制事件。按照國共合作協議，「青天白日」帽徽係由南京（重慶）方面提供的。由此觀之，國軍，共軍在抗日期間都屬中華民國國家軍隊，實無黨軍抗日事實。長期以來兩岸學者爭議國民黨抗日與共產黨的抗日功過，實屬偏狹荒謬之論。正確的說，抗日戰爭期間是中華民國全國軍民抗日，沒有「國民黨抗日」或「共產黨抗日」的問題；美國對日作戰，軍隊有分「共和黨軍隊」或「民主黨軍隊」？故兩岸學者競相爭論國共兩黨抗戰之功，諉抗戰之過，誠屬荒謬無知、貽笑世界，正史當予修正。

自中華蘇維埃共和國建立及至1949年中華人民共和國成立，中國共產黨總計在中國大陸「二次開國」，建立2個共和國，4個政府。2個共和國為中華蘇維埃共和國及中華人民共和國；4個政府為中華蘇維埃共和國政府、中華蘇維埃共和國西北聯邦政府、陝甘寧邊區政府及中華人民共和國政府。

由歷史發展觀察，戰國時期自公元前475年至公元前221年，時間大約250年，秦短暫統一全國後，中國再度陷入四方割據狀態，可見中國人民是長期處於分裂社會，依命生存。民國以來之「新戰國時期」，自1911年革命團體推翻滿清，數十政權雨後春筍般成立，然而中國追求統一的目標至今尚未實現；主要是，中國人侷限於「以背景舉才」，致使省籍、學校、姓氏、血緣、派系、意識型態等條件，導引各省領袖持主觀狹窄的用人格局，並對不同背景團體排斥仇視，如此合縱連橫之結果，中國永遠在各種內鬥中循環生滅、千年聞臭。

第12章

滿洲國（State of Manchuria）（大滿洲帝國）
五色黃地旗（1932年～1934年）
大滿洲帝國（Empire of (Great)Manchuria）
（1934年～1945年）

大滿洲帝國國旗（照片來源：維基百科）

　　日本在侵華期間先後共計成立十個傀儡政權，分別是滿洲國、冀東防共自治政府、中華民國臨時政府、中華民國維新政府、蒙古軍政府、察南自治政府、晉北自治政府、上海市大道政府、蒙疆聯合自治政府與汪精衛中華民國南京國民政府。

　　不同於「漢人傀儡政府」，滿洲國是日本最早在中國建立之「滿人傀儡政府」。1931年9月23日本在奉天省特務機關長土肥原賢二（日本陸軍士官學校／陸軍大學畢業）提出建立由日本控制、脫離中國本土的「滿蒙王族共和國」計畫。日本中央軍事機構根據這一方案制定了《滿洲問題處理方針綱要》，並派土肥原賢二到天津祕密挾持溥儀去東北。10月土肥

原賢二拜訪溥儀的「靜園」。表示要幫助滿洲人民建立自己的新國家，再建滿洲國是滿人的目標。溥儀表示同意。1931年11月8日土肥原製造「天津事件」（The Tientsin Incident），在天津引發暴動，趁亂將溥儀從天津祕密帶出，鄭孝胥、鄭垂同行，眾人經大沽抵達撫順，準備登基事宜。

滿洲國的前身預備機構是東北最高行政委員會（The Northeast Supreme Administrative Council）。1932年2月16日關東軍司令部召集奉天省長臧式毅、吉林省長熙洽、黑龍江省長張景惠以及馬占山四人在瀋陽召開了「建國會議」，會議決定成立東北最高行政委員會，策劃在東北建立日本可控制的傀儡政權。滿洲國是日本帝國侵華期間最早之傀儡政權，建立於1932年3月1日，滅亡於1945年8月18日，為時約十一年半。日本發動九一八事件，控制中國東北後，拉攏部分前清宗室及漢人將領而建立此政權；其目的除為日後侵略中國做基地外，日本與蘇關係並無信任，故用東北滿洲國在日蘇之間建立緩衝區，避免戰火延燒日本本土。1932年至1934年滿洲的國名為「滿洲國」（State of Manchuria），滿洲國中央統治機構進行過多次的改組，1934年至1945年國名改為「大滿洲帝國」（Empire of Great Manchuria）。

中國東北哈爾濱市郊日本設立之731部隊（潘邦正攝於哈爾濱市郊）

1932年3月9日愛新覺羅溥儀在新京（長春）執政，年號大同（1932年3月1日～1934年2月28日），自稱為獨立國家，實則滿洲國以日本為宗主。同年9月日本代表關東軍司令官陸軍大將武藤信義與滿洲國代表國務總理鄭孝胥於新京特別市簽訂《日滿議定書》（The Japan-Manchukuo Protocol），主要內容是日本承認滿洲國與滿洲國領土由日本和滿洲共同防衛。1934年3月改稱滿洲帝國，「執政」改稱「皇帝」，年號改為「康得」。1934年滿洲國為14省、2特別市，1939年改變為19省、1特別市。當時滿洲國國土約為113萬平方公里，人口有3600萬人，當中漢人佔83%，滿洲人與蒙古人合計佔15%，日本人和朝鮮人則合計佔2%。由於滿洲國是日本帝國侵華期間傀儡政權之一，日本語教育從小學開設為必修，並設「日本語語學檢定」考試制度。滿洲國教育體制充滿殖民色彩，普遍施行義務教育；各級學校中以「民族協和」、「日滿親善」、「一德一心」、「日滿提攜」、「大東亞共榮圈」（The Greater East Asia Co-

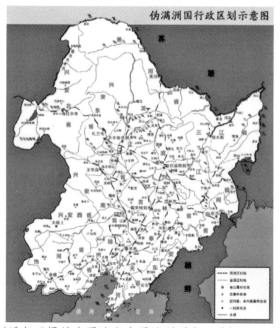

滿州國行政區域（潘邦正攝於哈爾濱市哈爾濱頤園街一號）

Prosperity Sphere）教育爲中心思想，也大量融入日本神道教育。「大東亞共榮圈」教育主旨在「美英爲了本國的繁榮，壓制其他民族，對大東亞進行侵略和盤剝。大東亞戰爭的原因就是要推翻大東亞的美英隸屬化。」日本自認爲是推動「大東亞共榮圈」領袖國。

1932年4月阮振鐸、於靜遠、山口重次及小澤開作等人成立滿洲協和黨。1932年7月25日改組爲滿洲國協和會（The Concordia Association）；爲官民一體組織；本部機構龐大，設有總務部、指導部、實踐部、訓練部、文化部、青少年部、調查部等部門。溥儀是滿洲國協和會名譽領袖，鄭孝胥是首任會長，日本大將本莊繁是名譽顧問；1935年張景惠接任會長。滿洲國協和會的本質是以皇民化爲目標，即「以實現日滿一德一心、民族協和、王道樂土、道義世界爲理想的天皇的聖意」。滿洲國協和會也扮演爲宣傳機構角色，在各地區設立分會，出版日本色彩宣傳品，如《滿洲國民必讀》、《王道月刊》、《東亞之光》等。滿洲國協和會分會代表的議會爲實質之民意機關，取代立法機構。

滿洲國協和會標誌（照片來源：https://zh.wikipedia.org/wiki）

滿洲國的中央銀行爲滿洲中央銀行（The Central Bank of Manchou），合併東三省官銀號、吉林永衡官銀號、黑龍江省官銀號及邊業銀行四行號成爲一家股份有限公司；滿洲中央銀行1932年建立，1945年8月廢除。滿洲國貨幣最初採取銀本位，發行滿洲國元，1935年後與日元直接掛鉤，採取金本位制。

新戰國時代：近代中國33面旗幟與政權

滿洲中央銀行發行的紙幣（照片來源：https://zh.wikipedia.org/wiki）

　　1932年滿洲國制定國歌，並使用五色黃地旗，該旗以1928年以前的中華民國北洋政府國旗五色旗爲基礎。1932年（大同元年）3月1日滿洲國政府發布了《國旗制度布告》，規定滿洲國國旗由五色組成，旗地爲黃色，左上角分別爲紅、藍、白、黑的四色橫條，各占1/4。依據1933年2月24日公布的滿洲國國務院布告中所示，五色旗中，青色代表東方，紅色代表南方，白色代表西方，黑色代表北方，黃色代表中央，象徵中央統馭四方。依照滿洲國國務院總務廳發布的《滿洲國國旗考》中的解釋，黃色象徵五行中的土，象徵統馭四方的帝王仁德；紅色象徵火，代表熱情和勇敢；藍色象徵木，代表青春和神聖；白色象徵金，代表純潔和正義；黑色象徵水，代表意志和決心。其實五色黃地旗就是民國元年中華民國五色旗的改版。

　　滿洲國爲半君主立憲制（Semi-constitutional monarchy），指國家政權由君主和議會共同掌握，但君主爲國家權力中心的一種政體形式。半君主立憲制由國家制定憲法、設立了議會，但君主仍然保持專制時代的權力，擁有重要的行政權、立法權、司法權、軍事權等。簡言之，總理由君主任命，無需議會同意，君主亦擁有否決議會立法的權力。不過滿洲國雖爲半君主立憲制，其最終權力不在愛新覺羅溥儀，而在日本侵略者。滿洲國建立實爲滿人藉日本之軍力，恢復其原來滿人之統治，其是以民族利益爲基礎，皇帝制的專制政體，談不上民權主義之實踐。

當時承認滿洲國的國家並不多，以日本，薩爾瓦多共和國首先承認。1937年德國和義大利為首的軸心成員及反共協定簽署國承認滿洲國。1941年泰國，蘇聯及中華民國南京國民政府（汪精衛政權）出於自身利益，相繼承認滿洲國。截至1943年承認滿洲國並建立外交關係的國家有23個。

滿洲國詔書（照片來源：https://www.bing.com）

1931年9月19日滿洲九一八事件發生的消息傳至國際聯盟（The League of Nations）。中華民國駐國聯代表施肇基要求國聯採取維持和平的行動。國際聯盟理事會議在12月10日組織調查團到滿洲進行調查，日本百般阻礙東北人民向調查團反映真實情況。最終調查團李頓報告書（Lytton Report）出爐，說明「如果沒有日本軍隊的駐紮和日本官員的活動，滿洲國是不可能成立的」，「滿洲國不能被認為是出於真正的和自發的獨立運動的產物」。1933年2月24日國際聯盟大會以40票對1票通過李頓報告書的聲明，指出滿洲主權屬於中華民國。1940年7月15日，溥儀頒布《國本奠定詔書》，宣稱滿洲國的建立是和日本一樣，都始於「天照大神」，並把「天照大神」作為滿洲國的「建國元神」加以供奉參拜。

1943年11月23日至11月27日中、美、英開羅會議後，12月1日發表

《開羅宣言》（Cairo Declaration），三國之宗旨在於奪回日本自1914年第一次世界大戰（World War I）在太平洋奪得或佔領之一切島嶼；日本戰後放棄所竊取於中國之領土，例如滿洲、臺灣、澎湖群島等之主權。1945年8月8日蘇聯照會日本，次日對日本宣戰。蘇聯紅軍隨後攻入滿洲，擊敗關東軍和滿洲國軍。8月9日日本關東軍司令官山田乙三移送溥儀至通化市。8月15日日本昭和天皇（裕仁）宣布無條件投降。8月17日午夜溥儀在大栗子溝礦山株式會社技工培養所舉行退位儀式，宣讀《滿洲國皇帝退位詔書》，滿洲國隨之滅亡。

　　1945年8月16日溥儀、溥傑、嵯峨浩和其他親屬在瀋陽東塔機場準備逃亡日本，被蘇聯紅軍俘獲，送到俄羅斯赤塔，囚禁於莫洛可夫卡30號特別監獄，再轉至伯力（哈巴羅夫斯克）45號特別監獄。1950年8月1日滿洲國溥儀與其他263名戰犯在綏芬河市由蘇聯移交給中華人民共和國，然後被送往遼寧省撫順戰犯管理所（Fushun War Criminals Management Centre）接受爲期十年的勞動改造。1959年12月4日中華人民共和國主席劉少奇決定特赦，釋放溥儀。1960年3月溥儀被分配到國家植物園（China National Botanical Garden）擔任職植物護理員和售票員。1964年1月1日溥儀加入中國人民政治協商會議全國委員會，任職文化歷史資料研究委員會專員。1967年10月17日溥儀在北京協和醫院病逝，終年62歲。自1644年吳三桂歸降清軍，引清軍進入山海關內，滿人政治勢力舉足輕重，實行統一中國；截至1945年滿洲國滅亡及1967年溥儀去逝，滿人政治勢力在中國徹底終結。滿人在中國政治舞臺登場表演超過三百年，可謂是影響中國歷史最長久，最重要的少數民族。

第13章

東突厥斯坦伊斯蘭共和國（The East Turkestan Islamic Republic）
星月藍地旗（1933～1934）
和闐伊斯蘭王國（The Hetian Islamic Kingdom）
星月白地文字旗（1934年2月～1934年6月）

東突厥斯坦伊斯蘭共和國星月藍地國旗（照片來源：https://zh.wikipedia.org/wiki） 和闐伊斯蘭王國星月文字旗（照片來源：https://zh.wikipedia.org/wiki）

　　東突厥斯坦伊斯蘭共和國（The East Turkestan Islamic Republic）與和闐伊斯蘭王國（The Hetian Islamic Kingdom）可以視為同一個政權所建立之兩個政府。兩者同為提倡泛突厥主義（Pan-Turkism）者成立的邊疆政權之一，和闐伊斯蘭王國是東突厥斯坦伊斯蘭共和國的「流亡政府」。這個國家在中國近代史上絕少被提及，甚至多數國人根本沒聽過。三○年代初期新疆督軍金樹仁推行的改革措施使新疆社會經濟受到衝擊，民族矛盾激化，新疆南部和闐等地發生暴動。金樹仁治理新疆期間，政府官員多用漢人，施政上對穆斯林實施嚴格控管，同時實施「改土歸流」政策；就是廢除原來的世襲土司自治，改為政府流動派官。金樹仁的種種施

政引起一些泛伊斯蘭主義的團體和組織先後反抗，他們提倡將所有穆斯林回教徒團結成立一個伊斯蘭國。

三〇年代以穆罕默德・伊敏為首的泛突厥主義成員在和闐建立「民族革命委員會」（The Committee for National Revolution），該組織取得了墨玉地區的領導權。另一個是在喀什活動的青年喀什噶爾黨（Young Kashgar Party），他們控制了庫車地區領導權，又派代表前往北疆與哈密暴動的首領和加尼牙孜聯絡。1933年2月20日泛突厥主義右翼政治組織民族革命委員會在和闐集會，宣布成立獨立的和闐臨時政府（後改稱和闐伊斯蘭政府），由穆罕默德・尼牙孜・艾來木擔任總統，沙比提大毛拉・阿不都爾巴克擔任總理，穆罕默德・伊敏為埃米爾（總督）。其後和闐民族革命委員會與青年喀什噶爾黨（Young Kashgar Party）合併。1933年8月25日沙比提大毛拉在疏附縣建立了和闐伊斯蘭政府駐喀什管理局，自任局長。9月10日沙比提大毛拉成立了東突厥斯坦獨立會，取代管理局。沙比提大毛拉自任該會主席，東突厥斯坦獨立會宗旨是建立東突厥斯坦伊斯蘭共和國。

1933年11月12日東突厥斯坦伊斯蘭共和國宣告成立，公布《組織綱領》、《施政綱領》以及憲法和政府成員。推舉和加尼牙孜任總統，沙比提大毛拉為總理，同時任命了各部部長等要職。東突厥斯坦伊斯蘭共和國位於新疆西部，國土面積約11.1萬平方公里，人口20萬人。東突厥斯坦伊斯蘭共和國首都為疏附，國旗使用星月藍地旗，星月和五角星，代表伊斯蘭信仰；底色藍色代表了天空，隱喻與古突厥；該旗是東突厥斯坦獨立運動（The East Turkestan Independence Movement）的象徵。他們主要信仰伊斯蘭教，語言為維吾爾語。

邊疆民族獨立運動成敗在於「國際承認與大國支援」。國際承認涉及各國既得利益；大國支援涉及國家戰略布署。1933年至1934年是第二次世界大戰前夕，各國自顧不暇，無力干涉。東突厥斯坦伊斯蘭共和國建國後努力尋求外交承認，但未有效被當時國際社會承認。東突厥斯坦伊斯蘭共和國請求南京國民政府承認，以保永久之獨立；同時派人前往英屬印

度、阿富汗、伊朗等國，謀求外交承認。同時在喀什、和闐發行鈔票；出版《東突厥斯坦周報》、《獨立》月刊、《自由雜誌》、《生存周報》等刊物。東突厥斯坦獨立運動的支持者認爲東突厥斯坦自古以來是各突厥人生活的土地，其民族的語言、文化、信仰和歷史與中國不同，中國對東突厥實行長期殖民統治，掠奪資源、打壓宗教、政治迫害；因而尋求各種手段最終達到從中國獨立建國的目標。1934年2月6日馬仲英手下將領馬占倉、馬福元等占領了喀什回城，總統和加尼亞孜和總理沙比提大毛拉逃往中蘇邊界的伊爾克什塘。在蘇方的協調下，和加尼亞孜同意解散東突厥斯坦伊斯蘭共和國，服從國民政府，並出任新疆省副主席。東突厥斯坦伊斯蘭共和國滅亡。

　　1934年4月流亡的穆罕默德‧伊敏推舉其兄滿素爾爲「帕夏」，再建立了「和闐伊斯蘭王國」，首都設在和闐，國旗改用星月白地文字旗；語言使用維吾爾語；宗教信仰爲伊斯蘭教，奉讀《古蘭經》（The Quran）。政府體制採用君主立憲制（Constitutional monarchy），貨幣使用銀圓及法幣。1934年6月回族軍人馬仲英及馬虎山率領中央陸軍新編第36師攻擊和闐伊斯蘭王國，埃米爾（總督）穆罕默德‧伊敏逃亡往阿富汗喀布爾（亦有流亡土耳其一說），和闐伊斯蘭王國滅亡，其政權僅僅存在數個月。

　　新疆獨立運動未曾停止，2004年4月16日至19日「世界維吾爾代表大會」（The World Uyghur Congress）在德國慕尼黑（Munich）成立，主要成員是東突厥斯坦民族與世界維吾爾青年代表。近幾年，「世界維吾爾代表大會」邀請維吾爾人各個團體代表，準備在國外提出建立武裝力量，統合境內與境外「東突厥斯坦伊斯蘭」勢力，重建伊斯蘭國。中華人民共和國加強對新疆人民的控管，尤其是「新疆再教育營」（The Xinjiang Internment Camps）建立，迫害維吾爾人民，引起世界各國關注。東突厥斯坦伊斯蘭共和國與和闐伊斯蘭王國突顯中國新疆地區的特殊性與複雜性，也說明對少數民族血統、宗教、文化、文字、語言保持，中央政府如何妥善處理是爲關鍵。至今新疆獨立運動方興未艾，放眼未來，戰爭與死難未來依舊在此地區長久延續。

第14章

新疆省自治行政區（Xinjiang Autonomous Government）
大衛紅星黃地省旗（1933～1944）

大衛紅星黃地省旗（1933～1942）（照片
來源：https://zh.wikipedia.org/wiki）

大衛黃星紅地省旗（1942～1944）（照片
來源：https://zh.wikipedia.org/wiki）

新疆省自治行政區（（Xinjiang Autonomous Government）的前身是
和闐伊斯蘭王國。1933年4月12日新疆省城迪化（烏魯木齊市）爆發武裝
政變，時任新疆省政府主席金樹仁出逃塔城。4月14日盛世才率部進入迪
化，以劉文龍爲首的臨時省政府推舉盛世才成爲新疆邊防督辦。開啓盛世
才1933年至1944年間主政新疆，史稱「新疆王」。1933年6月至9月國民
政府派員視察新疆，盛世才爲求外援，實行「反帝親蘇」路線，但也保障
新疆爲中國領土。1934年初盛世才藉助蘇聯力量擊敗了新編第八師張培
元及馬仲英。蘇聯支援盛世才目的是要在新疆扶植一個親蘇聯政府的邊陲
政權。

1934年2月20日國民政府設立「新疆建設計畫委員會」。1934年3月
國民政府任命盛世才爲新疆省政府主席。盛世才的新疆，以未宣布獨立
方式，實質獨立：取消懸掛中華民國國民政府青天白日滿地紅旗，改懸掛
盛氏政權的「大衛紅星黃地旗」；該旗延用至1942年，改爲「大衛黃星

紅地旗」。盛世才施政改革以「實行民族平等、保障信教自由、澄清吏治、改良司法、整理財政、農林救濟、擴充教育、推行自治」爲施政八大方針。1934年6月，新疆省政府採親蘇政策，私自與蘇聯簽定「蘇浙貿易公司借款」，國民政府未予承認。盛世才統治新疆期間，殺戮遍地，被稱「盛世才十年督辦，十萬人頭」。當時新疆全省人口400萬，因政治鎮壓造成被殺害的人士達上萬人。盛世才設計大衛紅色六星黃地旗表示其治理新疆實施「六大政策」：反帝國、親蘇聯、倡平等、籲清廉、擁和平、致建設。

　　1936年中共派出第一批幹部到達新疆工作，共產黨員孟一鳴任教育廳長兼新疆大學（Xinjiang University）院長，林基路兼任新疆學院教務長。1936年3月15日盛世才寫信給王明，表達加入共產黨的願望。1937年4月下旬盛世才命教導團在星星峽接應中國工農紅軍西路軍，盛世才和中國共產黨發生了直接的聯繫，並再度要求加入中國共產黨，遭到中國共產黨拒絕。1938年中共分批進入新疆，積極組織修路、護路，確保國際援華抗日物資運輸交通線的暢通。1939年1月1日新疆省銀行改組爲新疆商業銀行，並變爲官商合辦銀行；盛世才任命毛澤民（毛澤東之弟）爲省財政廳廳長、民政廳代理廳長等職，1939年1月毛澤民實施「廢兩改元」，發行新疆省新幣「新疆省銀行券」。

　　1937年11月中共駐共產國際代表王明、康生從蘇聯經新疆回延安，在迪化會見盛世才，盛世才同意八路軍在迪化設立辦事處，並再度向王明提出了加入中共的要求，未獲直接回覆。1938年1月中共中央任命中共中央政治局委員鄧發任中共駐新疆代表，要求黨員在新疆採取「三不」原則：不公開黨員身分、不發展黨的組織、不宣傳共產主義。1941年1月盛世才曾向蘇聯提議成立「突厥斯坦蘇維埃社會主義自治共和國」（The Turkestan Autonomous Soviet Socialist Republic），脫離中華民國政府管制，加入蘇聯。盛世才同時向史達林表達對共產主義的信念，建立共產新疆的願望。他強調研究馬克思主義理論，要求史達林允許他加入共產黨。由於當時中蘇簽有同盟關係，因此遭到約瑟夫·維薩里奧諾維奇·史達林

拒絕。盛世才加入蘇聯之計畫，實爲賣國行爲。1947年3月1日盛世才種種罪行遭到中華民國監察院彈劾，移付懲戒。

1941年12月「新疆王」盛世才欲與國民政府進一步改善關係。6月邀請國府經濟部長翁文灝、第八戰區司令長官朱紹良共同商討新疆「獨子山油礦」問題，雙方達成協議：嚴防蘇聯在各地鼓動事件；由內地抽調軍隊加強防務；在新疆成立國民黨黨部；防止中共在新疆竄擾建立新根據地；派員接收新疆航空委員會，成立西北交通委員會；派員接收外交辦事處。

1942年春蔣中正派青海省政府主席馬步芳去新疆，勸盛世才斷絕與蘇聯和共產黨關係。1942年4月蔣中正在重慶三次會見新疆駐重慶代表張元夫。4月下旬蔣中正表達期望盛世才加入國民黨，並予重用他。1942年6月蘇聯在新疆駐兵脅迫盛世才，企圖控制新疆。1942年7月國民政府軍事委員會參謀總長何應欽擬訂「收復新疆主權方略」，經蔣中正審核後決定實施；國民政府將一面安撫盛世才，一面遏止蘇聯分裂中國的舉動，設法收復新疆。8月國民政府下令委派新疆外交特派員，外交權收歸中央；肅清新疆境內之共產黨；令蘇聯軍離開新疆境內。

1942年8月29日蔣中正委派宋美齡赴迪化安撫盛世才，同行之人尚有毛邦初、朱紹良、梁寒操、董顯光、吳忠信、周昆田、陳萬里、吳澤湘等人。蔣中正任命盛世才爲新疆邊防督辦，同時兼任新疆省政府主席等職務，授意盛世才「肅清新疆共黨」。1942年末新疆航空移交中央，改編爲航空委員會空軍第16總站。1943年1月8日盛世才加入國民黨，兼任國民黨中央監察委員；國民黨正式進入新疆，在新疆迪化（烏魯木齊）成立國民黨新疆省黨支部，盛世才兼任國民黨新疆省黨部主任委員。

1943年加入中國國民黨，並表示「矢志擁護中央，盡忠黨國，絕對服從領袖」。隨後，盛世才取消了六大政策，六角星旗亦換爲國民政府的青天白日旗。但此後因國民政府對新疆用兵，盛世才又開始反轉，準備把國民黨勢力逐出新疆，再次投靠蘇聯。盛世才致電史達林表示願意重新歸順蘇聯，但史達林拒絕了他的要求。

1944年8月29日蔣中正決定把盛世才調離新疆，命令行政院對新疆政

府進行改組，新任吳忠信爲新疆省政府委員兼主席，吳忠信到任之前，派朱紹良暫行兼代；特任盛世才爲農林部部長。8月30日朱紹良自重慶到迪化；9月2日新疆代理省政府主席朱紹良視事。1944年9月11日盛世才在朱紹良的陪同下離開新疆，乘專機飛抵重慶，結束「新疆王」長達十年的統治生涯；新疆省自治行政區政府正式滅亡。

　　盛世才統治新疆期間，鎮壓殺害上萬官民，血債斑斑，仇人千萬，其中包括甚多中國共產黨黨員及中國國民黨員。1940年盛世才製造大清洗，殺害杜重遠、張宏與阿不都大毛拉等許多官員。1941年5月盛世才以「漢奸」「托派」和「陰謀暴動」等罪名逮捕新疆大批高級官員，總數在1200人左右。1943年4月盛世才將被逮捕的共產黨人毛澤民、陳潭秋、林基路、李宗林、馬殊、潘柏南、劉西屛、徐夢秋等人報送給了重慶當局，9月27日在中統人員監督下，盛世才命軍警祕密處死毛澤民、陳潭秋、林基路及陳秀英等中國共產黨員。自此盛世才與中國共產黨結下血海深仇。1944年8月11日盛世才製造逮捕中國國民黨員計畫：新疆省黨部書記長黃如今、建設廳廳長林繼庸、黨部委員童世荃、黨部委員張志智、交通部處長顧耕野等大批中國國民黨員被誣控是中國共產黨員。盛世才遊走於中國國民黨、中國共產黨與蘇聯政府之間，殺人如麻，樹敵千萬；1949年5月17日盛世才岳父邱宗浚中將全家11人在蘭州自宅一夜被人全家滅門，邱家牆上有：「十年冤仇一夜報之」，史稱《邱宅大血案》。最終抓獲案犯劉玉山、陳永春、孫立勛、關子章、王祥仁、劉自力、劉忠賢、童朴庵、尚德榮等人，其中部分竟是盛世才在新疆主政新疆時期的幹部。

　　盛世才個性善變，手段殘暴，猜疑部屬，勾結蘇聯，亦搖擺於國共之間導致新疆政權垮臺。由於盛世才殺害中國共產黨甚多，懼怕中國共產黨報仇，1949年隨同國民政府到達臺灣；受聘爲中華民國總統府國策顧問、國防部高級參謀等閒職。盛世才仇家太多，晚年低調生活，深居簡出。1970年7月13日盛世才因腦血管疾病逝世於臺灣臺北，結束其一生在國共之間搖擺的政治生命。

第15章

中華共和國（The People's Revolutionary Government of the Republic of China）

福建人民政府：紅藍黃星旗（1933～1934）

中華共和國（福建人民政府）：紅藍黃星旗（照片來源：https://www.bing.com）

　　1933年至1934年中華大地同時存在8個政權，即中華民國、蒙古國（蒙古人民共和國）圖瓦自治州－圖瓦蘇維埃社會主義自治共和國、滿洲國、東突厥斯坦伊斯蘭共和國和闐伊斯蘭王國（1933）／和闐伊斯蘭王國（1934）、新疆省自治行政區、中華共和國（福建人民政府）及中華蘇維埃共和國。其中之一就是中華共和國（福建人民政府）。國家領土一年之內群雄割據、兵鋒相交，中國頓時戰國再起。

　　中華共和國（The People's Revolutionary Government of the Republic of China）是中國東南臨海邊疆地區，以「反蔣、反日、聯共」爲目標的獨立政權，1933年11月20日閩變時由陳銘樞、李濟琛等國民黨左派及國民政府第十九路軍在福建省建立的政權，又稱「福建人民政府」。李濟琛爲中華共和國人民革命政府主席，推選李濟琛、陳銘樞、陳友仁、蔣光鼐、蔡廷鍇、方振武、黃琪翔、徐謙、李章達、餘心清、何公敢等11人爲

政府委員，政府體制採用共和制，並宣布最高權力機構爲「農工商學兵代表大會」。

中華共和國首都定於福州市，轄區12萬平方公里領土，人口約有1100萬人。人民革命政府下設3會：軍事委員會、經濟委員會、文化委員會，4部：外交部、內政部、農工部、財政部，1院：最高法院。軍事委員會主席由李濟琛兼任，文化委員會主席由陳銘樞兼任，經濟委員會主席由余心清代理馮玉祥擔任，外交部長由陳友仁兼任，財政部長由蔣光鼐兼任，高等法院院長爲徐謙，李章達任國家保衛局局長，彭澤湘任政府祕書長。

中華共和國執政黨爲新建生產人民黨，發起人包括陳友仁、李章達、蔡廷鍇、胡秋原、李濟琛、陳銘樞、蔣光鼐等27人，並頒布了《生產黨黨綱草案》一共13章87條，黨主席爲陳銘樞。1933年12月12日中華共和國人民革命政府中央委員會第11次會議上，陳銘樞提出劃分福建爲4省、兩個特別市提案，4省初定爲閩海省、閩上省、泉海省、龍漳省。後來12月13日人民政府第12次會議的議決正式劃分閩海省、延建省、興泉省、龍汀省四省及福建、廈門兩特別市。中華共和國亦組建人民革命軍，陸軍共有5個軍，10個師，33個團。1933年12月又新組建1個軍2個師，海軍陸戰隊2個旅、特務團、人民自衛團等武裝，總兵力約7萬人。

1932年1月28日「淞滬戰爭」（一二八事件）爆發，日軍2300人向上海閘北一帶進攻，遭到十九路軍的抵抗。十九路軍蔣光鼐、蔡廷鍇以民族主義爲號召，主張全面抗戰。當時蔣中正、汪精衛以國力尚弱，不宜大戰，提出「安內攘外」政策；國民政府應集中兵力在江西省剿共。3月24日中日雙方在英、美、法、意各國調停之下在上海談判，5月5日在上海英國領事館簽訂了《淞滬停戰協定》。協定主要內容爲日軍返回戰前防區，國軍暫留現駐地，交戰區劃爲非武裝地區。同時蔣中正命令吳鐵城制止民眾抗日，命令軍政部長何應欽將第十九路軍調離上海，駐紮福建，協助剿共。1932年6月「一二八事件」以外交談判解決後，第十九路軍從上海撤離，被調至福建；蔣光鼐兼任福建省政府主席，蔡廷鍇繼任十九路軍

總指揮，十九路軍完全控制福建地區。自十九路軍觀察，認爲被中央調離上海及交付剿共任務，此乃因十九路軍並非蔣中正嫡系部隊，十九路軍調至福建是蔣中正打擊蘇區紅軍、同時削弱十九路軍實力的「一石兩鳥策略」。

初期十九路軍在福建討論反蔣事宜，定下上、中、下「反蔣反日三策」，計畫藉剿共與紅軍作戰，可以占據部分的紅軍根據地，擴大地盤。但是後來十九路軍與彭德懷的部隊交戰失利。蔡廷鍇等將領鑒於中日戰爭已難避免，不願再打內戰，逐與中國共產黨展開和談。蔡廷鍇等將領左傾受到蔣中正嚴厲指責，並震怒十九路軍剿共不利，造成十九路軍將領暗中聯合兩廣反蔣。陳銘樞聯絡桂系、廣東的陳濟棠等，商議另立政府；並祕密聯絡與中華蘇維埃共和國合作。

1933年9月十九路軍派代表陳公培等到「蘇維埃區域」（蘇區）與中國共產黨聯繫共同「反蔣抗日」。10月26日中國共產黨全權代表潘漢年與十九路軍代表徐名鴻在江西瑞金祕密簽訂了《反日反蔣的初步協定》，雙方同意先行停火。11月17日蔣中正得訊後，指派專機專函邀請蔡廷鍇到南昌會談，未料蔡廷鍇扣留專機，公開拒絕面見蔣中正。11月18日陳銘樞、李濟琛、蔡廷鍇、鄧世增及其高級將領在福州召開緊急會議，商討反蔣獨立，並召開「中國人民臨時代表大會」；「成立中華共和國人民革命政府」；廢除中華民國國號，國旗；另組「生產人民黨」等事項；會議決定1933年11月20日爲建國首日。

中國共產黨與十九路軍《反日反蔣的初步協定》內容如下：

中華蘇維埃共和國臨時中央政府及工農紅軍與福建政府及十九路軍，雙方爲挽救中國民族之危亡，反對帝國主義殖民地化中國之陰謀，並實現蘇維埃政府及紅軍每次宣言，準備進行反日的軍事聯盟，因此，訂立初步協定條件如下：

1. 雙方停止軍事行動，暫時劃定軍事疆界線，在該線不得駐紮主力軍隊。同時，十九路軍必須運用各種方式，排除或消滅在福建與蘇區接壤地間，妨礙貫徹該協定之一切障礙勢力。

2. 雙方恢復輸出輸入之商品貿易，並採取互助合作原則。

3. 福建政府及十九路軍釋放在福建各牢獄中的政治犯。

4. 福建省政府及十九路軍贊同福建境內革命的一切組織之活動。各民族抗日反帝團體及革命民眾一切武裝組織允許具有出版、言論、結社、集會、罷工之自由。

5. 初步協定簽訂後，福建省政府及十九路軍即根據協定發表反蔣宣言，並進行反日反蔣軍事行動之準備。

6. 初步協定簽訂後，互派全權代表聯絡，雙方政府負責，保護該代表等人員之一切安全。

7. 雙方人員往來時，由各駐代表簽發互照通行證，雙方負責保護安全。

8. 本協定在福建及十九路軍方面反日反蔣軍事布置未完成前，雙方對應嚴守祕密，協定之公布須得雙方之同意。

9. 在完成上述條件後，雙方應於最短期間，另定反日反蔣具體作戰協定。

10. 雙方貿易關係應依互助互惠之原則另定商業條約。

11. 本協定在雙方全權代表簽訂草約後即發生效力，正式協定共計兩份，經雙方政府軍事機關正式負責人簽名蓋章後，各執一份執照。

中華蘇維埃共和國臨時中央政府及工農紅軍全權代表 潘漢年

福建省政府及十九路軍全權代表 徐名鴻

1932年11月20日閩變正式爆發，當日李濟琛等改年號為「中華共和國」，同時改民國22年（1933年）為中華共和國元年；廢除中華民國國民政府使用之青天白日滿地紅旗，更改國旗為紅藍黃星旗，該旗上紅下藍，中嵌黃色五角星，紅色代表工人、藍色代表農民、黃色代表正大光明、五角星則代表生產人民的大聯合，語言則使用國語、閩語並用。建國當日福州全城萬民歡呼，街道各處牆壁上遍貼「打倒南京賣國政府」、「打倒國民黨」、「實行工農解放」等標語。

對於1933年11月20日十九路軍將領發動抗日反蔣的福建事件，蔣中正派出大軍鎮壓。閩變次日，蔣中正自任「討逆軍」總司令，從圍剿中

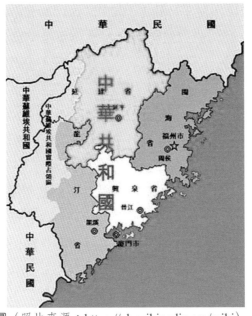

中華共和國疆域地圖（照片來源：https://zh.wikipedia.org/wiki）

華蘇維埃共和國前線抽調九個師入閩，組織軍事鎮壓行動。空軍方面，11月底，國民政府空軍轟炸福建。陸軍方面，12月，蔣鼎文率第2路軍、張治中率第4路軍、衛立煌率第5路軍，共約15萬人，分路襲擊福建。海軍方面，由李文斌率領艦隊由海上封鎖福州、廈門。中華共和國主要軍事力量為人民革命軍。陸軍共有5個軍，10個師，33個團；1933年12月新組建1個軍2個師，並收編了盧興邦的部隊為新二軍；空軍有2個大隊；另外有海軍陸戰隊2個旅、特務團及民團等，總兵力約7萬人。由於中國共產黨與十九路軍信任不夠，雙方另有盤算，中國共產黨左傾派系認為十九路軍將領仍然是軍閥人物，不能合作。閩變後來未取得中共軍隊及其他勢力支持，在實力懸殊下十九路軍被中央軍擊破，部分軍隊則向中央軍投降。只有少量十九路軍軍官到廣西投靠桂系李宗仁，十九路軍番號自此取消。

　　1934年1月13日中華共和國政府首腦人物李濟琛、陳銘樞、蔣光鼐、黃琪翔離開首都福州；1月15日蔡廷鍇率軍隊離開福州；1月16日國民政府隸屬之國民革命軍進入福州；中華共和國滅亡。中華共和國自1933年

11月22日正式成立至1934年1月13日被中華民國國民政府平定，政權歷時53日，該政權存在期間並未受國際普遍承認。自中華蘇維埃共和國臨時中央政府與中華共和國人民革命政府（福建人民革命政府）簽訂之《反日反蔣的初步協定》觀察，中華共和國應被歸納為「反蔣、反日、聯共」為目標的獨立政權。中國共產黨認為中華共和國人民革命政府在政治綱領上抗日、反封建，對停止內戰、團結抗戰有積極正面作用。事實上中華共和國的成立幫助了中華蘇維埃共和國解除了南京國民政府的第五次圍剿，使中共得以持續生存。故國民政府則視中華共和國政權為叛國團體，認為它勾結中國共產黨，消滅抗日力量，該政權的諸多國民黨參與者遭到了開除黨籍的嚴重處分。亦有人評中華共和國的成立是場政治鬧劇。

第十六章

冀東防共自治政府（The East Hebei Autonomous Government）／中華民國臨時政府（The Provisional Government of the Republic of China）

五色旗（1935～1938）

五色旗（照片來源：https://www.bing.com/search?q=+%E4%B8%AD%E8%8F%AF%E6%B0%91%E5%9C%8B%E8%87%A8%E6%99%82%E6%94%BF%E5%BA%9C%E5%9C%8B%E6%97%97）

　　中國境內建立之傀儡政權主要由蘇聯及日本幕後支援，兩國目的除侵略中國，獲取資源外，並將各傀儡政權視爲日蘇未來戰爭緩衝區。冀東防共自治政府（The East Hebei Autonomous Government）是1935年至1938年存在於中國河北省東北部的政權，爲日本在中國10個傀儡政權之一。日本在中國建立的傀儡政權主要目的是擴張領土、掠奪資源，與反共抗俄。由於國民政府反共，在共同利益上，日本首要敵人是蘇聯，次要敵人是中共，國民政府只是第三順位的敵人。冀東防共自治政府保留使用中華民國五色國旗，國歌亦爲《卿雲歌》；企圖爲維持其爲中華民國正統政府形態，有別於1928年中華民國國民政府使用之青天白日滿地紅旗。

151

1933年6月中日政府根據《塘沽協定》（The Tanggu Truce），中國境內全面禁止排外排日；冀東大部分地區則被劃爲「非武裝區」。長城線以南等地區由中國員警機關維持治安，中國軍撤至延慶、昌平、高麗營、順義、通州、香河、寶坻、林亭口、寧河、蘆臺所連之線以西以南地區。簡言之，冀東地區治安表面上由中國員警負責，實際上中國軍隊不得進入，故非武裝區完全由日方控制。1935年日本策劃在華北5省實施「自治」運動，包括河北、察哈爾、綏遠、山東、山西之華北五省脫離中華民國，在關內製造另一個傀儡政權。初期以防共自治爲名，其後轉爲日本掠奪華北五省資源的工具。

1935年11月24日北洋政府中的日本通殷汝耕（日本名井上耕二）在土肥原賢二支持下，成立「冀東防共自治委員會」，定首都通州，其後冀東防共自治政府又遷唐山。殷汝耕以委員長名義發表「自治宣言」，聲稱「爰於1935年11月25日起，徇民眾請求，在通縣組織防共自治委員會，脫離中央，實行防共自治，努力防止赤化。」自本日起，脫離中央，宣布自治，舉聯省之先聲，以謀東洋之和平，並公開聲明反對孫文制定的「聯俄容共」政策。「冀東防共自治政府」反對孫文制定的「聯俄容共」政策，顯見此政府是代表日本，將中國國民黨左派及中國共產黨視爲主要敵人。1935年12月初國民政府指派宋哲元及王揖唐等人在北平設立「冀察政務委員會」（The Hebei-Chahar Political Council）做爲與日本關東軍土肥原賢二等協商之機構。「冀察政務委員會」由宋哲元親任委員長，委員會包括西北軍、東北軍和親日分子三方人馬。1937年8月6日日本占領北平後，該委員會被解散，華北完全淪陷。

「冀東防共自治委員會」以殷汝耕（日本名井上耕二）爲委員長，以池宗墨任祕書長，下設民政、財政、外交等五廳；聘任池宗墨、張慶餘、張硯田、李海天、李允聲、趙雷、王廈才、殷體新爲委員；在第一次委員會會議上，宣布脫離中央，自治管理，並保護日本僑民；並宣布施政綱領和政權組織大綱。其組織大綱中稱：「本委員會根據《塘沽協定》特殊之地區爲範圍，脫離中央政府，完成人民自治，以防止赤化，刷新內政，敦

睦鄰邦，開發富源，盡力確保東亞和平而增進人民福利為目的。……外交、軍事由委員長掌握。」殷汝耕因此總攬軍政大權，並組池宗墨、張海天、趙雷、李允聲、殷體新、王廈才、張慶餘、張硯田等人為「參政」，施行政務。冀東防共自治政府轄區面積為8,200平方公里，人口約6百萬人，其管轄範圍包括通縣、臨榆、撫寧、昌黎、盧龍、遷安、灤縣、樂亭、豐潤等22縣及秦皇島港口和唐山礦區。1936年1月11日日本在中國另一個傀儡政權「滿洲國」外交部次長大橋忠一與「冀東防共自治政府」締結了軍事、外交、交通協定，建立同盟。

冀東防共自治政府由其名稱觀察，日本主要戰略為：

1. 在華北地區利用中國人建立「反共／反蘇政權」，阻擋中國共產黨及蘇聯擴張。
2. 日本掠奪華北地區各項資源，供應本國。
3. 建立軍事基地，尤其是空軍使用之飛機場，為侵略華北及南方中國做準備。

1937年1月25日殷汝耕在廣播電臺發表講演，以《冀東的防共使命》為題，鼓吹要聯合德、義、日進行反共。1937年4月23日至5月29日日本特務機關安排張自忠以「考察日本工業」名義，率團訪問日本36天，受到日本各界熱烈的招待；張自忠回國後與日本共同成立民用航空公司，以航空公司名義開發飛機場及相關設備，這些飛機場日後成為日本空軍飛行基地；導致抗日戰場上中國軍隊，以及重要城市，受日軍空軍瘋狂轟炸，傷亡慘重。1937年東北已淪陷，華北日軍準備南侵，在此國難當頭時刻，張自忠身為中華民國高階將領竟能赴日訪問，接受日本高規格款待。張自忠訪問日本目的為何？張自忠訪問日本是代表自己？還是代表宋哲元？或是代表其他人？其背後的因素撲朔迷離。1940年5月，張自忠在南瓜店戰鬥中壯烈殉國，其成仁原因和此段前史相關，值得進一步探研。1937年12月14日在日本軍方的幕後操縱下，中華民國臨時政府（The Provisional Government of the Republic of China）在北平宣布成立，其政府首腦王克敏充任臨時政府的行政委員會委員長。1938年1月30日至31日王

克敏與池宗墨在北京舉行會議，華北日軍特務機關長喜多誠一少將參加會議，並代表日本軍方操縱主持其事。按照日本主子的意圖雙方簽訂《中華民國臨時政府與冀東防共自治政府的協定》。該協定決定自2月3日起，解散冀東防共自治政府，將其與中華民國臨時政府合併。

　　冀東防共自治政府與中華民國臨時政府雖先後成立為獨立政府，仍保留使用中華民國五色國旗；其象徵意義是五色國旗是建國之初合法的中華民國正統國旗。近代史以「中華民國名義成立之臨時政府」共有3個，分別是1912年1月至1913年10月孫文在南京及順天府成立中華民國臨時政府，1924年11月24日至1926年5月13日間段祺瑞執政中華民國臨時政府，及1937年12月14日至1940年3月30日日本帝國與王克敏在北平成立的中華民國臨時政府；除此以外，其他名義成立之臨時政府亦為數甚多。

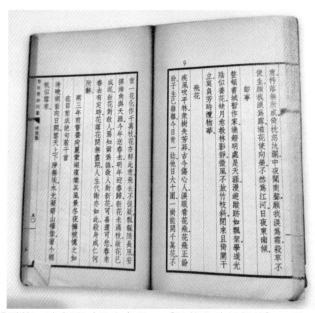

汪精衛所作「飛花」詩全稿（照片來源：《汪精衛詩詞新編》，頁57）

　　1945年抗日戰爭勝利後，冀東防共自治政府前後兩任委員長殷汝耕、池宗墨被國民政府逮捕，以「通謀敵國」罪被判處死刑，並於1947年12月1日在南京老虎橋監獄刑場被執行槍決。臨刑前書寫汪精衛所作

「飛花」詩後段：「春來春去有定時，花開花落無盡期，人生代謝亦如此，殺身成仁何所辭。」以表心志。實際上，冀東防共自治政府是一群投機政客，在亂世中賣國以求生存建立的「日化」傀儡政權以自保，談不上利國福民的政治目標與理想。淪陷區投機政客所作所為固為可恥，另一方面也反應淪陷區人民的悲苦與無奈。

第17章
中華蘇維埃共和國西北聯邦（The Northwestern Federation of the Chinese Soviet Republic）
中華蘇維埃共和國紅旗（1935～1936）

中華蘇維埃共和國紅旗（照片來源：https://zh.wikipedia.org/wiki）

中華蘇維埃共和國西北聯邦（The Northwestern Federation of the Chinese Soviet Republic）興亡時間甚短，其成立含有共產國際，少數民族及中國共產黨內部分裂等複雜的綜合因素；亦為中國共產黨成立後建立之第二政權。中華蘇維埃共和國西北聯邦指成立於1935年5月30日，亦稱「西北蘇維埃聯邦」。1935年5月上旬中國工農紅軍第四方面軍實施了「土門戰役」，突破了四川茂縣「土門封鎖線」，進入茂縣。1935年5月16日張國燾組織高級幹部會議，決定在茂縣組織成立「西北特委」和「西北聯邦政府」；張國燾任西北特區書記和西北聯邦政府主席。西北聯邦數度遷移首都至馬爾康、金川、甘孜等地，政權複雜不穩。

1935年6月毛澤東領導的中央第一方面軍與張國燾領導的第四方面軍在四川懋功會師。當時的第四方面軍有近8萬人，而第一方面軍經過「長征」（國民黨稱流竄）剩下軍隊人數僅近1萬人，西北聯邦軍隊人數遠超

中央紅軍。會師後，張國燾堅決「南下路線」，而中共中央堅持「北上路線」相背，中國共產黨中央產生領導權及路線政策重大分裂。1935年10月5日張國燾在四川馬爾康市另立中共中央，張國燾任中央主席。10月中旬紅軍在綏靖建立了大金川根據地，設立大金省委，合併包括「中華蘇維埃格勒得沙共和國革命政府」（The Revolutionary Government of the Republic of Geledesha）與「中華蘇維埃中央博巴（西藏人之意）自治政府」（Chinese Soviet Central Bodpa Autonomous Government）兩個少數民族政權，在四川茂縣組成「中華蘇維埃共和國西北聯邦」，亦稱西北蘇維埃聯邦；這是中華蘇維埃共和國西北聯邦起源。張國燾的中國共產黨「第二中央」聯邦政府依然延用蘇維埃共和國紅旗。中華蘇維埃格勒得沙共和國革命政府與中華蘇維埃中央博巴自治政府均為共產國際支部。中華蘇維埃共和國西北聯邦政府設有財政經濟部、內務部、軍事部、土地部、糧食部、勞動部、裁判部、教育部、少數民族部、保衛局及條例起草委員會和回民委員會。

　　1935年10月格勒得沙共和國革命政府於在西康省塔城成立，主席是克基。1936年5月5日中華蘇維埃中央博巴自治政府於在西康省甘孜建立，多德任政府主席，兩者均係中國工農紅軍第四方面軍協助成立的藏族政權，是共產國際支部的中國共產黨領導下的一個藏族自治政府；這兩個政權也均隸屬於中華蘇維埃共和國西北聯邦。張國燾建立之中華蘇維埃共和國西北聯邦，號稱「第二中央」聯邦制政府，這個事件造成中國共產黨在長征路上嚴重分裂為「兩個黨中央，兩個政府」，深遠影響第一方面軍與第四方面軍建國前後黨內血腥鬥爭。極為諷刺的是，中國共產黨反對「兩國論」，中共本身在1935年早就實踐了「兩國論」。張國燾成立「第二中央」的理由是「中國共產黨黨變質了」。張國燾控訴中國共產黨清算自己的同志，假意與中國國民黨合作抗日等。後來毛澤東向愛德加·帕克斯·史諾（Edgar Parks Snow）也承認「1935年的長征途中，在草地他與張國燾之間的鬥爭是其一生中最黑暗的時刻」。1936年6月至10月在宋慶齡幫助下，愛德加·帕克斯·史諾實地採訪陝甘革命根據地，記錄中

國共產黨生存所見所聞，撰寫成書，取名《西行漫記》，原名《紅星照耀中國》（*Red Star Over China*），無意中向世界宣傳了中國共產黨的紅軍情況，並喚起全世界意識形態左派團體與政府的支持。自此史諾成為中國共產黨的名人與恩人，1970年10月1日受毛澤東邀請在天安門城樓參加中華人民共和國建國21周年國慶活動。1972年2月15日史諾因胰腺癌病逝於日內瓦，依其遺囑，一部分骨灰葬於北京大學未名湖畔。國共兩黨的眾多外籍顧問與友人在中國近代史發展中穿針引線角色，總是舉足輕重。

延安時期毛澤東與愛德加・帕克斯・史諾（照片來源：潘邦正攝於革命領袖視察黑龍江博物館）

　　1936年6月6日馬步芳、馬步青擊敗張國燾中國工農紅軍西路軍，西路軍2.2萬人幾乎全軍覆滅。經營救回到延安者僅4000餘人。1936年第一方面軍在延安建立並鞏固了根據地之後，共產國際命令張國燾取消其「第二中央」；6月6日張國燾被迫宣布取消「第二中央」，遭到黨內嚴重批判，並被免除紅軍軍權。7月初，紅二軍團和紅六軍團與紅四方面軍在甘孜會師，二、六軍團旋即組成第二方面軍。1936年7月1日以後，紅四方面軍與紅二方面軍陸續北上，靠攏延安，中華蘇維埃格勒得沙共和國革命政府與中華蘇維埃中央博巴自治政府也宣布瓦解，中華蘇維埃共和國西北聯邦正式宣告結束。

　　1937年建立之陝甘寧邊區政府，係為國民政府地方戰時臨時性的行

政區域，但是政權由中國共產黨主導。張國燾到達延安陝甘寧邊區政府，先前與毛澤東矛盾、糾紛再起，張國燾在延安飽受歧視；毛澤東與張聞天擬定展開對張國燾的鬥爭計畫。張國燾在「我的回憶」乙書記載「毛澤東與張聞天第一步將有正義感，持公論的林育英調離延安」。第二步由宣傳部長凱豐召集祕密會議批判張國燾，形成共識。第三步由抗日軍政大學副校長羅瑞卿，政治部主任莫文驊等人指揮鬥爭張國燾各種活動，毛澤東則扮演幕後舵手。1937年9月張國燾代理林伯渠之陝甘寧邊區政府主席職務，逐漸被中國共產黨邊緣化。

　　1938年4月3日陝甘寧邊區政府副主席張國燾以陪祭身分赴西安祭黃帝陵，經由蔣鼎文協助，趁機逃離延安，投奔中國國民黨。周恩來曾在武漢與張國燾最後深談，最終未能改變張國燾意願；4月18日中國共產黨黨中央開除張國燾的黨籍。1948年底張國燾舉家遷到臺北，因未被中國國民黨重用，1949年冬移居香港，等待機會。1968年張國燾再移居加拿大，晚年極為落寞；1979年12月3日在加拿大養老院病逝，葬於多倫多東部士嘉堡松山墓園（Pine Hills Cemetery）。張國燾是中華蘇維埃共和國西北聯邦創立者，雖然晚年政途不暢，他卻是中國共產黨高層人士極少數能夠自然死亡，並立碑國外墓園，受世人憑弔祭祀之人。身為中國共產黨重要領袖之一，而不能安葬國土，這是張國燾的遺憾，還是幸運？張國燾「我的回憶」及楊子烈的回憶錄並未說明他們倆的願望。楊子烈的打油詩確有隱藏含意「往事如煙化作風，浮生若夢萬人同；鬥爭清算看群醜，互助和平談笑中。」客觀而言，汪精衛與張國燾兩位國共兩黨高層領袖分別外逃，其中原因非當前論述所解，除國內政治層面外，若干更客觀的國際視角與貼近民眾的思考，張國燾路線與汪精衛路線都是近代歷史值得再研究的課題。

第18章
蒙古軍政府（Mongolia Military Junta）
四色藍地旗（1936～1937）

蒙疆聯合委員會（The Mengjiang United Committee）
四色七條旗（1937～1939）

蒙疆聯合自治政府（The Mengjiang United Autonomous Government）
四色七條旗（1939～1941）

蒙古軍政府四色藍地旗（1936～1937）
（照片來源：https://zh.wikipedia.org/wiki）

蒙疆聯合委員會四色七條旗（1937～1939）
（照片來源：https://zh.wikipedia.org/wiki）

蒙疆聯合自治政府四色七條旗（1939～1941）（照片來源：https://zh.wikipedia.org/wiki）

「蒙古軍政府」（Mongolia Military Junta）、「蒙疆聯合委員會」（The Mengjiang United Committee）與「蒙疆聯合自治政府」（The Mengjiang United Autonomous Government）是「三合一的日本傀儡政權」，前後改組更名換旗，故合併討論。第一階段，蒙古軍政府（Mongolia Military Junta）前身是「察東特別自治區」，察東特別自治區是1933年至1936年日本在中國察哈爾省東部扶植的政權。1936年至1937年日本扶植成立蒙古軍政府，取代察東特別自治區，兩者前後同為一個邊疆傀儡政權（Puppet Government）；傀儡政府是指形式上為自主獨立政權或政府，但其內政、軍事、外交卻受到日本關東軍指揮、控制的政權。蒙古軍政府後又被併為「蒙疆聯合自治政府」。

1933年3月日軍進攻察哈爾省，東北軍騎兵第十七旅旅長崔興武逃跑，代旅長李守信率部投降日本。李守信被日軍任命為熱河游擊司令，作為「關東軍的謀略部隊」。1933年8月李守信部占領多倫。9月22日設立察東特別自治區，關東軍任命李守信為行政長官。1936年5月12日內蒙古錫林郭勒盟蘇尼特右旗德穆楚克棟魯普在化德縣（德化）成立「蒙古軍政府」，察東特別自治區遂結束。

1936年2月10日德穆楚克棟魯普（成吉思汗30世子孫）會晤關東軍參謀長西尾，宣稱「誓願繼承成吉思汗偉大精神，收復蒙古固有疆土，完成民族復興大業」，展開與日本關東軍合作。4月20日在日本操縱下，第一次蒙古大會議召開，5月1日通過了《蒙古軍政府組織大綱》。5月12日德穆楚克棟魯普在正式成立了「蒙古軍政府」。蒙古軍總司令部司令是德穆楚克棟魯普，副司令是李守信，其下設軍務部、政務部、祕書處，由指揮權操於日本顧問之手。首都定在德化，國旗用四色藍地旗，左上角1/4為紅，黃，白三色直條，旗幟其餘3/4為藍色。藍地代表蒙古民族，左上角的紅、黃、白三豎條分別代表大和民族、漢民族、回族。日本關東軍掌控者為西尾參謀長、西尼蘇特機關長淺海、參謀副長今村均少將、田中參謀、德化機關長田中久、顧問村穀、村谷彥治郎、山內源作等人。1937年傅作義奉命進攻德化，德穆楚克棟魯普（德王）逃回蘇尼特旗的王府，

並再次掛出了察哈爾省境內蒙古各盟旗群地方自治政務委員會，簡稱「察境蒙政會」，該自治政務委員會回歸國民政府行政院，辦理察哈爾省境內的錫林郭勒盟所屬各旗、察哈爾左翼4旗及4牧群的地方自治事務。1937年10月28日蒙古軍政府滅亡。

1937年10月27日在日本扶持下，第二次蒙古大會議在歸綏召開。10月28日大會討論通過了《蒙古聯盟自治政府組織大綱》、《蒙古聯盟自治政府暫行組織法》、《第二次蒙古大會宣言》等，正式成立了「蒙古聯盟自治政府」（The Mongol United Autonomous Government）設在呼和浩特。蒙古聯盟自治政府由雲端旺楚克為政府主席、德穆楚克棟魯普為副主席。「主席為蒙古聯盟自治政府之主權者，遇有事故不能執行職務時，由副主席代行之。」蒙古聯盟自治政府下設政務院，「掌理諸般行政」。政務院下設總務部、財政部、保安部，各部均下設若干處。地方行政機關有5個盟公署，以及2個市公署。1938年8月1日政務院改組，廢除了政務院的總務部、財政部、保安部3部制，改行1廳4部制，即總務廳、民政部、財政部、保安部、畜產部。蒙古軍總司令為李守信。

第二階段，1937年11月22日蒙古聯盟自治政府、察南自治政府、晉北自治政府在張家口簽訂《關於設立蒙疆聯合委員會的協定》，正式成立了「蒙疆聯合委員會」（The Mengjiang United Committee），國旗改用四色七條旗：「七條旗」中心紅色粗條代表大和民族，白細條代表回族、蒙藍中條代表蒙古族、黃粗條代表漢民族。蒙疆聯合委員會下設總務委員會，另設專門委員會有金融、產業、交通等三個。總務委員會是蒙疆聯合委員會的最高權力機關，蒙古聯盟自治政府、察南自治政府、晉北自治政府三個傀儡政權分派委員，比例為蒙古聯盟自治政府3名、察南自治政府2名、晉北自治政府2名，關東軍司令官推薦最高顧問1名、參議1名、各專門委員會的顧問2名。蒙古聯盟自治政府3名委員為卓特巴扎普、金永昌、陶克陶，察南自治政府2名委員為于品卿、杜運宇，晉北自治政府2名委員為夏恭、馬永魁；日人金井章次任蒙疆聯合委員會最高顧問，並代理總務委員長；村谷彥治郎任參議。1938年8月1日蒙疆聯合委員會改組

為總務部、產業部、財政部、保安部、民生部、交通部共六部。「蒙古聯盟自治政府」、「察南自治政府」、「晉北自治政府」本書另章討論。

「蒙疆」之意義即「收復蒙古固有疆土」，專指「蒙古」；但「蒙疆」表面意義很容易被誤解為「蒙古與新疆」。1938年10月德穆楚克棟魯普應邀訪問日本的時候，向日本陸軍大臣板垣征四郎提出了蒙古建國方案，並建議將「蒙疆」改為「蒙古」，以正視聽。日本當時基於戰略考慮，認為蒙古獨立建國，時機還不成熟，未予協助；但是決定任命德穆楚克棟魯普擔任蒙疆聯合委員會總務委員長，掌握大權。1939年8月29日蒙疆聯合委員會結束。上述日蒙互動，顯見日本在中國的戰略規劃有三個重點：

1. 利用中國內部民族問題，分裂中國為數十小邦小國，便於掌控。
2. 利用中國傀儡政權為日俄緩衝區，以拒蘇聯軍事威脅於萬里之外，另亦可借助外部資源，消滅仇敵蘇聯。
3. 採用「以華治華，或以夷治夷策略」，節省人才與人力資源。

第三階段，1939年9月1日蒙古聯盟自治政府、蒙疆聯合委員會合併成立「蒙疆聯合自治政府」（The Mengjiang United Autonomous Government）。「蒙疆聯合自治政府」首都安置在張家口，國旗延用四色七條旗；並改張家口為直屬蒙疆特別市。政府組織為政務院，下設總務、財政、保安、民政、畜產、交通、教育、司法等部。蒙疆聯合自治政府地方下轄巴彥塔拉、察哈爾、錫林郭勒、烏蘭察布、伊克昭等五個盟，察南、晉北兩政廳，和呼和浩特、包頭2特別市。政府亦建立了蒙疆銀行，發行地區貨幣。

1940年中華民國戰時南京汪精衛政府成立後，名義上管轄蒙疆地區，實際上沒有管轄權。1941年8月4日蒙疆聯合自治政府再次改名為「蒙古自治邦」，1945年8月15日日本投降，中華民國抗戰勝利，8月19日蘇聯紅軍發動「蘇日戰爭」（The Soviet-Japanese War），亦稱「八月風暴行動」，趁機入侵內蒙，「蒙古自治邦」因此潰散。

第19章

陝甘寧邊區政府（Shaan-Gan-Ning Border Region），簡稱邊區政府

青天白日滿地紅旗（1937～1950）

陝甘寧邊區政府青天白日滿地紅旗（照片來源：中華民國總統府president.gov.tw）

　　陝甘寧邊區政府（Shaan-Gan-Ning Border Region），簡稱邊區政府，是1937年至1950年間由國民政府及中國共產黨合治管轄陝甘寧邊區的自治地方政府，可謂是國共第二次合作產物；邊區政府名義上由國民政府管轄，實質上由中國共產黨統治的「國中之國」。重要的是陝甘寧邊區政府為中國共產黨由滅亡邊緣轉趨強大的轉折點，也是毛澤東鞏固個人權力制高點，同時也是本土共產黨勢力剷除共產黨國際派的關鍵時期。

　　1934年5月劉志丹任陝甘邊革命軍事委員會主席，指揮紅42師擊潰國軍圍剿；1934年11月劉志丹領導中國共產黨中國工農紅軍將「陝甘邊區革命委員會」改為「陝甘邊區蘇維埃政府」，成立「陝甘邊區農民合作銀行」，發行陝甘邊區農民合作銀行兌換券，簡稱「農民券」；建立當時中國共產黨最穩定的基地。1935年1月「陝甘邊區蘇維埃政府」再改稱「陝北省蘇維埃政府」，政府所在地由華池縣南梁鎮遷到甘泉縣，同時設

定「陝甘省蘇維埃銀行」開始發行「銀幣券」和「銅幣券」。劉志丹、高崗、習仲勳創建的西北根據地成為中國共產黨中國工農紅軍唯一的革命根據地。1935年2月陝北，陝甘等革命根據合併，成為陝甘革命根據地，習仲勳為稱西北根據地領導，並擔任陝甘邊區蘇維埃政府主席。1935年9月21日中共陝甘晉省委在陝北永坪鎮成立，朱理治任省委書記。1935年11月中華蘇維埃共和國中央執行委員會決定在陝甘晉蘇區設立中華蘇維埃中央政府駐西北辦事處，將蘇區劃分為陝北，陝甘等革命根據地及三邊特區、神府特區、關中特區。

朱理治任省委書記期間其中有一特殊案例改變中國共產黨歷史：1935年10月劉志丹、高崗、習仲勳在肅反中被西北革命軍事委員會政治保衛局局長戴季英以「右傾份子」逮捕，最後劉志丹、習仲勳又為毛澤東與朱理治掩護存活，習仲勳並免於活埋劫難。1936年2月劉志丹率紅軍28軍與國民革命軍發生「東征戰役」，劉志丹在羅峪口附近東渡黃河中陣亡。劉志丹之死被疑為毛澤東強占劉志丹革命基地所安排之政治暗殺手段，此段歷史真相有待進一步研究。七十七年後，習仲勳之子習近平（1953年出生）成為中國共產黨中央委員會總書記、中華人民共和國主席、兼中國共產黨中央軍事委員會主席；目前習近平身兼中華人民共和國「黨、政、軍、特」大權於一身，並為世界重要政治人物之一。歷史轉折總是令人意外、驚訝、與震撼。

1935年10月5日張國燾在四川馬爾康市另立中共中央，張國燾任中央主席；史稱中華蘇維埃共和國西北聯邦，亦為「第二中央」。1936年6月6日馬步芳、馬步青擊敗張國燾中國工農紅軍西路軍，張國燾兵敗被迫投奔陝甘寧特區。1937年3月在延安召開的政治局會議，張國燾遭到黨內嚴重批判，並被免除紅軍軍權，改任邊區副主席，這是毛澤東掌握陝甘寧邊區政府領導地位之始。

1936年12月西安事件後，國共進行第二次合作。1937年2月10日中共中央致電中國國民黨五屆三中全會，提出了五項要求：停止一切內戰，一致對外；釋放一切政治犯；召集各黨派各界各軍代表會議；完成抗戰之準

備工作；改善人民生活。並爲促成「抗日民族統一戰線」，作出了四項保證：

1. 三民主義爲中國今日之必需，本黨願爲其徹底實現而奮鬥。
2. 取消一切推翻國民黨政權的暴動政策及赤化運動，停止沒收地主土地的政策。
3. 取消現在的蘇維埃政府。
4. 取消紅軍名義及番號，改編爲國民革命軍，受國民政府軍事委員會之統轄。

　　9月23日蔣中正發表《對中國共產黨宣言的談話》，盼中國共產黨眞誠一致，爲禦侮救亡而努力，承認中國共產黨合法。

　　1937年2月24日林伯渠奉命負責陝甘寧邊區政府工作，1937年5月1日中共陝甘寧特區委員會成立，同日召開了特區委員會第一次委員會；7月15日中國共產黨成立「陝甘寧邊區政府」，9月中華蘇維埃共和國西北辦事處改組爲國民政府領下轄「邊區政府」，林伯渠正式出任陝甘寧邊區主席。陝甘寧邊區政府名義上奉用青天白日滿地紅旗，無自定國旗，政府駐地原在延安，1949年移至西安。邊區政府名稱始於中華蘇維埃人民共和國中央政府西北辦事處的名稱，1937年9月邊區政府成立西北辦事處的機構設置。陝甘寧邊區政府有內務部、財政部、國民經濟部、教育部和祕書處、農工廳、審計處等。主席是林伯渠，副主席張國燾，形式上接受國民政府指揮；實際上由中國共產黨中央委員會組織部直接領導。陝甘寧邊區政府屬地方自治政府性質，但在抗日戰爭期間，中央遙遠，無力他顧，此政府無疑是個戰時小王國。

　　陝甘寧邊區政府特色之一是有「陝甘寧邊區銀行」（Shaan-Gan-Nin Bank），該銀行基礎是1937年10月1日中華蘇維埃共和國西北分行改組成立，行設在延安，另有3個分總行及辦事處。陝甘寧邊區銀行最高決策機關爲邊區政府銀行委員會，1943年後改由中央西北財經辦事處領導，1943年5月由陝甘寧邊區政府財政廳領導。1937年首任行長爲曹菊如，1941年3月中央政治局會議提名朱理治任陝甘寧邊區銀行行長，1943年1

月至1947年11月則改任黃亞光爲行長。1940年11月19日中華民國國民政府停發八路軍和新四軍軍餉，蘇聯及其他國際財政援助均由陝甘寧邊區銀行進出收支，是中國共產黨財政收支重要機構。陝甘寧邊區銀行自行發行貨幣，前後包括光華商店代價券、銀行幣（簡稱邊幣）、貿易公司商業流通券。1941年後陝甘寧邊區政府禁止法幣在邊區內流通，使邊幣成爲邊區唯一的法定貨幣。1954年首任行長曹菊如擔任中華人民共和國「中國人民銀行」（People's Bank of China）行長兼黨組書記；朱理治是習仲勳救命恩人，曾任中華人民共和國交通部副部長，可見曹菊如、朱理治兩人的重要。陝甘寧邊區政府除設立銀行，發行貨幣外，早期也販賣「仇貨」（敵國商品）及偷運鴉片，增加財源，維持政府生存。

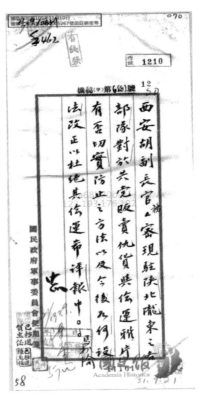

蔣中正命令胡宗南查輯陝北隴東販賣「仇貨」（敵國商品）及偷運鴉片諭令（照片來源：中華民國國史館）

陝甘寧邊區政府的出現是近代史的關鍵點，中國共產黨利用這段期間重整殘餘力量、發動內部清算、徹底改變組織結構，建立以毛澤東為核心的黨中央領導，繼而利用抗日戰爭，戰略占領敵後國土，並運用蔣中正外交失誤爭取國際支持。這些組織、外交與軍事的轉折，造成了戰後中國國民黨與中國共產黨實力消長，影響了二十世紀後期國共命運及世界格局。

眾所周知，中國共產黨是1921年由蘇聯共產黨資金援助下成立，是第三國際的分支機構，無獨立自主權利，完全受第三國際派指導員指揮中國共產黨「黨務、情報與軍隊」。因此在陝甘寧邊區政府時期，以毛澤東為首的「擁毛派」幹部與共產國際派來的「留俄派」幹部產生權力鬥爭。1942年2月1日毛澤東利用劉少奇、康生、鄧發等人發動一場延安奪權運動，也稱「延安整風運動」，所謂的「整風」是指「整頓三風」，包括「反對主觀主義以整頓學風，反對宗派主義以整頓黨風，反對黨八股以整頓文風」。「延安整風運動」持續三年時間，方式是各機關的組成學習小組，學習中央指定的22個檔，包括列寧、史達林、毛澤東的著作，其中毛澤東的著作佔有6篇最多；「延安整風運動」針對高級幹部批判鬥爭，重組以毛澤東為權力核心團隊。「延安整風運動」造成諸多大量黨官，知識分子受到嚴重迫害，造成超過一萬人死亡。毛澤東的主要目的是：

1. 清算剷除以陳紹禹（王明）、秦邦憲（博古）為首的28個半布爾什維克第三國際勢力，以及劉志丹為主的延安本土勢力，確立了毛澤東在黨內的領導地位。

2. 確立毛澤東在中國共產黨黨內的絕對領導地位，並使毛澤東思想成為中國共產黨未來發展的指導思想。

1935年8月1日中國共產黨自莫斯科發出「八一宣言」（August 1 Declaration），主張建立「抗日民族統一戰線」，呼籲「無論各軍隊間過去和現在有任何敵對行動，都應『兄弟鬩於牆外禦其侮』的真誠覺悟，停止內戰，集中一切人力、物力、財力、武力等去抗日救國」。1937年第二次國共合作，擴大共同抗日群眾；又以「人民民主統一戰線」聯合小黨，對抗中國國民黨；同時對反共人士進行攏絡、分化與鬥爭，達成對日

「既抗日又和日」，對中國國民黨「既聯合又鬥爭」模糊政策。周恩來成立的中共中央特別任務委員會下設之中國共產黨中央特別行動科，以拉進打入在國民政府控制區及日本人佔領區收集情報、暗殺、滲透及對日談判等活動，收效甚大。中國共產黨中央特別行動科對抗日戰爭後之國共內戰，也是中國共產黨勝利建國重要關鍵之一。

1941年7月延安第一所綜合性大學延安大學成立，合併澤東青年幹校、中國女子大學、陝北公學三校，吳玉章爲首任校長。1943年3月16日延安大學再合併魯迅藝術學院、延安自然科學院、民族學院、新文學幹部學校，校訓爲「立身爲公，學以致用」。延安大學吸引許有抗日愛國理想的年輕人前往延安，延安大學培育之人才奠定中國共產黨文宣、婦運、法政、建築、管理等各種基礎。1949年10月1日中華人民共和國建立後，解放軍在西北解放區迅速擴大，中國共產黨設置晉南行政區、晉西北行政區，5月設置陝北行政區。1950年1月中國共產黨設置陝西省人民政府在西安市，1月19日陝甘寧政府撤銷。

陝甘寧邊區政府之出現顯示下列幾項重要涵義及影響：

1. 中國國民黨再次被迫「聯蘇聯共」；1937年8月21日中蘇簽署《中蘇互不侵犯條約》；蘇聯開始對中華民國軍支援重型武器及貸款2.5億美元。蘇聯空軍志願飛行員來華協助作戰，200多人在華犧牲；中華民國與蘇聯空軍飛行員1937年至1941年共擊毀日機千餘架。

2. 中華民國國民政府被迫向日本提前軍事行動，七七蘆溝橋抗戰（The Marco Polo Bridge Incident）與陝甘寧邊區政府幾乎是同時發生。

   7月17日蔣中正正式對日宣戰，在盧山大禮堂召集會議，發表「蘆溝橋事變」爲最後關頭，中國當堅持最低限度立場。7月31日蔣中正發布「告抗戰全軍將士書」，「和平既然絕望，只有抗戰到底」，無論何人皆有守土抗戰之責任，皆應抱定犧牲一切之決心。

3. 陝甘寧邊區政府組成，暫時終止國共內戰；讓中國共產黨得以喘息，持續生存；並在抗日戰爭以「七分發展，二分應付，一分抗日」政策，利用抗戰8年時間，再度壯大。

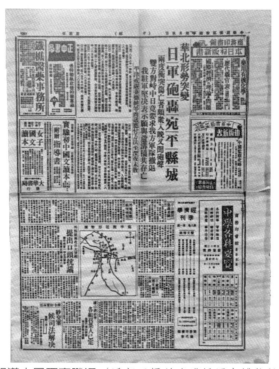

七七事件後申報報導中日軍事戰況（潘邦正攝於盧溝橋歷史博物館）

　　值得一提，1937年7月17日蔣中正廬山發表對日宣戰是口頭表達抗日意志，中華民國「正式對德國、義大利和日本宣戰」，是由國民政府主席林森在1941年12月9日發表《中華民國政府對日宣戰布告》（Chinese Declaration of War against Japan）。全文如下：

　　日本軍閥夙以征服亞洲，並獨霸太平洋為其國策。數年以來，中國不顧一切犧牲，繼續抗戰，其目的不僅所以保衛中國之獨立生存，實欲打破日本之侵略野心，維護國際公法、正義及人類福利與世界和平，此中國政府屢經聲明者。

　　中國為酷愛和平之民族，過去四年餘之神聖抗戰，原期侵略者之日本於遭受實際之懲創後，終能反省。在此時期，各友邦亦極端忍耐，冀其悔禍，俾全太平洋之和平，得以維持。不料殘暴成性

之日本，執迷不悟，且更悍然向我英、美諸友邦開釁，擴大其戰爭侵略行動，甘爲破壞全人類和平與正義之戎首，逞其侵略無厭之野心。舉凡尊重信義之國家，咸屬忍無可忍。茲特「正式對日宣戰」，昭告中外，所有一切條約、協定、合同，有涉及中、日間之關係者，一律廢止，特此布告。

中華民國三十年十二月九日

主席　林森

　　歷史文件證實，中華民國早期抗日，軍事實力確有不足之考慮，故政府遲遲沒有對日正式宣戰。直至珍珠港事件（The Attack on Pearl Harbor）發生，美國對日參戰後，同時增加對華援助，中華民國官方方對日本正式宣戰。正確的說，林森在1941年12月9日發表《中華民國政府對日本宣戰布告》證明中華民國抗日戰爭分爲三個階段：

1. 中華民國全民抗日14年（自1931年9月18日九一八事件起）。
2. 中華民國軍事抗日8年（自1937年7月7日蘆溝橋事件起）。
3. 中華民國政治外交抗日4年（自1941年12月9日《中華民國政府對日本宣戰布告》起）。

　　簡言之，國共合作抗日促使陝甘寧邊區政府出現，導致第二次世界大戰亞洲戰場發生重要轉折點：蘇聯藉用國共雙方軍隊，分別內外牽制日本，並得以將遠東區軍事將領喬治・康斯坦丁諾維奇・朱可夫將軍（Georgy Konstantinovich Zhukov）及40萬軍隊調回莫斯科協防，並穩住列寧格勒之役（The Siege of Leningrad）及莫斯科保衛戰（The Battle of Moscow），拯救蘇聯，免於亡國。陝甘寧邊區政府建立同時也造成中國國民黨與中國共產黨長期內戰，演變雙方外交、政治、情報、宣傳、軍力、人口、疆域等轉變重要分水嶺。中國共產黨在第二次世界大戰（World War II）之後，以三至四年時間擊敗中國國民黨，在中國大陸建立「中華人民共和國」新的政權。

第20章

察南自治政府（The South Chahar Autonomous Government）

四色黃地旗（1937～1939）

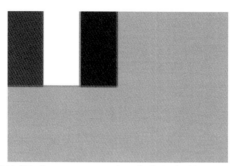

察南自治政府四色黃地旗（1937～1939）（照片來源：https://zh.wikipedia.org/wiki）

　　察南自治政府（The South Chahar Autonomous Government）前身是中華民國國民政府（The National Government of the Republic of China）一部分，後身爲蒙疆聯合自治政府（Mengjiang United Autonomous Government）。察南自治政府是1937年至1939年間日本在佔領中國察哈爾省南部後，扶植的邊疆傀儡政府之一，該政府以反共爲目標，訂施政綱領爲「日察如一，剷除共黨，民族協和，民生向上」。1935年11月間，因國民黨中央決定「察綏分治」，內劄薩克蒙古錫林郭勒盟蘇尼特右旗人士德穆楚克棟魯普於1936年1月公開投日，自任「蒙古軍」總司令。

　　1937年7月日本全面侵華戰爭爆發，1937年8月21日～26日張家口發生戰鬥，交戰雙方爲守軍爲國民革命軍第68軍軍長（原143師）劉汝明與東條英機所轄關東軍察哈爾派遣兵團，也稱蒙疆兵團，後笠原幸雄少將接任察哈爾兵團司令官。察哈爾派遣兵團駐地原爲多倫，後遷至張北。1937年8月27日關東軍與蒙古軍合力攻佔察哈爾省張家口。1937年9月4日

在治安維持會的基礎上，日本操縱成立了察南自治政府，以張家口作爲首府，旗用四色黃地旗，左上角1/4爲紅，白，藍三色直條，旗幟其餘3/4爲黃色；黃地代表漢民族，左上角的紅、白、藍三豎條分別代表大和民族、回族及蒙古民族。察南自治政府下轄察哈爾省南部宣化等10個縣，所轄人口大約200萬。

1937年8月日本侵華戰爭爆發後，8月21日至26日中日兩軍在張家口大戰，中國軍隊指揮官爲第7集團軍143師劉汝明，日本關東軍察哈爾派遣兵團指揮官由關東軍參謀長東條英機中將擔任；東條英機是第二次世界大戰軸心國（The Axis Powers）的重要軍事領袖之一，亦是日本軍國主義（Militarism）的代表人物。軍國主義主張「以軍治國」，軍事力量爲國家政權的核心，一切政治的勢力，都需依附在軍事統領之下。日軍駐地原在多倫，後遷至張北，8月26日軍佔領張家口及察哈爾南部10縣，國軍向察哈爾南部洋河右岸撤退。8月27日冀州商人于品卿被日軍招聘，任命爲察哈爾治安維持會委員；9月4日察南自治政府組成，設政務委員若干人，由政務委員在其中推舉二人爲最高委員，擔任行政首腦，後選於品卿，杜運宇兩人任最高委員。下設總務處、民生廳、財政廳、保安廳、民政廳。各處設處長，各廳設廳長。

日本人在察南自治政府的各級官署均派顧問，最高顧問爲竹內元平，總攬行政大權。杜運宇畢業於早稻田大學，其妻子是日本人，杜運宇曾任劉汝明主政察哈爾省時財政廳祕書。察南自治政府受日軍在張家口的特務機關長日本吉岡安直指揮控制，最高顧問爲竹內元平。吉岡安直曾經擔任滿洲國皇帝溥儀的帝室御用掛。

1937年12月關東軍與北支那方面軍計畫成立「駐蒙兵團」，直屬於日本陸軍大本營，兵力約2萬人，管轄內蒙古、察南及晉北地方。1938年1月4日察哈爾派遣兵團改編成「駐蒙兵團」；1938年7月4日「駐蒙兵團」再度改編爲「駐蒙軍」，兵力約2.5萬人。1939年9月1日日本「駐蒙軍」將察南自治政府、晉北自治政府、蒙古聯盟自治政府合併爲「蒙疆聯合自治政府」。

1945年日本投降後蒙疆聯合自治政府瓦解。8月25日於品卿在張家口被國民革命軍第八路軍逮捕。1945年12月23日晉察冀邊區特別法庭在張家口市召開公審大會，判處於品卿死刑。12月24日上午於品卿在漢卿橋下被執行死刑。1945年杜運宇被國民政府逮捕，1960年死於獄中。傀儡政府是受人指使，毫無自主權力及政治目標的政府，既談不上民主理想，更談不上民族大義；傀儡政府及其領袖下場總是悲劇落幕。

　　1937年至1939年察南自治政府建立期間，中國全境疆域已成爲日本及蘇聯瓜分的殖民地；中國境內政府已是名符其實的日本與蘇聯代理政府。日本在全中國培植的傀儡政府前後計有9個，分別爲滿洲國、冀東防共自治政府、察南自治政府、晉北自治政府、蒙古聯盟自治政府、中華民國臨時政府、上海市大道政府、中華民國維新政府、蒙疆聯合自治政府—蒙古自治邦。蘇聯在全中國培植的傀儡政府前後計有東突厥斯坦伊斯蘭共和國／和闐伊斯蘭王國、新疆省自治行政區、中華蘇維埃共和國、中華蘇維埃共和國西北聯邦、陝甘寧邊區政府、蒙古軍政府。此外還有中華民國國民政府及中華共和國兩政權，當時中國內憂外患，戰火年年，眞是全民苦難的「新戰國時代」。

第21章

晉北自治政府（The North Shanxi Autonomous Government）

四色黃地旗（1937～1939）

晉北自治政府四色黃地旗（1937～1939）（照片來源：https://zh.wikipedia.org/wiki）

　　晉北自治政府（The North Shanxi Autonomous Government）是1937年至1939年間日本在佔領中國山西省北部後，扶植以反共爲目標的邊疆傀儡政府之一。1937年9月13日日軍占領山西省大同市，9月20日山西舉人夏恭被日軍利用，在大同組織成立親日地方政權「晉北治安維持會」，10月1日關東軍制訂了《蒙疆方面政治工作指導要綱》，決定在山西省大同組織治安維持會，代行該地方內政，建立統轄長城以北地區。日本初畫以察南自治政府及該地區的特殊性爲基準，這就晉北自治政府建立的起始。

　　1937年10月15日日軍發表晉北自治政府聲明書，宣布成立「晉北自治政府」最高委員爲夏恭，委員有馬永魁、遲偉庭、文畫君等人，日本人前島升出任最高顧問，控制政府。晉北自治政府的施政綱領爲「感謝皇軍，剷除紅匪，發揚道義，建築樂土」，明顯展示其親日反共之政治立

場。根據《晉北自治政府組織法》，「晉北自治政府由最高委員、最高顧問合議後執行政務」。晉北自治政府以大同作爲首府，管轄雁北大同、懷仁、等應縣13縣，轄區人口150萬。語言除漢語外，提倡日文教育，國旗效用「察南自治政府」，爲四色黃地旗，黃地代表漢民族，左上角的紅、白、藍三豎條分別代表大和民族、回族及蒙古民族；顯示其性質與察南自治政府同屬一類。晉北自治政府成立後，推行「戶口編閭制度」，在晉北13個縣清查人口、調查抗日份子及知識份子；並監督管理大商業，如綢緞商、棉布商、糧食等，實行商業管理制度。晉北自治政府是一個過渡政府，夏恭，馬永魁、遲偉庭等人也並非民國重要人物，他們的影響力甚小，這個政府很快就被合併消失在歷史洪流中。

1937年11月22日蒙古聯盟自治政府、察南自治政府、晉北自治政府聯合簽訂《關於設立蒙疆聯合委員會的協定》，《協定》說明「蒙古聯盟自治政府、察南自治政府、晉北自治政府認爲在蒙疆方面利害休戚相同，有必要對相互關聯的重要事項進行協議統制，決定設立「蒙疆聯合委員會」。蒙疆聯合委員會下設總務委員會和金融委員會、產業委員會、交通委員會。總務委員會是蒙疆聯合委員會的最高權力機關，3個傀儡政權所派委員比例爲蒙古聯盟自治政府3名、察南自治政府2名、晉北自治政府2名，關東軍司令官推薦最高顧問1名、參議1名、各委員會顧問2名。蒙疆聯合委員會管理平綏鐵路、郵政電信，察南銀行，並統一貨幣；蒙疆聯合委員會決議必須經過最高顧問以及各顧問的合議。1938年8月1日蒙疆聯合委員會將各專門委員會改爲總務部、產業部、財政部、保安部、民生部、交通部等六部。

1939年9月1日「三府合一」制度開始執行，蒙古聯盟自治政府代表卓特巴紮普（卓王），察南自治政府最高委員於品卿與晉北自治政府最高委員夏恭舉行會議，決定合併「三個政府」，成立「蒙疆聯合自治政府」（The Mengjiang United Autonomous Government），首都遷至張家口，國旗延用四色七條旗；並改張家口爲直屬蒙疆特別市。德穆楚克棟魯普任「蒙疆聯合自治政府」主席，於品卿，夏恭，李守信爲副主席。政務院下

設總務、財政、保安、民政、畜產、交通、教育、司法等部。蒙疆聯合自治政府地方下轄巴彥塔拉、察哈爾、錫林郭勒、烏蘭察布、伊克昭等五個盟，察南、晉北兩政廳，和呼和浩特、包頭兩個特別市。政府亦建立了「蒙疆銀行」（The Mengjiang Bank），發行地區貨幣。東京大學醫學部畢業金井章次擔任蒙古聯盟自治政府最高顧問兼代理總務委員長，最具實權。1941年11月27日金井章次因與德穆楚克棟魯普（德王）不和，又未受到日本政府支持，憤慨辭職，由日本外交官大橋忠一接任最高顧問。

　　日本侵華期間建立之各式傀儡政府，並設立銀行、發行貨幣。抗日戰爭末期，日本人藉發行紙幣之權力大量購買各種物資，造成各地嚴重通貨膨脹。抗日戰爭結束後，國民政府以低於一比一的比例進行回收（蒙疆銀行幣一元兌換法幣四角）。由於收兌時間僅三個月，導致偏遠地區人民不知收兌消息，所以民間流通的大量蒙疆銀行幣成了廢紙。這些民怨都無形轉嫁到國民政府身上，這也是國民政府失去民心、丟失大陸的主要原因之一。臺灣戰後自日本人手中接收，亦有同樣情況發生，新臺幣與舊臺幣兌換為1：40,000，人民財產大量縮水，欲哭無淚。1939年9月，晉北自治政府併入蒙疆聯合自治政府「晉北政廳」。

第22章
蒙古聯盟自治政府（The Mongol United Autonomous Government）
四色藍地旗（1937～1939）

蒙古聯盟自治政府四色藍地旗（1937～1939）（照片來源：https://zh.wikipedia.org/wiki）

「泛蒙古主義」（Pan-Mongolism）與「泛伊斯蘭主義」（Pan-Islamism）是中國邊疆長期以來民族與民族間衝突的主要問題。清末漢人以「驅逐韃虜，恢復中華」之大漢主義（Han Chinese Chauvinism）旗幟點燃推翻滿清的烽火，最終完成大漢民族再次復興；民族主義旗幟毫無疑問推動民心之相背，並爲新天新國奠定永固之基石。民國成立後，北洋政府與國民政府忙於政爭與黨爭，無力經營邊陲，民族主義旗幟便再度被邊疆民族使用，做爲建立獨立政權的政治理論。

蒙古聯盟自治政府（The Mongol United Autonomous Government）是1937年至1939年間日本在內蒙古扶植的邊疆傀儡政府之一。蒙古聯盟自治政府其前身是蒙古軍政府，1939年9月1日後合併爲蒙古聯盟自治政府。國旗同於蒙古軍政府，用四色藍地旗，左上角1/4爲紅，黃，白三色

直條，旗幟其餘3/4為藍色。藍地代表蒙古民族，左上角的紅、黃、白三豎條分別代表大和民族、漢民族、回族。

德穆楚克棟魯普是錫林郭勒盟蘇尼特右旗，他主張「泛蒙古主義」（Pan-Mongolism），意指蒙古民族主義者的一種主張。起源於一戰前後沙俄支援下的「外蒙古獨立」運動，由沙俄將領羅曼‧費奧多羅維奇‧馮‧恩琴提出的一種以歐洲移民蒙古土地聯合為一個「蒙古國」的構想。

1937年10月17日日軍攻佔包頭，27日各族代表在歸綏召開第二次蒙古大會，28日大會討論通過了《蒙古聯盟自治政府組織大綱》、《蒙古聯盟自治政府暫行組織法》、《第二次蒙古大會宣言》等，正式成立了「蒙古聯盟自治政府」。政府設在呼和浩特市（歸綏），設主席、副主席，選舉烏蘭察布盟喀爾喀右翼旗雲端旺楚克為政府主席、錫林郭勒盟蘇尼特右旗德穆楚克棟魯普為副主席。1938年3月政府主席雲端旺楚克病逝。1938年7月德穆楚克棟魯普接任政府主席，李守信擔任政府副主席。李守信為蒙古族，熱河卓索圖盟土默特右旗人，原為東北軍騎兵第17旅的團長。1933年2月李守信率部投降日本，9月日本軍設立察東特別自治區，任命李守信為行政長官。1937年10月李守信在日軍的扶持下，升任蒙古軍總司令；1939年9月蒙疆聯合自治政府成立，他續任蒙古軍總司令，掌握軍權。

蒙古聯盟自治政府下設政務院，「掌理諸般行政」，政務院實行政務院長負責制。政務院下設總務部、財政部、保安部，各部均下設若干處。總務部下設總務處、法制處、建設處、內務處、教育處、外交處；財政部下設會計處、稅務處；保安部下設警務處、司法處。蒙疆聯合自治政府下轄巴彥塔拉、察哈爾、錫林郭勒、烏蘭察布、伊克昭等五個盟，察南、晉北兩政廳，和呼和浩特（歸綏恢復了蒙古舊稱）、包頭兩個特別市；1939年增設張家口特別市，部分文獻則稱同時將呼和浩特、包頭降為盟轄市。1943年1月1日察南政廳改為宣化省，晉北政廳改為大同省。另設有日本人組成的顧問部，實際掌控軍政大權。日本最高顧問是畢業於東京帝國大學醫學部的金井章次。1941年11月27日金井辭職，由大橋忠一接

任最高顧問。

　　概述之，蒙古聯盟自治政府是「泛蒙古主義」的產物，也就是說蒙古人藉日本侵華的機會，以民族主義為號召，建立獨立政權，並以合併合作方式，兼任日本在華政治工具。1939年9月1日蒙古聯盟自治政府代表卓特巴紮普（卓王），察南自治政府最高委員於品卿與晉北自治政府最高委員夏恭舉行會議，決定合併成立「蒙疆聯合自治政府」，首都遷至張家口，德穆楚克棟魯普任主席，於品卿，夏恭，李守信為副主席。第二次世界大戰後，日本戰敗，無條件投降，蒙古聯盟自治政府瓦解。

　　1945年戰後，德王和李守信企圖東山再起，大力推動「蒙古自治運動」，1947年12月李守信全軍被中共全殲於開魯，兩人逃入蒙古人民共和國。由於當時蒙古國處於蘇聯的控制下，中華人民共和國為打壓蒙古民族主義、蘇聯為建立戰略緩衝區，蘇共與中共雙方有共同利益，內外蒙問題於是達成協議。德王作為蒙古聯盟自治政府主席，成為首要戰犯，後被政府引渡，逮捕關押，並進行勞動改造。1950年德王被轉囚於張家口，1963年被中華人民共和國政府特赦，並被聘為內蒙古自治區文史研究館館員。1950年9月李守信亦被從蒙古引渡歸國受審，以偽蒙古聯盟自治政府戰犯入獄。1964年李守信獲特赦釋放，亦獲聘為內蒙古自治區文史館館員。

第23章
上海市大道政府（The Dadao Government）
太極黃地旗（1937～1938）

上海市大道政府太極黃地旗（照片來源：https://zh.wikipedia.org/wiki）

目前上海市人口約2,400萬人，面積約6,340平方公里，是中國經濟與金融發展的心臟，也是影響全國政治發展的核心城市之一。自古以來，上海市為兵家、商家、政客、文人、外企、外辦必爭之地。近代史上，中日在上海發生1932年及1937年兩次淞滬戰爭（The Battle of Shanghai），戰況慘烈，即可顯現上海之重要性。

上海市大道政府（The Dadao Government）不是一個市政府，而是國家體制，且為中華民國維新政府部分前身，它只是一個短期過渡政府組織，並非國家；上海市大道政府是日本侵華扶植的傀儡政府之一，由日本特務西村班負責設置，管制人口範圍以上海市市民為主，任務就是在中國第一大都市幫助日本組織侵華勢力，同時清除中國共產黨和中國國民黨在上海的各種地下組織。

上海是中國最大城市，也是經濟、金融、外貿、航運、旅遊、文化中心，各國官商匯集之地。上海由於海陸空交通便利，亦為各國情報、商業、政治資訊交換要地；白日車水馬龍，人山人海；夜間萬紫千紅，歌

舞昇平。日本企圖在上海建立基地，推動「大東亞新秩序」，欲取代歐美列強在亞洲殖民之統治，目的是徵集大量資源、資材、勞動力，準備進行長期戰爭。日本樹立「日、滿、中三國相互提攜，建立政治、經濟、文化等方面互助連環的關係」，以大日本帝國、聯同滿洲國及中華民國三地接合，成為一個經濟聯合體特區，利用東南亞資源及南太平洋成為其軍事防線，成就其侵略野心。

　　抗日戰爭期間各類政權如雨後春筍，紛紛成立，令人眼花瞭亂。其中以中華民國為國號的政府或國家前後就有4個：除遷移陪都重慶的中華民國國民政府外，尚有中華民國臨時政府（華北政務委員會），中華民國維新政府，中華民國戰時傀儡政府（汪精衛政權）；另立國名政權者更有中華蘇維埃共和國、蒙古軍政府、中華蘇維埃共和國西北聯邦、陝甘寧邊區政府（簡稱邊區政府）、滿洲國（大滿洲帝國）、察南自治政府、晉北自治政府、上海市大道政府、蒙疆聯合自治政府－蒙古自治邦、新疆省自治行政區等。每一政權背後各有帝國暗中支持，時合時分，時聯時鬥；這段期間中國內有政黨派系傾軋，外有群體帝國蠶食，烽火連天，民不聊生，可謂是中國歷史上最悲慘，最複雜的「新戰國時代」。

　　1937年七七事件後，中國抗日戰爭全面爆發。隨著日本軍逼近首都南京，國民政府將重要機關，設施向西南遷移。該年11月17日國民政府遷至武漢，11月21日再遷至重慶辦公；因此南京至上海形成真空。1937年12月5日日本扶植上海市大道政府在上海浦東東昌路張家花園後王銀全宅院成立。上海市大道政府市長為早稻田大學畢業之蘇錫文，蘇錫文受日本文化思想影響至深，亦願為「大東亞新秩序」效力。蘇錫文早期曾經在孫文大元帥府擔任財政署長兼民政司長等職務，蘇錫文因與傅筱庵爭奪上海市大道政府市長之職位，故任市長職位時間很短，是謂一個過渡人物。上海市大道政府公署設在浦城路51弄3號；下轄浦東區、南市區、吳淞區、滬西區、閘北區、中心區、北橋區、嘉定區、寶山區、奉賢區、南匯區、川沙區和崇明區。同時中日成立日華大道協會發展組織。上海市大道政府使用太極黃地旗，旗中央為紅綠太極圖，四圍為黃地，太極是承自中國最

爲古老的文獻《周易》。太極黃地旗其象徵不出中國傳統。

自1845年英國與清朝簽訂《上海租界章程規定》（Land Regulations and Bye-Laws for the Foreign Settlement of Shanghai），取得第一塊租界，至1902年奧匈帝國設立天津租界，曾出現過25個專管租界和2個公共租界。後經合併，至清末，中國共有22個專管租界和2個公共租界。英國、法國、美國在上海都有租界。所謂租界，是指十九世紀中期至二十世紀中期歐美帝國在東亞國家租用的貿易通商口岸，主權是由外國人直接管理，並主由外國領事或由僑民組織的行政機構來行使國家權力，建立海外基地，打開和世界通路。1927年7月7日國民政府在租界以外地區設上海市，同時將原屬江蘇的上海縣、寶山縣17市鄉併入，總面積494平方公里，直屬行政院。上海逐漸形成「各國東方共同城市」。《上海租界章程規定》「商人租定土地及建築房舍後，得於呈報後自行退租。退租時原業主需將其押金如數返還。但原業主不得任意停止出租，尤不得任意增加租金。」這條章程確立了外國人於界內的永租權。各國租界使中國重要大城市被列強蠶食，不過在抗日戰爭期間，各國租界確也成爲中國難民避難所，以及政府敵後情報工作掩護地。

1932年1月28日日本陸戰隊登陸上海，向閘北國民政府國民革命軍第十九路軍開火。日本上海派遣軍總司令官爲白川義則陸軍大將，國民革命軍第十九路軍係由廣東調來，蔣光鼐爲總指揮，蔡廷鍇爲軍長。由於上海涉及各國利益，幾經戰事，3月20日中日政府在英、美、法、義各國調停下，於上海開停戰談判。1932年4月29日，在兩國正式簽署停戰協定前，日人於虹口魯迅公園舉行閱兵，慶祝日本天皇生日的天長節；韓國反日及韓國獨立運動人士尹奉吉向貴賓席投擲炸彈，致使日本陸軍大將白川義則被炸死亡，日本繼續派遣駐華公使重光葵被炸至重傷，右腳被炸斷導致終身跛行，以及多名日本軍官、士兵傷亡。兇手尹奉吉被捕後，被施以酷刑；韓國僑民安昌浩等十多人被牽連，尹奉吉最後被送到日本金澤市，判處死刑，史稱「虹口公園爆炸事件」。史家有人認爲「虹口公園爆炸事件」是由中華民國政府和流亡中國的大韓民國政府共同策劃。「一二八事

件」使中日關係嚴重受創：1936年12月12日西安事件發生後，迫使中華民國政府在蘇聯擺布下，不得不再度接受第二次「聯俄、聯共合作」，並扭轉原來「先安內，再攘外」政策，改變爲「先攘外，再安內」，因而全面抗日成爲優先政策。

　　1937年7月7日盧溝橋事件後，日本於8月13日再次進攻上海閘北，是謂「淞滬會戰」（八一三戰役）。日本由陸軍中將柳川率領30萬陸軍，350輛坦克，500架戰機，120艘軍艦發動「第二次淞滬戰爭」（The Battle of Shanghai），陸海空三軍聯合猛烈進攻上海。蔣中正於次日發表《自衛抗戰聲明書》，宣告「中國決不放棄領土之任何部分，遇有侵略，惟有實行天賦之自衛權以應之」；中日兩國進入全面軍事作戰。當時上海是中華民國首都南京門戶，又是中國經貿金融中心，故國民政府在上海奮勇抵抗，張治中、宋希濂、張發奎等國軍將領率75萬陸軍，70輛坦克及150架戰機應戰，雙方傷亡極爲慘重。1937年11月12日中國軍隊無法對付優勢裝備日軍，日軍攻陷上海。八一三戰役徹底使中日外交斷絕，尤其是中華民國政府中早期留日的文臣武將也無力修補中日外交關係。隨後，立法院院長孫科前往蘇聯、英國和法國，爭取支持中國長期抗戰。

　　值得一談，上海市大道政府建立龐大員警系統，日本人利用此國家機器，全面掌控中國咽喉之地：該組織除維持治安外，也有戶口調查，情報收集，收買漢奸，株殺政要，清除國共地下組織等功能。1938年3月28日上海市大道政府改隸中華民國維新政府，同年4月28日改組爲督辦上海市政公署，組織設祕書處、肅檢處、教育科、財政局、警察局、社會局、交通局、地政局、塘工委員會、特區辦事處，廢太極旗，改掛五色旗。市政府由浦城路51弄3號遷到新市區江灣，並改組爲「上海特別市政府」。上述機構強徵課稅，略奪資源，管制交通，運輸軍火，檢查新聞，奉獻犧牲，爲大日本帝國效力。傅筱庵、蘇錫文，陳公博、吳頌皋、周佛海都擔任過上海特別市政府市長。

　　歷史發展總是意外連連，1943年維法國（Vichy France）在納粹德國（Nazi Germany）的壓力下將特許權交給了親日的中華民國南京政

府（汪精衛政權），這個結果，使戰後中華民國得以收回上海公共租界（Shanghai International Settlement）與未淪陷的上海法租界（The Shanghai French Concession），戰後各帝國在滬租界終於得以歸還中國，國家主權得以回歸自主，這也算日本侵華扶植的傀儡政府對中國領土回收的一個意外收穫。

第24章

中華民國臨時政府（The Provisional Government of the Republic of China）（1937～1940）

華北政務委員會（North China Political Commission）

五色旗（1940～1945）

中華民國臨時政府國旗（照片來源：https://www.bing.com/search?q=+%E4%B8%AD%E8%8F%AF%E6%B0%91%E5%9C%8B%E8%87%A8%E6%99%82%E6%94%BF%E5%BA%9C%E5%9C%8B%E6%97%97）

近代史以「中華民國」爲名號曾有3個臨時政府出現：

1. 1912年1月孫文在南京成立臨時政府，孫文爲臨時大總統。

2. 1924～1926年中華民國中央政府設臨時政府，由段祺瑞任臨時執政；及至1927年1月顧維鈞組閣任國務總理並繼續署任大總統。

3. 1937年日本帝國在北平成立的傀儡政權。

本章所談論之臨時政府爲日本帝國在北平成立的傀儡政權。

1927年顧維鈞攝政內閣（潘邦正攝於北京〈顧維鈞史料特展〉）

　　1937年12月14日中華民國臨時政府（The Provisional Government of the Republic of China-）在北平成立，又稱為華北臨時政府，統轄平津和華北地區。中華民國臨時政府以「新民主義」為號召，使用民初北洋政府旗幟，以五色旗為國旗，採用《卿雲歌》。政體為虛位總統，模仿三權分立制度，下設「議政」、「行政」、「司法」三委員會。行政委員長為曾任北洋政府高凌霨、內閣財政總長王克敏、議政委員會委員長兼教育總長為日本金澤醫學專門學校畢業之湯爾和、司法委員會委員長為帝國大學畢業之董康。中華民國臨時政府實際上是日本在中國華北傀儡政府。1938年3月1日中華民國臨時政府開始使用在北平「中國聯合準備銀行」（The Federal Reserve Bank of China）發行之聯銀券。

　　「中華民國臨時政府」組成「中華民國新民會」（The ROC New Peoples' Society）作為「東亞解放新國民運動」的動員機制。中華民國新民會是小澤開作創辦，宗旨建立民眾團體，宣揚「維護新政權」、「開發產業」、「發揚東方文化道德」、「參加反共戰線」、「善鄰締盟，建設東亞新秩序」等政治理念。同時創辦各式各樣「新民團體」，例如新民學院、新民中學、新民小學、新民圖書館、新民教育館、新民婦女會、及新民青年團等。王克敏任中華民國新民會會長，黃埔軍校政治教官繆斌任中央指導部部長，日軍在中國駐屯軍司令官陸軍中將香月清司任顧問。

中華民國新民會會旗（照片來源：https://zh.wikipedia.org/wiki）

　　中華民國臨時政府也設立華北治安軍（又名皇協軍），即爲日本扶植控制中國華北地區的武裝力量，寧武上將軍齊燮元爲華北治安軍總司令，並兼任軍事委員會常務委員。華北治安軍成員出自日本控制的通縣陸軍軍官學校，兵員來自日軍占領區招募人員。全軍編制3個集團1萬餘人；1940年3月30日華北治安軍改名華北綏靖軍，擴軍至5萬餘人。1943年杜錫鈞接替任總司令，1945年門致中接任總司令。

　　1940年汪精衛成立「南京國民政府」後，3月30日中華民國臨時政府被解散，改爲「華北政務委員會」（North China Political Commission），日本陸軍大將喜多誠一推薦外交官王克敏爲首任委員長兼內政總署督辦，王揖唐，朱深等人繼之；下設6總署：內政，財政，治安，教育，實業，建設：政務及祕書2廳等直屬機關。華北政務委員會管轄河北、山東、山西三省及北平、天津、青島等三個特別市及河南、江蘇部分地區。1943年2月9日華北政務委員會並廢中華民國臨時政府五色旗，改掛青天白日滿地紅旗。

　　1945年8月15日日本戰敗投降，1945年9月2日同盟國在東京灣密蘇里號戰艦（USS Missouri）舉辦投降典禮，日本投降代表11人，盟軍各國代表團共9人；中華民國代表爲徐永昌上將。日本在此日簽署《降伏文書》（Japanese Instrument of Surrender），立約無條件投降（Unconditional Surrender）。遺憾的是9月2日簽署之《降伏文書》未提及日本放棄臺灣、澎湖主權轉移中國的問題，埋下後來臺灣、澎湖主權長期爭議。

1945年12月6日華北政務委員會委員長王克敏因漢奸罪在北平被捕，25日在獄中死去。1945年8月齊燮元被南京國民政府逮捕，1946年12月18日齊燮元以漢奸罪名在南京雨花臺被執行槍決。1945年9月27日繆斌在上海被國民政府軍事委員會調查統計局（The National Bureau of Investigation and Statistics）捕獲，1946年5月21日繆斌被江蘇高等法院以漢奸罪名判處死刑，在蘇州獅子口第3監獄行刑。中華民國臨時政府以「中華民國」為名號，實則為日本帝國侵華服務，吃裡扒外，助紂為虐，最終所有重要人物最終都以悲劇收場。

第25章

中華民國維新政府（The Reformed Government of the Republic of China）（1938～1940）

「和平建國」五色旗

中華民國維新政府「和平建國」五色旗（照片來源：https://zh.wikipedia.org/wiki）

　　「中華民國維新政府」（The Reformed Government of the Republic of China）為大日本帝國於抗日戰爭期間成立之傀儡政權，由安福俱樂部成員梁鴻志等人於1938年3月28日成立於南京，管轄江蘇、浙江、安徽三省的日佔區和南京、上海兩個特別市，地理位置重要；其前身為1937年12月5日上海市大道政府。1938年3月28日中華民國維新政府發布成立宣言：「爰於本月二十八日在南京重建中華民國維新政府。其惟一使命，則在使領土主權，複現戰前狀態，與鄰邦樽俎折衝，歸於敦睦，務使國人免鋒鏑之苦。同種無箕豆之爭，本吾國舊有道德，確立東亞之和平，更與歐美列邦保持聯絡。至維新政府之成立，係根據蘇、浙等省之事實，原為暫時性質，與臨時政府初無對立之心，向來中央所管事項之不可分析者，仍由臨時政府會商辦理，一俟津浦、隴海兩路恢復交通，即與臨時政府合

併」。

　　1938年4月28日上海市大道政府改組爲督辦上海市政公署。維新政府以梁鴻志爲行政院長兼交通部長，溫宗堯爲立法院長，並聘任眾多身居要職北洋政府，國民政府的政客爲各部會官員，重要閣員爲內政部長陳群，外交部長陳籙，財政部長陳錦濤，實業部長王子惠，教育部長陳則民，綏靖部長任援道及司法部長胡礽泰等。中華民國維新政府成立後中華民國維新政府旗採用「和平建國」五色旗，中間有火焰圖，上書「和平建國」字樣。維新政府宗旨爲「和平建國」，國歌用《卿雲歌》。1938年5月1日「華興商業銀行」（Huaxinghui Commercial Bank）發行之銀行券成立，貨幣採用華興券，華興商業銀行總資本5000萬元法幣，股份中日各半。1941年1月汪精衛政權於南京成立「中央儲備銀行」（The Central Reserve Bank），當時全國各地區發行貨幣各自爲陣，混亂異常。

　　維新政府行政院長梁鴻志一生善變。1916年6月袁世凱病逝。梁鴻志投靠皖系段祺瑞。1918年3月梁鴻志參加王揖唐創建之安福俱樂部。1924年10月段祺瑞任臨時執政，梁鴻志出任臨時執政祕書長。梁鴻志父親梁佟年曾是清朝駐長崎領事館官員，他隨父母在日本生活了兩年。1925年梁鴻志出任日本方面主辦的東方文化事業總委員會中國委員，就此建立與日本關係。1927年梁鴻志出任張作霖安國軍政府政治委員。

　　1938年9月中華民國臨時政府領導人王克敏同梁鴻志交涉，在北京設立了臨時政府與維新政府的聯合機關中華民國政府聯合委員會。9月22日發表《中華民國政府聯合委員會成立宣言》：「本救國之精神，求反共之效率，通力合作，責任綦重。不待入會政府當努力從事，誓踐此言；即未隸兩府版籍之朝野諸賢，亦望其深憬民艱，保全國脈，參加組織，共策進行。其民眾之誤信宣傳者，亦宜力戒盲從，急圖覺悟，認明安危利害，以自造於福利之途。至於共產黨人，乘中國之危機，詭私統一之方，莫逾聯共，目前以嘗試黨府，將來以赤化中國，此則盡人皆知，無待復說」；「果使中國厲行反共，則國事可以安定；國事安定，則東亞立現和平；東亞和平，則世界舉蒙其福。然則聯合委員會之設，非徒爲中國而已。世界

人士如能俯見此誠，則向來通好之國家，皆吾弟昆，皆吾素友」。其宣言之目的有三：親日、反蔣、反共。這是日本在華所有傀儡政府一致政策。維新政府維持時間很短，1940年3月30日汪精衛成立中華民國戰時傀儡政府（南京政府）後，維新政府與華北臨時政府一同併入汪精衛的國民政府。

維新政府地處京滬，戰略位置重要，維新政府也籌建了一支武裝力量，由綏靖部統一管理、掌握、指揮所屬部隊，成立了5個綏靖區，各綏靖區編有綏靖區隊等武裝，約1萬人；此部隊素質甚差，訓練不良。1939年4月維新政府成立「綏靖軍官學校」，目的是為建立一支忠於維新政府的軍官團，由中日軍官授課。1939年5月成立綏靖水巡學校，由30名中日教官，和150名學員組成，維持海河防衛任務。維新政府軍隊受日本松井石根的「中支那方面軍」（The Japanese Central China Area Army）華中方面軍節制。

1939年2月19日外交部長陳籙在上海被國民政府軍事委員會調查統計局刺殺。抗日戰爭結束後，1945年10月19日梁鴻志在蘇州被捕，移送上海；1946年6月21日被江蘇高等法院第二分院以漢奸罪判處死刑，同年11月9日被中華民國國民政府執行槍決，時年65歲。梁鴻志給女兒梁文若遺書：「老父含冤待盡，異時墳頭麥飯，縱汝不忘祭掃，所謂一滴何曾到九泉也。」只能嘆「萬民於亂世抉擇，各有其理想與命運」。1945年9月27日立法院長溫宗堯在上海被逮捕，1946年7月8日以漢奸罪被判處無期徒刑。1945年8月17日內政部長陳群在南京寓所服毒自殺身亡。

中華民國國民政府在處理戰後眾多傀儡政府及投日份子時，犯了對中共的戰略錯誤。在那國破家亡的亂世，淪陷區有賣國官吏，亦有善良人民，他們也有生存之苦衷，實不能一以蓋之。國民政府不能善用抗日戰爭期間成立的各傀儡政權軍力及淪陷區各種人才，而以司法判「漢奸」之罪，處決傀儡政權投日官員，仇視淪陷區軍民，大肆逮捕，家屬誅連，產生極大寒蟬效應；致多數淪陷區軍民被迫投效中國共產黨，或遠走海外，影響抗日戰爭後國共爭奪江山，彼此實力消長。對於身陷淪陷區軍民，國

民政府如能以同情之心平等以待之，並重用人才；待國家安定之後，再酌情究責，相信歷史會重新改寫。相對的，中國共產黨善於利用淪陷區軍民及投降日軍壯大勢力，贏得重要戰役，可謂掌握關鍵。1949年1月26日，國民政府軍事法庭在上海以「無罪」宣布「率百萬大軍聽命納降，跡其所為，既無上述之屠殺強姦搶劫，或計劃陰謀發動或支持侵略戰爭等罪行，自不能僅因其身分係敵軍總司令官，遽以戰犯罪相繩」，放過日本侵華頭號戰犯岡村寧次，牽動日後岡村寧次派遣「白團」幫助國民政府保障臺、澎、金、馬，改寫歷史，即是另一個明證。當然，國民政府釋放頭號日本侵華戰犯是否得當？這又是另一個爭議之政治問題。

第26章
蒙疆聯合自治政府（Mengjiang United Autonomous Government）—蒙古自治邦
四色橫條旗（1939～1941／1945）

四色橫條旗（照片來源：https://www.bing.com/search?q=+%E4%B8%AD%E8%8F%AF%E6%B0%91%E5%9C%8B%E8%87%A8%E6%99%82%E6%94%BF%E5%BA%9C%E5%9C%8B%E6%97%97）

　　蒙古在中國古代史是被列為異族，歷代稱之匈奴、鮮卑、柔然、突厥、回鶻、契丹等遊牧民族及其建立的政權。1260年元世祖忽必烈稱帝，自立為第五代大蒙古國大汗，1271年取《易經》「大哉乾元」之意，定漢文國號為「大元」，改蒙古語國號「大蒙古國」為「大元大蒙古國」，定都於大都（北京），建立元朝；統治長城之內中國約108年。1368年明太祖朱元璋建立明朝後，元朝殘餘退居漠北，定都於上都（開平），史稱北元。1388年5月明將藍玉率領大軍北伐，擊潰元軍，北元滅亡。元，清兩朝興亡是中國歷史重要部分，許多歷史學者列元，清兩朝為「異族統治」，邏輯上不通，且前後矛盾。

　　從中國古代歷史來看，中國朝廷（政府）視邊疆民族如蒙古、西藏、

新疆、東北地區，時而爲一族（中華民族），時而爲異族；觀念十分矛盾。建築萬里長城就是歷史明確證明，城牆代表分隔漢族與異族的分界線。直至1895年2月21日孫文在香港成立興中會，興中會誓詞爲「驅逐韃虜，恢復中華，創立合眾政府」，孫文仍然將滿州人視爲異族；其革命之目標，就是以含有強烈「排滿」之「大漢民族主義」爲號召。相反的，袁世凱採用五色旗爲中華民國建國國旗，表示包容漢、滿、蒙、回、藏五族及中國境內各大小民族，其意深遠。近代歷史種種政治演變造成邊疆民族認爲彼此文化差異甚大，又不能被平等對待，成爲邊疆民族尋機獨立建國的動機。

蒙疆聯合自治政府（Mengjiang United Autonomous Government）是1939年至1945年日本在內蒙古自治區中部和河北省山西省一部分扶植的一個的邊疆傀儡政府。1933年7月內蒙古德穆楚克棟魯普親王在百靈廟發起「內蒙古自治運動」建立國家。1937年11月22日察南自治政府、晉北自治政府、蒙古聯盟自治政府在張家口簽訂《關於設立蒙疆聯合委員會的協定》，正式成立了蒙疆聯合委員會。《協定》稱：「蒙古聯盟自治政府、察南自治政府、晉北自治政府認爲在蒙疆方面利害休戚相同，有必要對相互關聯的重要事項進行協議統制，爲此決定設立聯合委員會。」

1939年9月1日日本與蒙古聯盟自治政府代表卓特巴紮普（卓王），察南自治政府最高委員於品卿與晉北自治政府最高委員夏恭舉行會議，決定三府合併，成立「蒙疆聯合自治政府」，首都遷至張家口。德穆楚克棟魯普任蒙疆聯合自治政府主席，於品卿，夏恭，李守信分任副主席。政務院下設總務、財政、保安、民政、畜產、交通、教育、司法等部。東京大學醫學部畢業金井章次擔任蒙古聯盟自治政府最高顧問兼代理總務委員長，1941年11月27日日本外交官大橋忠一繼任最高顧問。1941年8月4日蒙疆聯合自治政府對內改名爲蒙古自治邦。並改中華民國年號爲成吉思汗紀元。

蒙疆聯合自治政府管轄巴彥塔拉盟、察哈爾盟、錫林郭勒盟、烏蘭察布盟、鄂爾多斯市（伊克昭盟）等五個盟與察南、晉北兩政廳，並設立呼

和浩特市、包頭、張家口等3個特別市等10個省級單位。宗教信仰為藏傳佛教，蒙疆聯合自治政府國旗改為紅，白，藍，黃四色橫條旗，其國旗顏色採用原來三個政府混合用色。1937年11月23日本在蒙疆聯合自治政府合併數家銀行，建立了蒙疆銀行，總行設在張家口，先後發行了大約42億多元的紙幣和金屬幣。因國民政府在該地區的貨幣種多幣雜，未能統一；因此蒙疆銀行的紙幣成成為當地流通的主要貨幣。抗戰勝利後，國民政府公告自1947年6月1日起至9月30日止回收蒙疆銀行幣，以一元兌換法幣四角，因兌換時間僅三個月，在資訊不暢通下，人民無法正確得知政府金融政策，造成大量蒙疆銀行幣成為廢紙，人民蒙受巨大財務損失，怨聲四起。

1945年8月8日蘇聯發動「蘇日戰爭」又稱（八月風暴行動The Operation of August Storm）：150萬蘇聯軍隊聯合蒙古國武裝部隊同時自北、東、西三方向對滿洲及日本在中國的邊疆傀儡政府發動進攻。蘇軍占領滿洲後，立刻展開對南庫頁島和北方群島登陸行動。1945年8月15日日本天皇宣布接受《波茨坦宣言》（The Potsdam Declaration），無條件投降。《波茨坦宣言》規定「日本的主權須被限制在本州、北海道、九州、四國及鄰近小島」，「日本軍隊須要完全解除武裝」。日本投降同時，日本在中國所有傀儡政府也瞬間瓦解，1945年8月19日德穆楚克棟魯普（德王）的蒙疆政府向國民政府繳械。

蒙疆聯合自治政府瓦解後，德穆楚克棟魯普與李守信逃入蒙古國，1950年9月兩人被引渡至中華人民共和國，囚禁於張家口。兩人後以戰犯身分受審，入獄進行勞動改造；1963年德穆楚克棟魯普被中華人民共和國政府特赦釋放，被聘為內蒙古自治區文史研究館館員；1964年李守信也被中華人民共和國政府特赦釋放，也被聘為內蒙古自治區文史研究館館員。1945年8月25日於品卿在張家口被國民革命軍第八路軍逮捕。1945年12月23日晉察冀邊區特別法庭在張家口市召開公審大會，判處於品卿死刑。12月24日上午於品卿在漢卿橋下被執行死刑。1940年1月10日夏恭辭蒙疆聯合自治政府副主席，轉任大同煤礦股份公司董事長；抗戰勝利

後，大隱於市，逃避審判。蒙疆聯合自治政府參議吳鶴齡歸順國民政府，1949年參加漠西蒙古自治運動，後遷居臺灣，1979年6月去世。

　　1945年9月5日蔣中正在陸軍總部下設立「黨政接收委員會作為最高接收機構，任命何應欽為主任委員；1945年10月下旬宋子文也在南京設立「行政院收復區全國性事業接收委員會」，統籌辦理日本佔領區軍隊、工、礦、商、農、林、糧食、水利、碼頭、艦艇、飛機、銀行、學校、交通、金融等全國性事業之接收事務，接收工作龐大複雜；國民政府黨、政、軍、特各方接收人員素質不齊，弊端叢生。抗戰勝利後，人民期望和平建設，發展民生；未料1945年至1946年國共兩黨軍隊全面爭奪受降地區，國共二次合作完全瓦解；加上國共及各黨派政治協商會議未果，內戰再度燃起，襲捲中國大陸每一個角落。

第27章
中華民國戰時南京政府（The Reorganized National Government of the Republic of China）
（和平反共建國）青天白日滿地紅旗（1940～1945）

「和平反共建國」青天白日滿地紅旗（照片來源：https://zh.wikipedia.org/wiki）

中華民國戰時南京政府（The Reorganized National Government of the Republic of China）亦稱「汪精衛政權」（The Wang Jingwei Regime）。九一八事件後，日本在中國建立10個傀儡政府，中華民國戰時南京政府是其中之一，且規模最大，最具影響力。1937年7月7日中國抗日戰爭正式爆發，汪精衛決定響應近衛聲明，主張以聯合中日兩大國共建東亞新秩序，以「反共」、「抵歐」、「抗美」為宗旨。汪精衛贊成日本「泛亞洲主義」（Pan-Asianism），主張以日本為首，和各傀儡國家建立平等的合作關係，繁榮東亞。

汪精衛主張對日本「和平運動」主要的論點為：

1. 中國不可能打贏這場戰爭，在徹底失敗之前以談判實現和平將更為有利。

2. 他曾和蔣中正有過談判經驗，因此認爲蔣是不可信任的人。

3. 他關心日占區人民的利益，認爲日占區需要照料。

　　1938年8、9月間周佛海的代表梅思平與日本首相近衛文麿的代表松本重治在香港談判，日方提出「不要領土、不要賠款，兩年內撤軍」，支持汪的和平運動。11月3日，日本首相近衛文麿宣布了一項包含了六原則的「亞洲新秩序」聲明：東亞永久和平、善鄰友好和國際正義、聯合防共、經濟合作、創建新文化、世界和平。12月22日，日本首相近衛文麿發表了第三次對華聲明：

1. 親善友好：日本對中國不要求領土、不要求賠款、歸還外國租界、撤銷治外法權。

2. 按照軸心國之間，反共產國際協定之同樣的精神，共同防共。

3. 經濟合作，日本一方絕無壟斷中國經濟的意圖。

　　事前蔣中正向汪精衛通過信件表示：「莫公開主和、莫與中央失去聯繫、莫要赴香港可赴歐洲」等要求，希望汪精衛不要與日本人合作。1938年12月19日汪精衛借道雲南前往越南河內，猶豫政治前景。1939年1月1日國民黨中央執委會臨時會議一致決議，開除汪的中國國民黨黨籍和一切公職。1939年3月蔣中正派人在河內刺殺汪精衛和他的重要幹部，汪精衛密友曾仲鳴中彈身亡；這一事件加深汪精衛與日本合作決心。

　　1939年5月8日汪精衛抵上海，在江灣土肥原公館與影佐禎昭和犬養健會談。5月31汪精衛率周佛海、梅思平等十一人，在矢野征記、影佐禎昭、犬養健等陪同下，由上海飛抵東京。日本陸軍省和參謀部聯席會議於6月5日決定要求汪精衛建立中央政府時，與中華民國臨時政府、中華民國維新政府合作。

　　1939年6月8日重慶國民政府宣布通緝汪精衛及其部屬。7月11日汪精衛、梁鴻志、王克敏三方在青島就「反蔣、反共、親日」達成共識。1940年3月30日汪精衛在南京與日本合作建立中華民國中央政府，合併梁鴻志政權與王克敏政權。3月26日汪精衛出任代理國民政府主席兼行政院、中央政治委員會最高國防會議主席。11月29日重慶國民政府正式頒

布《懸賞通緝汪精衛令》：「汪兆銘違背國策，罔顧大義，於全國一致抗戰之際，潛離職守，妄主和議，並響應敵方謬論，希冀煽惑人心，阻撓大計。」，蔣汪多年黨內合作自此徹底結束，分道揚鑣。

　　1940年3月30日汪精衛響應近衛聲明，與大日本帝國合作成立一個傀儡政權，汪精衛自認是走「和平護國」路線，正式國名依然保留「中華民國」，其政府為「中華民國國民政府」；國旗亦用青天白日滿地紅旗，頂部外加「和平反共建國」三角黃旗，有別於重慶國民政府；及至1945年8月16日中華民國戰時南京政府瓦解，歷時約5.5年。1940年3月30日汪精衛在南京舉行國民政府還都儀式，發表《和平建國十大政綱》，6月20日汪精衛政府中央政治委員會第11次會議決定對南京特別市政府實行改組，並定南京為首都，正式建立另一個「中華民國」與林森和蔣中正領導的重慶國民政府分庭抗禮，形成當時中華民國有重慶，南京兩個「中華民國」國民政府，及兩個中國國民黨中央黨部。因為立場不同日本則稱之為「南京國民政府」；重慶國民政府稱之為「汪偽政府」或「偽國民政府」。大部分學者對戰時南京政府也常用「汪偽政權」、「偽國民政府」稱之，這種說法十分奇怪；事實上，政權沒有「真政府」與「偽政府」問題，只要具備政府條件，就是一個政府，唯一差距在這個政府是「主權政府」，還是「傀儡政府」。

　　關於統治區域，中華民國戰時南京國民政府名義上統有中華民國維新政府、中華民國臨時政府、和蒙疆聯合自治政府等轄地，事實上僅直接管轄江蘇、淮海、安徽、浙江、湖南、廣東、中原、江西、湖北、福建（部分）等省，及南京、上海、漢口、廈門等特別市；另曾設置浙東行政公署、蘇北行政公署及蘇淮特別行政區等3個省級特別區；「臨時政府」改組後的華北政務委員會與蒙疆聯合自治政府仍保持獨立性。

　　汪精衛政權採用委員會制，其特徵是不存在國家元首，最高機關是中央政治委員會與國民政府委員會；委員會被視為統治國家機構，主席是領導；汪精衛擔任中央政治委員會主席、國民政府代主席及行政院院長。外交方面，汪精衛政府在1941年11月25日加入了德義日主導的《反共產國

際協定》，除受到納粹德國（Nationalsozialistische Deutschland）、義大利、日本等國承認爲合法中國政府外，南京國民政府不受當時國際普遍承認，亦有人視其爲是中國版的維琪法國。金融方面，1941年1月6日汪精衛政府設立中央儲備銀行，總資本爲法幣1億元，一半由財政部籌募，一半從日商和華興商業銀行投資；在其控制區發行中儲券爲貨幣。1942年5月汪精衛政府下令禁止法幣流通，實施以中儲券兌換法幣；1945年11月中儲券被禁止市面流通。

1940年3月30日汪精衛爲鞏固政權，成立軍事委員會，爲最高軍事機關，直屬國民政府。軍事委員會下設參謀本部、軍事訓練部、政治訓練部、航空署、海軍軍令處等單位。汪精衛的「和平建國軍」初期接收中華民國維新政府、中華民國臨時政府的武裝力量，改編「和平建國軍」，總數僅約8萬餘人；1945年春擴大到40餘萬，直轄6個方面軍及4個綏靖公署。

外交方面，汪精衛首先與日本簽訂《日華兩國簽訂防共協定》、《重光堂協議》等不平等條約，以承諾並允許日本戰後維持並拓張在華利益換得政權立足。1940年8月31日汪精衛國民政府與日本締結了《中日基本關係條約》，日本正式承認汪精衛南京國民政府爲中國中央政府。1940年12月10日汪精衛派外交部長徐良到滿洲國，向康得皇帝溥儀遞交國書；1941年1月和8月滿洲國與汪精衛中華民國國民政府互派大使。汪精衛政府在1941年11月25日加入了德、義、日主導的《反共產國際協定》（防共協定），締約國相約互通關於共產國際活動的情報，並緊密合作。因此被締約國及有納粹德國、義大利、匈牙利、羅馬尼亞等十多個國家承認爲合法中國政府，亦被視爲是中國版的「維琪法國」。

1943年汪精衛曾經以中華民國國民政府名義，參與由日本主導的大東亞會議，宣示要將東亞各國自帝國主義中解放、建設共存共榮秩序、相互尊重自主獨立。汪精衛政權也嘗試與中國共產黨建立關係，1940年「興亞建國運動委員會」負責人袁殊安排中共中央華中局書記饒漱石派遣的中共代表潘漢年與汪精衛在南京汪公館會面；共商共產黨參與南京政府

事宜，內容至今仍爲懸案。潘漢年與汪精衛在南京汪公館會面是受中共周恩來指揮同意，因爲「汪共合作」事情重大，周潘兩人長期隱瞞，無機會面報；事後被毛澤東探知，潘漢年遭到迫害。1976年1月8日周恩來逝世後，潘漢年案已無平反機會；1977年4月14日潘漢年被用化名（蕭叔安）在湖南醫學院附屬第二醫院含冤而亡。

　　十九世紀中期至二十世紀中期外國在華建立租界甚多，自1845年英國從《上海租界章程規定》中取得第一塊租界，各國在華計有22個專管租界和2個公共租界。因第二次世界大戰各國敵對因素，汪精衛政權乘機收回部分租界。1943年3月收回日杭州日租界、蘇州日租界、天津日租界等。1943年7月汪精衛政權也從維琪法國收回上海法租界；8月再從日本手中收回上海公共租界（Shanghai International Settlement）；1944年7月盟國與義大利簽訂凱西比爾停戰協定（Armistice of Cassibile），汪精衛政權正式收回天津義租界和上海公共租界義大利界區。客觀而言，收回外國百年在華建立之各種租界是汪精衛政權對國家的重要貢獻之一。

　　一個關鍵問題是汪精衛爲何要投日？1940年6月15日汪精衛在《論蔣介石的磁鐵戰》表示他的理論：「中日兩國，只宜爲友，不宜爲敵」，「中日兩國應化敵爲友」。1944年10月汪精衛在《最後的心情》表白「兆銘之脫渝主和，與虎謀皮，必須截然與渝相反，使能獲得日人之稍加考慮。又必須本黨之中，各方面皆有一二代表人物，然後日人始信吾人有謀合可能，而爲淪陷區中人民獲得若干生存條件之保障，即將來戰事敉平，兆銘等負責將淪陷區交還政府」「凡能爲國家自主留一線氣脈者，亦無不毅然不顧一切之阻礙主張之，竟行之！」汪精衛之言表達「投日3項重點」：

1. 中國國民黨必須兩面救國，「和平護國」與「作戰抗日」同時進行，他願意走不同道路，取得日本信任，犧牲自己，拯救國家。
2. 他主持戰時南京政府可保障淪陷區人民生存條件，較日人直接統治，或其他維持會組織管理有利國家。
3. 他的目的是在淪陷區保存中國氣脈，等戰事敉平會將淪陷區政權完全

交還國民政府。

　　汪精衛身為國民政府與中國國民黨領袖人物之一，或其思維與做法有其道理與苦心；然而政治現實，歷史巨浪中只會留下勝利者的理論，其他不計其數的死間者、無辜者、蒙冤者、錯殺者、無名英雄之歷史真相只能青塚永埋。

　　事實上，第二次世界大戰中國夾在蘇聯與日本兩國之間，不論中國的軍隊如何選邊，在某種程度上只是替蘇聯，或替日本打「代理戰爭」。中國境內親蘇政權自然選蘇聯一邊，反共政權只有選日本合作。蔣中正退守臺灣後，「反共抗俄」仍然是中華民國基本國策；日本也因懼怕蘇聯，在臺灣扮演「反共抗俄」協助者。由於日本在太平洋戰爭有豐富海島防禦經驗，1949年支那派遣軍總司令官岡村寧次命令部屬富田直亮化名為「白鴻亮」，派遣日本軍事顧問，又稱「白團」前來臺灣，對國軍各兵種中高級軍官開班授課，並協助擬定各項軍事作戰及防禦計畫。白團前後來臺教官約80餘人。直至今日，兩岸的對峙，日本與俄羅斯依然是東北亞幕後舉足輕重要角。

　　1943年年底，汪精衛的槍傷復發，1944年3月赴日治療未癒，11月10日於日本名古屋大學附屬醫院治療未癒而逝世。11月12日南京「中央政治委員會」召開緊急會議，由陳公博續任行政院院長、代理國民政府主席，兼任軍事委員會委員長。11月23日遵照汪精衛的遺願，歸葬國民黨總理孫文之側，南京中山陵西南的梅花山。1946年重慶國民政府遷回南京之前，何應欽下令部屬將汪精衛墓炸毀，原址改建為「觀梅軒」亭；汪精衛屍骸在清涼山火葬場火化後海葬。1944年11月陳公博繼任汪精衛政權中央政治委員會主席、代理國民政府主席兼行政院長。1945年8月日本投降，汪精衛南京政府隨即終結。汪精衛是孫文志業的繼承人，最後在國內政爭中不敵共產黨及國民黨右派，在國際舞臺上又選邊日本、戰敗陪葬，一生才情悲劇收場，令人唏噓。

第28章
東突厥斯坦共和國（The East Turkestan Republic）
星月綠地旗／金粉文字旗（1944～1946／1949）

東突厥斯坦獨立象徵（此旗用於東突厥 東突厥斯坦共和國：星月綠地旗（照片來
斯坦伊斯蘭共和國）（照片來源：https:// 源：https://zh.wikipedia.org/wiki）
zh.wikipedia.org/wiki）

　　「新疆」意為新的邊疆，新疆塔里木盆地（今新疆維吾爾自治區）一帶被稱為「東突厥斯坦」（East Turkestan）；此名稱最早於十八世紀中葉由「突厥斯坦」衍生而來，是地理學家描述塔里木盆地的地理概念。其後「東突厥斯坦」成為政治代名詞，指新疆突厥語系人民希望在新疆建立自己的獨立國家。另一名稱「維吾爾斯坦」也具相同意義，主張新疆人民實施民族自決（Self-determination），至今呼聲不熄。

　　東突厥斯坦共和國（The East Turkestan Republic）是指在「伊寧事件」（The Ili Incident），或稱「三區革命」中，維吾爾族、哈薩克族在蘇聯支持下於新疆北部建立的一個獨立政權。因此東突厥斯坦共和國的建立含有地區民族自決及國共兩黨及蘇聯四方政治角力的關鍵舞臺，東突厥斯坦共和國興亡不僅是新疆問題，尤對二戰後外蒙古在獨立，產生重要影響。

1944年3月哈薩克烏斯滿‧巴圖爾宣布起義，與蘇聯空軍、外蒙古聯合發動「阿山事件」，三方聯合軍事行動，國民政府開始重視新疆問題，調防部隊。泛突厥主義者艾力汗‧吐烈在拜都拉大清眞寺成立反漢中心，主張穆斯林團結起來透過「聖戰運動」把非突厥系民族趕出東突厥斯坦。1944年8月鞏哈縣牧民發動民變，占領鞏哈縣城。1944年8月29日蔣中正把盛世才調離新疆，任命吳忠信爲新疆省政府委員兼主席，吳忠信到任之前，派朱紹良暫行兼代；9月11日盛世才離開新疆。1944年11月7日新疆發生「伊寧事件」，蘇聯趁中華民國抗日戰爭之機，在新疆北部的伊犁、塔城、阿山三個地區策劃分離主義叛亂，企圖成立衛星國。三區革命主要訴求是「永遠消滅漢人統治，建立眞正的獨立共和國」；當時新疆省政府主席吳忠信未能制止。

1944年11月12日在蘇聯支持下，伊犁、塔城、阿爾泰三區建立「東突厥斯坦共和國臨時政府」成立，宣布脫離中華民國而獨立，使用星月藍地旗或金粉文字旗；臨時政府委員17人，艾力汗‧吐烈擔任政府主席，副主席阿奇木伯克‧霍加，總司令阿列克山德洛夫。政府機關設有軍政部、宣傳部、宗教部、農林部、教育部、外交部、司法部、財政部、內政部與回族委員會；各部設有部長，回族委員會設委員長。首都定於伊寧，語言使用維吾爾語，宗教信仰爲伊斯蘭教，政府體制採用社會主義共和國。臨時政府主席艾力汗‧吐烈向突厥民族呼籲：「醒來吧！醒來的時代到了……中國的官吏和帝王爲了自己的土地和政權，建築了3500公里萬里長城，像害怕鷹的兔子一樣躲到長城裡面。這些事實被漢族政府歷史學家所隱瞞，但全世界歷史可以證明這一事實。太陽是不能被衣襟遮蓋。」1945年4月8日東突厥斯坦共和國臨時政府在伊寧舉行民族軍成立大會，主席艾力汗‧吐烈給民族軍各部隊授予標有伊斯蘭「星月徽」、寫有「爲東突厥斯坦的獨立前進」文字的軍旗和寫有經文的白色伊斯蘭教教旗。

1945年日本在太平洋戰爭失利，國民政府顧慮抗戰勝利後局勢，開始與蘇聯斡旋及展開三區政府和談。1945年7月5日蔣中正和談中提出：「蘇聯政府如果能保證中國對東北和新疆的領土和行政主權，對中共和新

疆變亂不再作任何支援，中國政府才考慮蘇聯有關外蒙古的要求」。會議後蔣中正致電在莫斯科與蘇聯談判的宋子文，指示「允許外蒙古在戰後獨立」，但蘇聯必須保證「東北領土主權完整，並對中共及新疆不再做任何支援」。

1945年10月14日張治中到達新疆，10月17日國民政府代表張治中與「三區」方面代表阿合買提江‧哈斯木再度舉行和談。1946年1月2日和6月6日雙方分別簽署了《和平條款》和有關政府及軍隊的兩個附件。取消了「東突厥斯坦共和國」的名稱，但軍隊和實際控制權得到保留。1946年3月1日至17日在重慶召開國民黨六屆二中全會通過《邊疆問題決議案》，企圖以地方自治與平等參政收回新疆，遭中共堅決反對。1946年3月吳忠信辭去新疆省政府主席，蔣中正任命張治中接替新疆省政府主席職務。3月25日張治中發表告民眾書，重申徹底實行和平條款及民族平等政策，並逐漸態度親共，新疆省政府的重要職位開始大批任用中國共產黨黨員。例如任命蘇聯共產黨（The Communist Party of the Soviet Union）黨員及中國民主革命同盟成員屈武爲迪化市長（烏魯木齊市），親中國共產黨人士劉孟純任新疆省政府祕書長。

1946年4月新疆三區政權發生重大變化：在蘇聯干預下，三區臨時政府高層泛突厥主義人士被解職，臨政府主席艾力汗‧吐烈被扣押並送入蘇聯。三區政府的核心由留學蘇聯人士組成，以蘇聯東方勞動者共產主義大學（The Communist University of the Toilers of the East）畢業的阿合買提江‧哈斯木爲政府領袖。1946年年中蘇聯開始移交新疆給中共，6月中旬蘇聯撤走了在「三區」方面的大批蘇聯人，其中包括民族軍總指揮波利諾夫。伊斯哈克拜克取代波利諾夫任民族軍總指揮。隨著蘇聯撤走在「三區」方面的人員，蘇聯無法直接干涉政權運作，蘇聯將新疆領導權力移交給中國共產黨。1946年6月27日東突厥斯坦共和國臨時政府解散，改組爲「伊犁專區參議會」，「東突厥斯坦共和國」宣告終結。

新疆後續發展日趨複雜，1946年7月1日新疆由「三區」成爲「七區」，國民政府重組新疆爲「新疆省聯合政府」，張治中任主席，「三

區」領導人阿合買提江・哈斯木任副主席。1946年11月阿合買提江等新疆代表33人，到南京出席制憲國民大會，阿合買提江為首三區7名代表向大會提交《將新疆改為「東突厥斯坦共和國」》的提案。國民政府邵力子等人和阿合買提江等人就此事長談多次，最後阿合買提江・哈斯木提江撤回了提案。1947年張治中離開新疆，5月28日維吾爾族麥斯武德・沙布里接任「新疆省聯合政府」主席，穆罕默德・伊敏出任副主席，艾沙出任祕書長。1947年8月12日新疆省政府副主席阿合買提江・哈斯木離開迪化，新疆省聯合政府停擺。1948年新疆成立「新疆保衛和平民主同盟的政治組織」，代行政權職能。1948年12月30日國民政府任命包爾漢・沙希迪新疆省政府主席。1949年1月3日劉孟純從南京回到新疆，兼任改組之後的新疆省政府祕書長，9月25日～26日劉孟純促使國民政府駐疆部隊和新疆省政府相繼倒戈中共政權，史稱「新疆和平解放」（Peaceful Liberation of Xinjiang）。1946年至1949年期間，中國國民黨、中國共產黨、東突厥斯坦及蘇聯四方勢力在新疆激烈角力，直到1949年中華人民共和國解放新疆。

1949年8月27日中國人民解放軍佔領新疆，毛澤東邀請阿合買提江・哈斯木及新疆保衛和平民主同盟成員參加中國人民政治協商會議，飛機在紮巴依喀勒山附近墜毀，阿合買提江・哈斯木與機上其他人員全數遇難。1949年10月1日中華人民共和國成立後，1950年初中共中央派專機將新疆省政府祕書長劉孟純全家從新疆接到北京，總理周恩來親赴北京機場迎接劉孟純。毛澤東熱情向劉孟純表示：「你為新疆和平解放盡了最大的努力，我代表全國人民感謝你。」毛澤東的感謝之詞充分顯示中、蘇、國、共新疆角力，錯綜複雜，暗潮洶湧，最後中國共產黨是勝利者。1951年4月「新疆省聯合政府」主席，麥斯武德・沙布里被逮捕，軟禁在家，不久病逝。新疆問題至今還是錯綜複雜、舉世焦點。

第29章

内蒙古人民共和國（The Inner Mongolian People's Republic）（1945）

東蒙古人民自治政府（The East Mongolian Autonomous Government）（1946）

内蒙古自治運動聯合會（The Inner Mongolian Autonomous Sports Federation）（1945～1947）

内蒙古自治政府（The Inner Mongolian Autonomous Government）（1947年～1949年）

1945内蒙古人民共和國索永布紅地國旗（照片來源：https://zh.wikipedia.org/wiki）

1946東蒙古人民自治政府紅藍三條旗（照片來源：https://zh.wikipedia.org/wiki）

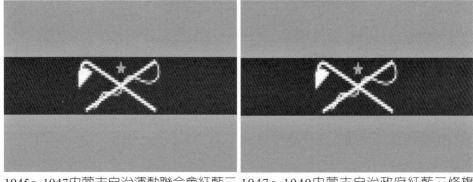

1945～1947内蒙古自治運動聯合會紅藍三條旗（照片來源：https://zh.wikipedia.org/wiki）

1947～1949内蒙古自治政府紅藍三條旗（照片來源：https://zh.wikipedia.org/wiki）

五星紅旗（照片來源：中華人民共和國政府-Wikiwand）

　　清朝末年及第二次世界大戰結束是中國中央政府統治力最為薄弱之時，也是邊疆「小民族」抬頭機會，各邊疆民族都思「自治」、「自決」或「獨立」；世界列強也尋機拉攏合作，擴張或建立在中國邊境之衛星附庸國；兩者由於利益相合，東北、蒙古、新疆、西藏、西南等邊疆地區成為企圖「獨立建國」主要目標。

　　清朝滅亡，中華民國建立之初，邊疆政務空虛，政府無力治理，蒙古獨立運動之理論「泛蒙古主義」（Pan-Mongolism）開始萌芽發展。「泛蒙古主義」是蒙古民族主義者的一種主張，起源於第一次世界大戰前後俄羅斯帝國（沙俄）支持下的「外蒙古獨立」運動，由沙俄將領羅曼・費奧多羅維奇・馮・恩琴—史登伯格提出的一種「將喀爾喀蒙古族（漠北蒙古族）、瓦剌（漠西蒙古／西部蒙古）、漠南蒙古（內蒙古），聯合為一個獨立「蒙古國」」建國運動構想。德穆楚克棟魯普（德王）是中國推動「泛蒙古主義」主要人物之一，主張蒙古獨立。

　　1206年成吉思汗統一漠北蒙古，建立大蒙古國（蒙古帝國1206年～1635年）。明朝永樂蒙古分為瓦剌、韃靼、兀良哈三衛三大勢力。清朝皇族滿蒙通婚，逐步將蒙古收入版圖。1632年林丹汗被後金皇太極擊敗，後金滅察哈爾部，皇太極封林丹汗之子額哲為貝勒。1636年皇太極被漠南蒙古部落奉為「柏格達・徹辰汗」（偉大的可汗），長期延續「滿蒙聯姻、共治蒙古」，整個漠南蒙古被納入清朝版圖，清朝皇帝成為了漠

南蒙古的實質君王。清代將蒙古分爲設官治理的內屬蒙古和由劄薩克世襲統治的外藩蒙古，外藩蒙古又分爲內劄薩克蒙古，後稱爲「內蒙古」和外劄薩克蒙古（漠北蒙古、漠西蒙古）。清代後期的官方文書出現內蒙古和外蒙古的分野，內蒙古指內劄薩克蒙古49旗，外蒙古則指喀爾喀蒙古族4部，喀爾喀蒙古族使用喀爾喀蒙古語，爲現今蒙古國的官方語言。清朝治理時期蒙古約略可分爲八旗蒙古、內蒙古，與外蒙古三個部分，分別實行盟旗制與劄薩克制。八旗蒙古由八旗軍隊駐守各地，屬軍事組織，也是行政區域，至今內蒙古地名大多數仍沿襲此命名系統；而內屬蒙古各旗則由北京朝廷派任地方官員治理，與其他省分的州、縣無異。

　　1911年清朝危旦，外蒙古、內蒙古、乃至西藏等地紛紛與列強勢力展開接觸；同年外蒙古在沙俄支持下宣布成立「大蒙古國」。1913年《中俄聲明文件》即獲簽訂，沙俄承認外蒙古仍爲中國的一個自治區；1915年中俄《恰克圖條約》簽訂，確認外蒙由事實上的君主哲布尊丹巴呼圖克圖（柏格多格根）主持自治，沙俄在外蒙古保留特權，外蒙古是中國領土的一部分。本章討論內蒙古自治政府興亡，外蒙古獨立建國，前章已述。

　　「內蒙古人民共和國」、「東蒙古人民自治政府」、「內蒙古自治運動聯合會」與「內蒙古自治政府」是改組過渡關係，本章一併簡述。1945年8月抗日戰爭結束，蒙古自治邦瓦解。「蒙疆聯合自治政府」最高法院院長巴彥塔拉盟補英達賴與蒙古自治邦高層官員在察哈爾蘇尼特右旗試圖建立「內蒙古人民共和國」（The Inner Mongolian People's Republic）。1945年9月9日內蒙古盟旗人民代表大會在蘇尼特右旗溫都爾廟召開。與會者共80餘人，通過了《內蒙古獨立宣言》和《內蒙古人民共和國臨時憲法》；選舉出「內蒙古人民共和國臨時政府」委員27人，其中常務委員會委員11人。政府委員有補英達賴、達密凌蘇龍等，首都原在蘇尼特右旗，後遷張北縣，國旗使用索永布紅地旗。「內蒙古人民共和國臨時政府」主張「內外蒙合併」，但是遭到「蒙古人民共和國政府」拒絕。另一方面，《雅爾達協定》的制約，內外蒙古不能合併。內蒙古人民共和國臨時政府再聯絡中共晉察冀中央局，探尋中國共產黨的支持。中共中央

認爲這是一種民族分裂行爲，派綏蒙政府主席烏蘭夫至蘇尼特右旗解決「內蒙古人民共和國」問題。1945年10月下旬，烏蘭夫在蘇尼特右旗主持召開了人民代表會議，改組臨時政府，內蒙古人民共和國臨時政府改組爲「蒙古自治政府」，烏蘭夫任自治政府主席兼軍事部長。內蒙古人民共和國臨時政府由於未能得到外援與內援，一年內便瓦解。其後烏蘭夫根據內蒙古地區形勢，提出成立「內蒙古自治運動聯合會」（The Inner Mongolian Autonomous Sports Federation）。

1945年8月日本在第二次世界大戰投降後，滿州國政權瓦解，滿蒙地區政治權力眞空。1945年8月18日蒙古革命者、滿州國幹部及負責守衛蒙古之興安軍軍隊在王爺廟（烏蘭浩特市）召開會議，恢復內蒙古人民革命黨，並建立內蒙古人民革命黨東蒙古本部。通過了《內蒙古人民革命黨黨綱》和《黨章》；達成協議，成立「內蒙古人民解放委員會」，發表《內蒙古人民解放宣言》，宣言主張「內蒙古與蒙古人民共和國合併」；哈豐阿、特木爾巴根等人推舉滿洲國興安總省省長博彥滿都（包雲蔚）爲領袖。10月博彥滿都、哈豐阿等12人組成東蒙古人民代表團，攜帶請願書，訪問蒙古，請求「內蒙古與外蒙古合併」。最後蒙古人民共和國領導人霍爾洛·喬巴山拒絕所請。

1945年11月科左東三旗聯合辦事處主任烏力圖等組成東蒙古代表團赴瀋陽參加「東北人民代表大會」，向中共中央東北局提呈《內蒙古人民解放宣言》，希望「內蒙古與外蒙古合併」，中共中央東北局組織部長林楓表示內外蒙古不能合併，雙方可以共同推進自治運動。因此內蒙古人民解放委員會決定第一步推進東蒙古自治運動，第二步再謀內蒙古獨立。12月9日博彥滿都在王爺廟（烏蘭浩特市）召開了東蒙古人民代表會議預備會，籌備建立「東蒙古人民自治政府」。

1946年1月16日東蒙36個旗的代表在科爾沁右翼前旗陶賴圖山腳下葛根廟召開東蒙古人民代表大會；會議通過《東蒙古人民自治政府施政綱領》、《東蒙古人民自治法》等，並發表《東蒙古人民自治政府成立宣言》，成立「東蒙古人民自治政府」（The East Mongolian Autonomous

Government），推舉博彥滿都爲政府主席，瑪尼巴達拉爲副主席，哈豐阿爲祕書長。政府委員15人，政府小呼拉爾由45人組成，並任命了各部部長、各處處長。東蒙古人民自治政府下設經濟部、內防部、司法部、民政部、參事處、祕書處、宣傳處。該政府將興安軍軍隊改編爲東蒙古人民自治軍。首都定在王爺廟（烏蘭浩特市），國旗用紅藍三條旗。

　　1946年2月東蒙古自治政府正副主席博彥滿都、瑪尼巴達拉等認爲內外蒙古合併已無可能，計畫蒙古民族運動的目標改爲在中華民國境內爭取區域高度自治，瑪尼巴達拉、桑杰紮布等7人代表團會見國民黨國民政府軍事委員會委員長東北行營主任熊式輝及北平行營主任李宗仁，請求許可東蒙自治，遭到拒絕，並不許代表團赴重慶覲見蔣中正。國共戰爭期間，1946年5月26日東蒙古自治政府領導人在王爺廟召開了東蒙古人民代表臨時大會。5月27日大會發表《東蒙古人民代表臨時大會宣言》，爲了全內蒙古自治運動的統一，執行1946年4月3日《四三會議》（內蒙古自治運動統一會議）決議，會議決定「東蒙古人民自治政府成立時曾申明內蒙古自治運動有統一機構後即撤廢，現東西蒙已統一於聯合會，決定東蒙古代表回去就召開代表會議，施行解散，今後在東蒙古設聯合會總分會領導工作。」會後成立「內蒙古自治運動聯合會」，移都張家口。東蒙古總分會和西蒙古總分會，分別領導內蒙古東部和西部的自治運動。會議選舉聯合會執行委員會委員，執委由25人增選至63人，候補執委由2人增選至12人，並由執委中推選出常委26人，烏蘭夫爲執行委員會主席兼常委會主席，博彥滿都爲副主席，劉春爲祕書長，哈豐阿爲副祕書長，聯合會下設8部1處。四三會議後，內蒙古自治運動聯合會東西蒙武裝統一編爲內蒙古人民自衛軍。

　　內蒙古在「獨立」與「自治」自始至終徘徊不定。內蒙古6盟49旗複雜，對是否爭取獨立猶疑不定，意見不一，多數處於觀望態度；影響了內蒙古在追求自身主體性時，形成複雜多變的歷史發展。國共內戰時期，1947年4月23日在內蒙古主要政治領袖王爺廟（烏蘭浩特市）召開了內蒙古人民代表會議和成立「內蒙古自治政府」（The Inner Mongolian

Autonomous Government）。來自內蒙古盟旗的蒙古族、達斡爾族、鄂溫克族、漢族、滿族、回族、朝鮮族等各民族代表393人出席會議。會後召開了內蒙古人民代表大會，又稱《五一會議》。會議通過烏蘭夫的政治報告和內蒙古自治政府自治宣言、施政綱領、組織大綱等文件，選舉產生內蒙古自治政府臨時參議會及組成人員，烏蘭夫等121人當選為參議員，其中蒙古族、達斡爾族96人，漢族24人、回族1人、婦女5人。代表大會選舉政府委員21人，3名漢族委員，烏蘭夫當選為內蒙古自治政府主席，哈豐阿當選為副主席。博彥滿都為議長，吉雅泰為副議長，「內蒙古自治政府」宣告成立，首都建於烏蘭浩特。

　　1947年5月3日內蒙古自治政府在王爺廟召開第一次政府委員會議，政體採用聯邦制，任命政府各部門主管。會議定5月1日為內蒙古自治政府成立紀念日。1947年成立時管轄面積538,000平方公里，含呼倫貝爾市（盟）、納文慕仁盟、興安盟、錫林郭勒盟、察哈爾盟、卓索圖盟，共6盟34個旗（市）1個縣。當時人口約200萬人，其中蒙古族約50萬人。首都定在王爺廟（烏蘭浩特市），國旗用紅藍三條旗。內蒙古自治政府是內蒙古的蒙古民族各階層聯合內蒙古境內的各個民族，實施高度自治的民主政府行政區。1948年內蒙古人民自衛軍改為內蒙古人民解放軍，編有六個師、卓索圖盟縱隊、警衛團、獨立3團、獨立5團等部，總兵力約兩萬。內蒙古人民解放軍曾經參加遼瀋戰役、平津戰役。1949年10月1日中華人民共和國成立後，12月2日內蒙古自治政府被取消，改稱內蒙古自治區人民政府，區人民政府由王爺廟（烏蘭浩特市）遷往張家口市。

　　冷戰結束後，蒙古民族主義者延續「泛蒙古主義」路線，狂熱份子再舉「三蒙統一」構想。「三蒙統一」早期計畫在民初由日本提出，獲得俄羅斯白軍謝苗諾夫（Semyonov）及羅曼・費奧多羅維奇・馮・恩琴史登伯格（Nikolai Robert Maximilian Freiherr von Ungern-Sternberg）支持，「三蒙統一」是以蒙古現有版圖為中心，將俄羅斯的布里亞特共和國（The Republic of Buryatia），中華人民共和國內蒙古自治區、新疆博爾塔拉蒙古自治州，巴音郭楞蒙古自治州合併成立新的「大蒙古國」。現

在尚有不少「三蒙統一」計畫追隨者。此項政治主張涉及中華人民共和國、蒙古國及俄羅斯主權與領土，成功機會不大，只能成爲「泛蒙古主義者」的終身理想。1949年12月2日內蒙古自治政府正式改稱省級地方行政機關「內蒙古自治區人民政府」（The Inner Mongolian Autonomous Local Government），成爲中華人民共和國地方政府。1945年至1949年內蒙古獨立運動讓人感嘆自古「統一與獨立」永遠在世界各國循環上演，白骨成堆，血流成河。

第30章

中華人民共和國（The People's Republic of China）
五星紅旗（1949～）

五星紅旗（照片來源：中華人民共和國政府-Wikiwand）

　　中華人民共和國（The People's Republic of China）是中華蘇維埃人民共和國與陝甘寧邊區政府一脈延續的政權。1931年11月7日中國共產黨在第三國際支持下，在江西瑞金成立的蘇維埃臨時政府。西安事件國共第二次合作後，1937年9月6日中共取消中華蘇維埃共和國國號，改轄區為陝甘寧邊區；1950年1月19日陝甘寧政府撤銷。1948年至1949年中國國民黨與中國共產黨歷經三次重大戰役：遼瀋戰役（遼西戰役），徐蚌戰役，平津戰役及無數次中小戰役後，中國共產黨佔領中國大陸，中國國民黨退居臺灣。1949年6月中國共產黨採用國名曾考慮「中華人民民主共和國」；1949年9月27日中國人民政治協商會議第一屆全體會議通過《中華人民共和國中央人民政府組織法》，決議國名為「中華人民共和國」。1949年10月1日中國共產黨中央委員會主席毛澤東在北平宣告成立中華人民共和國中央人民政府，改北平市為北京市，並定為首都；中國共產黨正式以中華人民共和國政權統治大部分中國領土與人民，及至今日。

中華人民共和國建國中央人民政府第一號人事任命令（潘邦正攝於革命領袖視察黑龍江博物館）

　　目前中華人民共和國人口估計約有14億人漢族，佔總人口91.51%，餘為壯族、回族、苗族、維吾爾族、蒙古族、藏族、夷族、滿族等56個民族。1931年至1937年中華蘇維埃共和國懸掛中華蘇維埃共和國紅旗，1937年至1950年陝甘寧邊區政府（簡稱邊區政府）使用青天白日滿地紅旗。1949年7月新政治協商會議籌備會徵集國旗圖案，曾聯松提交了他的國旗樣稿，旗以毛澤東在《論人民民主專政》（On the People's Democratic Dictatorship）中指出當時人民由四個階級組成，即工人階級、農民階級、小資產階級和民族資產階級，四個階級鞏固中國共產黨為意，構成紅地五星旗。9月27日中國人民政治協商會議第一屆全體會議正式決定「中華人民共和國的紀年採用西元；中華人民共和國的國歌以義勇軍進行曲為國歌；中華人民共和國的國旗為五星紅旗」。五星紅旗上面大五角星象徵著中國共產黨，四顆小五角星象徵著工人階級、農民階級、小資產階級和民族資產階級，四顆小五角星圍繞大五角星中國共產黨。

　　中國的疆土範圍在數千年間一直變動，很難精確統計。中華人民共和國政府所宣告的國土面積為960多萬平方公里，實際控制地區則為950萬

平方公里，是世界上陸地面積第三大的國家。疆域北至黑龍江航道中心線（北緯53度33分），南達曾母暗沙海域（北緯3度51分），東起黑龍江與烏蘇里江合流處之黑瞎子島（東經134度46分），西極帕米爾高原的噴赤河（東經73°30分）。全國共有34個省級行政區、333個地級行政區、2,851個縣級行政區和39,945個鄉級行政區。其中，省級行政區分別是23個省分；5個民族自治區；4個直轄市（北京市、天津市、上海市、重慶市）；以及「一國兩制」香港和澳門特別行政區。

　　大清帝國中國疆域為1300萬平方公里，由於大清簽署不平等條約割讓領土給各國，及至中華民國僅保有1141萬平方公里疆域；故中華人民共和國疆域與大清帝國疆域相差約350萬平方公里，變化很大。依據1946年中華民國憲法（本文）規定：「中華民國領土，依其固有之疆域，非經國民大會之決議，不得變更之。」中華民國全國的實際統治地區面積達11,418,174平方公里。中華民國大陸時期行政區域的四極：極北：唐努烏梁海之薩彥嶺脊，北緯53°57'。極東：黑龍江與烏蘇里江合流處之黑瞎子島，東經135°4'。極南：南沙群島曾母暗沙海域，北緯3°10'。極西：帕米爾高原的噴赤河，東經71°。中華人民共和國與中華民國疆域所差約191萬平方公里；這些領土包括尚未完全統治區、領土丟失區、領土爭議區。主要地區如下：唐努烏梁海、外蒙古、江東64屯、臺灣／澎湖群島、金門、馬祖、部分南海島嶼、山地巴達赫尚自治州、巴達哈尚省、阿克賽欽、阿魯納查邦、克欽邦自治邦、及釣魚臺列嶼。此外其他西太平洋爭議中的島嶼尚有：

1. 釣魚臺列嶼：中華人民共和國、日本及中華民國。
2. 間島：中華人民共和國、大韓民國和朝鮮人民共和國。
3. 琉球群島：日本和中華人民共和國、中華民國。
4. 巴丹群島：菲律賓、中華民國、中華人民共和國。
5. 中沙群島：中華人民共和國、中華民國、菲律賓。
6. 黃岩島：中華人民共和國、中華民國、菲律賓。
7. 蘇岩礁、丁岩礁：大韓民國、中華人民共和國、朝鮮人民共和國。

8.西沙群島：中華人民共和國、中華民國和越南。

9.南沙群島：中華人民共和國、中華民國和越南、菲律賓、馬來西亞、汶萊、印尼。

10.仁愛礁：菲律賓、中華人民共和國和中華民國等等。

　　依據中華民國立國憲法疆界，目前中國地圖存在中華民國、圖瓦共和國、蒙古國（蒙古人民共和國）、中華人民共和國、香港特別行政區、澳門特別行政區6個政治實體。中華民國（1912）、圖瓦共和國（1921）、蒙古國（1924蒙古人民共和國）、中華人民共和國（1949）為4個獨立國家；香港特別行政區目前遵照1984年12月19日中英雙方簽署之《中華人民共和國政府和大不列顛及北愛爾蘭聯合王國政府關於香港問題的聯合聲明》（Joint Declaration of the Government of the United Kingdom of Great Britain and Northern Ireland and the Government of the People's Republic of China on the Question of Hong Kong），進行過渡；澳門特別行政區目前遵照1980年4月13日中葡雙方簽署之《中華人民共和國政府和葡萄牙共和國政府關於澳門問題的聯合聲明》（Joint Declaration of the Government of the People's Republic of China and the Government of the Portuguese Republic on the question of Macao）及兩個附件，進行過渡。

　　《中華人民共和國憲法》（The Constitution of the People's Republic of China）明定了中華人民共和國是「工人階級領導的、以工農聯盟為基礎的人民民主專政的社會主義國家」。《中華人民共和國憲法》產生奇怪又矛盾的問題：中華人民共和國由中國共產黨創立，但不實行共產主義，自稱是「中國特色社會主義本質」。政治學中「共產主義與社會主義有相當差異」，為何中國共產黨名為「共產」，卻實行社會主義，而不實行共產主義？事實上，目前中國城市宛如資本主義社會，城鄉差距甚大，值得進一步討論。中華人民共和國境內的政治團體共有9個合法政黨存在。中國共產黨、中國國民黨革命委員會、中國民主同盟、中國民主建國會、中國民主促進會、中國農工民主黨、中國致公黨、九三學社及臺灣民主自治同盟。中華人民共和國憲法第一條：「中華人民共和國是工人階級領導

的、以工農聯盟為基礎的人民民主專政的社會主義國家。」所以是以「工農階級專政」的一黨制國家,而非政黨競爭的國家。

全國人民代表大會為國家最高立法權力機關,設有常務委員會;並選出國家主席、國務院、最高人民法院、最高人民檢察院、中央軍事委員會、最高人民檢察院等政府官員。黨的領導人為中國共產黨中央委員會總書記,軍事領導人為中央軍事委員會主席。通常中華人民共和國領導人集黨、政、軍三權於一身,故國家主席為實位或虛位,視其是否掌控其他黨、軍兩權。1982年12月4日《中華人民共和國八二憲法》取消了「國家由中國共產黨領導」的條款。不過2018年第十三屆全國人大一次會議通過《中華人民共和國憲法修正案》,修正重要條文為:

1. 「再度確認」中國共產黨一黨專政的領導地位。
2. 取消國家主席和國家副主席的「連任限制」。
3. 增設國家「監察機關」。

上述3條憲法修正文影響2018年以後中華人民共和國政治發展甚巨。

中華人民共和國政府龐大,職位黨政糾纏,機構又時時更名新置,只能簡要說明。中華人民共和國政府機構以全國人民代表大會為最高權力機關(The National People's Congress of the People's Republic of China),亦為最高立法機關;實行人民代表權力;目前全國人民代表大會常務委員會委員長是栗戰書。全國最高國家行政機關是中華人民共和國國務院(State Council of the People's Republic of China)對全國人大負責;目前國務院為李克強。國務院設置國務院辦公廳和外交部、國防部、國家發展和改革委員會、中國人民銀行和審計署等26個部門,1個國務院直屬特設機構,管理特殊的事項或履行特殊的任務而單獨設立的機構;10個直屬機構,例如海關總署(General Administration of Customs)國家稅務總局(State Taxation Administration)國家廣播電視總局(National Radio and Television Administration)等;2個辦事機構國務院港澳事務辦公室(The Hong Kong and Macau Affairs Office of the State Council)與國務院研究室(State Council Research Office);9個直屬事業單位如新華通

訊社（Xinhua News Agency）、中國科學院（The Chinese Academy of Sciences）、中國社會科學院（Chinese Academy of Social Sciences）、中央廣播電視總臺（China Media Group）等；和19個部委管理的國家局，如國家信訪局、國家郵政局、國家糧食和物資儲備局、國家能源局等；以及若干國務院議事協調機構，由於國務院組織黨政混編，權責異於常態，一般國內人民及外國人民無法搞懂中華人民共和國黨政體制。實際上，中華人民共和國政府主要政治權力來源於「三合一實權：政權、軍權與黨權」；政權指中華人民共和國國家主席職位（The President of the People's Republic of China），國家主席為有權無責國家元首，代表國家，不負責政府工作。軍權指中國共產黨和中華人民共和國中央軍事委員會（The Central Military Commission）主席，以及黨權指中國共產黨中央委員會（The General Secretary of the Central Committee of the Chinese Communist Party）總書記（First Secretary）職位。目前掌握「三合一實權：政權、軍權與黨權」為習近平。

　　中華人民共和國司法體制由國家審判機關法院、國家法律監督機關檢察院以及行使司法職能的行政機關構成。審判機關可分為專門人民法院和普通法院。法院最高單位是最高人民法院，下置三級地方人民法院，基層人民法院、中級人民法院及高級人民法院，一般案件採用四級兩審制。國家的法律監督機關是人民檢察院，最高單位是最高人民檢察院，下置各級地方各級人民檢察院及專門人民檢察院。另有公安機關是刑事調查和行政執法機關，承擔維護社會治安、民事糾紛調解、戶籍管理、道路交通管理、機動車登記、口岸邊防等准司法職能。國家安全機關由公安機關獨立出來，由國家安全部和地方各級國家安全廳、局組成，負責反間諜和重要領導保衛事務。司法行政機關可分為中央司法行政機關與各級地方司法行政機關（省、自治區，直轄市、地區（盟）、自治州縣、縣級市、市轄區、鄉、鎮）。目前「公、檢、法、國安」四單位組織嚴密，權力廣泛，已經成為中華人民共和國所謂的「刀把子」，除黨、政、軍權力外，掌實權者必爭之第四地盤。

中華人民共和國之崛起是在1945年至1949年之間。抗戰勝利之後，國民政府主席蔣中正三次電邀毛澤東前往重慶商討國事；1945年8月28日中國共產黨代表毛澤東、周恩來、王若飛在美國大使赫爾利陪同下飛至重慶，與中國國民黨代表王世傑、張治中、邵力子展開和談。9月18日蔣中正邀請毛澤東參加「紀念九一八茶會」，會中毛澤東高呼「三民主義萬歲」，「蔣主席萬歲」，留下國共鬥爭經典歷史記錄。經過43天的商談，雙方於10月10日簽署《政府與中共代表會談紀要》，即《雙十協定》（The Double Tenth Agreement）。協定重要內容為「兩黨合作，以和平、民主和團結為基礎，避免內戰，建設獨立、自由和富強的新中國，徹底實行三民主義」，「盡速結束訓政，實施憲政」。事實上，自1927年「四一二事件」及五次圍剿中共後，國共關係已無信任，國共兩次合作也是迫於蘇聯主導之情勢。《雙十協定》雙方搶爭日本佔領地，衝突不斷；1945年7月，國共雙方爆發了爺臺山戰役及10月漳河戰役。1945年10月25日中國共產黨策動雲南西南聯合大學舉行反內戰學潮；12月21日美國特使馬歇爾（George Catlett Marshall, Jr）到南京調處國共問題。1946年6月25日「軍事三人小組」美、國、共成立，調處停戰，限制國共雙方軍事行動；8月17日中國共產黨在延安發布第二次動員令，第二次國共內戰正式爆發。1947年中國共產黨軍隊更改國軍番號，稱為「中國人民解放軍」（People's Liberation Army of China），簡稱「解放軍」，1948年秋季解放軍分別發動在東北遼瀋戰役、華東徐蚌戰役、華北平津戰役三場戰略決戰，最後取得勝利，獲得長江以北地區統治權力。

1949年1月21日鑒於軍事與經濟失利，蔣中正宣布引退，副總統李宗仁出任代總統。4月國共雙方在北平舉行「北平和談」，最終和談破裂。1949年4月21日解放軍隨即發動「渡江戰役」，23日晚解放軍第三野戰軍第7兵團35軍開始渡江，24日占領南京；當日毛澤東在北京市香山公園雙清別墅庭院閱讀解放軍占領南京號外消息，喜不自勝。1950年3月到5月中國國民黨在海南島戰敗，大陸沿海疆域盡失，1949年至1950年中華民國政府與人民陸續東遷臺灣，展開人類歷史上最大規模的200萬人（1947

年至1950年前後約250萬人）難民渡海逃難。

　　1948年8月15日大韓民國（The Republic of Korea）宣布建國，簡稱南韓，首都漢城（首爾）；同年9月9日金日成在蘇聯的支援下，成立了朝鮮民主主義人民共和國（The Democratic People's Republic of Korea），簡稱北韓，首都在平壤。雙方以予以38度線分隔，雙方均自稱是朝鮮半島的唯一合法政府，擁有朝鮮半島主權；國際上分別由民主陣營及共產集團國家承認。1950年6月25日北韓跨越38度線，南下入侵南韓，韓戰（The Korean War）正式爆發，聯軍在仁川登陸後，朝鮮半島局勢逆轉，金日成軍隊潰敗北退。1950年10月1日毛澤東接受金日成提出出兵援助的請求，10月5日中共中央政治局擴大會議決定出兵援朝，以中國人民志願軍名義參加韓戰；毛澤東任命彭德懷為志願軍司令率兵數十萬援朝。南北聯軍在朝鮮半島激烈對戰，雙方傷亡慘重；戰爭最終在1953年7月27日結束，南北韓在邊界板門店建立長達248公里，寬約為4公里非軍事區（The Korean Demilitarized Zone），北韓取得開城，但淨損失1,500平方英里領土。

　　韓戰對中華人民共和國有3項重大影響：

1. 1954年12月2日中華民國外交部長葉公超與美國國務卿艾倫·威爾許·杜勒斯（Allen Welsh Dulles）在華府簽訂《中華民國與美利堅合眾國間共同防禦條約》（Mutual Defense Treaty between the United States of America and the Republic of China），阻止中共軍隊進攻臺灣，派遣西太平洋海軍部隊美國第七艦隊（The Seventh Flee）協防臺灣，確立臺海兩岸長期安全；但是美國也不支持「反攻大陸」，促使兩岸關係拖延。1955年3月3日《中華民國與美利堅合眾國間共同防禦條約》生效，條約至1980年1月1日中華人民共和國與美國建交，條約失效，維持24年。中與美建交同時改變了中華人民共和國與中華民國的命運，前者開始走向世界，搭上全球化的列車，政治外交經濟高度發展；後者在「一個中國」框架下，政治外交經濟被邊緣化，中國國民黨數度分裂，並兩度失去政權，淪為在野政黨。

2. 毛澤東爲消滅中國國民黨在大陸殘餘軍隊，派遣投降部隊參加韓戰；部分作戰士兵被聯軍俘虜後，約1萬4000戰俘不願再做砲灰，選擇投奔自由臺灣，他們身上手臂刺青「消滅共匪」、「殺朱拔毛」，史稱「1萬4000反共義士」，嚴重影響中華人民共和國國際形象。

3. 1950年11月25日毛澤東長子在朝鮮平安北道昌城郡大榆洞志願軍司令部遭美軍第18戰鬥轟炸大隊的3架P-51空襲陣亡，此事件改變毛澤東培植毛岸英的計畫，並影響中華人民共和國往後的政治發展。彭德懷因毛岸英戰死，得罪毛澤東，1959年9月彭德懷遭到黨內長期批鬥，直至1974年11月29在北京去世。

中華人民共和國歷史事件甚多，本文僅簡略陳述一二如下。毛澤東分別於1942年2月1日在延安發動「整風運動」（The Yan'an Rectification Movement），即整頓「學風、黨風與文風」，其目的在清除「國際派」及「反毛派」，樹立毛澤東個人崇拜。1945年4月23日至6月11日中國共產黨第七次全國代表大會在延安召開，出席的代表有755人，當時中國共產黨黨員已經擴張至121萬人。大會通過了新的《中國共產黨黨章》，確定以馬克斯、列寧主義與毛澤東思想爲中國共產黨工作指導方針。中國共產黨第七次全國代表大會確立了毛澤東在中共黨內穩固的領導地位。1951年毛澤東發起「三反」運動（The Three-anti Campaign），1952年再發起「五反」運動（The Five-anti Campaign）。「三反」指「反貪汙、反浪費、反官僚主義」；「五反」指「反行賄、反偷稅漏稅、反偷工減料、反盜騙國家財產、反盜竊國家經濟情報」。這兩場政治運動指向清算黨產及國家機關、事業單位內部貪汙腐敗，官商勾結分子，以及中國國民黨殘餘資本家及富農，地主與地方舊勢力。簡言之，就是「第一代唱紅打黑」政治運動。「三反」運動及「五反」運動除造成大量人士被處死、冤獄、自殺與逮捕的悲劇，其影響也使部分銀行家、企業家、知識份子逃離中國大陸，移居海外。

1957年毛澤東興起波及社會各階層的「反右運動」，這場大型政治運動目標是肅清中共黨內右翼份子。右翼份子並沒有準確的定義，一般稱

主張保守、自由、個人、漸進的改革方式，同時強調維護舊有傳統者。實際上「反右運動」是毛澤東以扣帽子方式，清除黨內政敵的手段；指控受害人是「反對共產黨在國家政治中的領導地位、反對無產階級專政（The Dictatorship of the Proletariat）及反對民主集中制（Democratic Centralism）」。中共中央對右翼份子按照罪行處理，如勞動教養、監督勞動、留用察看、撤職、降職降級等。全國受害者無法估算，約計100萬人以上，1980年受到平反右派人數約有55萬人。反右運動後，知識分子禁聲封筆，再也不敢批評共產黨及其領導人，各民主小黨參政及議政成為花瓶及舉手部隊，造成中國共產黨實施「一黨專政」（single-party state）及毛澤東穩固「一人獨裁」的局面。

　　1957年底至1960年中華人民共和國推行「大躍進」（The Great Leap Forward）運動，1957年底中國共產黨傳媒機構《人民日報》（The People's Daily）刊登「大躍進」口號，指出「在農業合作化後，我們有必要在生產戰線上來一個大的躍進」，號召農民掀起一場「生產高潮，爭取豐收」，鼓勵各地幹部下放農村，從事一線生產。12月8日毛澤東在中南海頤年堂召集各民主黨派負責人和無黨派人士座談，提出15年內「超英趕美」（Exceeding the UK, Catching the USA）之構想。由於大躍進的各項生產指標過高，產生各省各地欺騙謊報，土法煉鋼，脫離實際，違法亂紀，摧殘人命等情況，農村中飢餓、死亡、逃荒現象大量出現，甚至發生了人吃人的慘劇；據非正式統計非自然死亡約4000萬人，傷病逃離人民不計其數。「大躍進」明顯是毛澤東「藉天殺人」之手段。

　　1958年至1984年「人民公社」（The People's Commune）興起，「人民公社」與「大躍進」同為「三面紅旗」（Three Red Banners）之一，人民公社既是生產組織，也是基層政府，是政治社會合一的組織。大型人民公社像「區」，有萬戶以上；小型人民公社像「鄉」，有4～5千戶。公社受中國共產黨全面管制，包括衣食、住行、公安、貿易、財政、稅收、會計及計劃工作。1960年後，經濟倒退，工業停頓，交通運輸癱瘓；國民生產總值下降1/3，人民普遍營養不良，大量民眾餓死。以「夾邊溝農

1959年6月25日毛澤東回鄉掃墓（潘邦正攝於革命領袖視察黑龍江博物館）

場」（Jiabiangou Labor Camp）爲例，1960年前後來自甘肅省各地的3000
多名「右派」份子被送到夾邊溝農場勞改。由於糧食不足，大批勞改人員
被凍死、餓死；當時被迫吃樹葉、樹皮、泥土、蠕蟲和老鼠者大有人在，
最後倖存者僅剩500多人。當然傷亡數字實難正確統計，但是「大躍進」
與「人民公社」確爲中國歷史上人民最大的「浩劫與悲劇」，毛澤東一生
「毀天、滅地、殘民」之作爲實天地不容。1958年6月25日毛澤東回到闊
別32年家鄉，向父親、母親鞠躬掃墓，以表孝道；他當念「大躍進」飢
餓死亡之人民，都是爲人子女或爲人父母。

　　1962年1月11日到2月7日中央工作擴大會議在北京召開，參加會議的
有中央和中央各部門、局、省、市、地、縣的主要負責人，總計人數有
7113人，因此這次大會又稱「七千人大會」（The Seven Thousand Cadres
Conference）。中共中央副主席兼國家主席劉少奇將「大躍進」、「人民
公社」造成之大饑荒，歸結爲「三分天災，七分人禍」，毛澤東因此遭到
批評與檢討，退居二線領導。「七千人大會」毛澤東在周恩來、鄧小平、
林彪掩護下，雷聲大，雨點小，會議仍然肯定「三面紅旗」是正確道路；
不過黨主席毛澤東與國家主席劉少奇的矛盾衝突浮上檯面，「七千人大

會」為1966年爆發的文化大革命埋下伏筆。

　　1965年毛澤東在取得周恩來（特工頭目）與林彪（軍隊領袖）等人支持後，1966年至1976年發動全國性的「無產階級文化大革命」（The Great Proletarian Cultural Revolution）政治鬥爭運動，時間長達十年，史稱「十年浩劫」。毛澤東策劃江青、姚文元在上海以評新編歷史劇〈海瑞罷官〉為題，認為該劇借古諷今，通過「平冤獄」為彭德懷翻案；1965年11月10日毛、周、林、江、姚等人發動「無產階級文化大革命」：對內是清算劉少奇走資派及其黨羽，對外是「反蘇修、反美帝」，嘗試重回無產階級為核心。1966年5月設立中央文化革命小組，成員為江青、陳伯達、康生、姚文元等人，自立為權力極大的機構。文化大革命期間各種內鬥、外鬥，文鬥、武鬥，無始無終。1966年8月18日毛澤東在天安門廣場接見百萬紅衛兵，這些紅衛兵在往後於全國各地毀壞寺院、廟宇、教堂等，砸毀文物，破壞古蹟，焚燒書籍；同時對所謂「剝削階級」、「反動派」抄家，批鬥學術權威、虐待知識分子。文革期間包括屠殺、武鬥、自殺非正常死亡人數達數百萬人，傷殘者千萬人以上。「無產階級文化大革命」主要目的就是徹底利用無產階級人民建立以「毛為中心的本土帝國」，故首先必須剷除國內「親蘇派」勢力及斷裂蘇聯對中國境內「親蘇派」的外援，尤其是劉少奇派系；1969年3月毛澤東發動中蘇在邊界武裝衝突「珍寶島事件」，斷絕中蘇關係，閉門清除黨內「親蘇派」及「國際派」。1967年劉少奇被軟禁北京，歷經2年批鬥，1969年11月12日劉少奇以化名「劉衛黃」病死於開封。1971年9月13日林彪、葉群、林立果等人自山海關機場乘飛機逃亡，飛行方向是外蒙古與蘇聯，飛機墜毀於蒙古人民共和國溫都爾汗，機上人員全部喪生。「九一三事件」（913 Lin Biao Incident）真相至今成謎，當然是毛澤東與林彪互信合作破裂所致。1976年1月8日周恩來病故；1976年9月9日毛澤東去逝，文化大革命至此情勢逐漸轉變。1976年9月中共中央第一副主席華國鋒成為中共領導人，同年10月華國鋒、葉劍英、汪東興等人發動粉碎四人幫「懷仁堂事變」，逮捕王洪文、張春橋、江青、姚文元；「無產階級文化大革命」終於收場，

1971年9月13日林彪自秦皇島山海關機場出逃（潘邦正攝於秦皇島山海關機場）

然而「十年浩劫」早已摧毀錦繡河山成為血海地獄；1976年中華人民共和國黨、政、軍、特領導人物重新洗牌。

　　關於兩岸狀況，1955年1月18日中國人民解放軍（People's Liberation Army或People's Liberation Army of China）發動「一江山島戰（The Battle of Yijiangshan Islands），攻佔一江山島，震撼國際。1955年1月29日美國國會通過《1955年臺灣決議案》（Formosa Resolution of 1955），授權了美國總統認為有必要時，派遣美軍到中華民國管轄地區協助防衛。中國人民解放軍攻佔一江山島後，火炮射程可以覆蓋大陳島，導致2月8日至25日外島軍民在美國第七艦隊掩護下，將大陳島2.8萬餘名居民撤離到臺灣，史稱「大陳島撤退」（The Battle of Dachen Archipelago）。1958年8月23日至10月5日中國人民解放軍再度對外島金門發動大規模砲擊，史稱「八二三砲戰」（1958 Taiwan Strait Crisis），雙方千門火砲互射，海空交戰，傷亡慘重；粗估超過100萬枚砲彈落在金門，是役金門防衛司令部（Kinmen Defense Command）3位副司令官吉星文、趙家驤、章傑中彈殉職。「八二三砲戰」起因，眾說紛紜，作者認為毛澤東同時推行「大

躍進」及「八二三砲戰」是「安內」之舉，因為毛澤東無法完全掌握軍權與情治，只有藉著內部各種運動，外部各種「假性戰爭」消滅內部政敵，鞏固權位：1950年韓戰、1955～1979年兩岸戰爭（1955~1979 Taiwan Strait Crisis）、1969年中俄珍寶島戰爭（Zhenbao Island Incident）、1979年中越戰爭（Sino-Vietnamese War）都是「假性戰爭」；對內是政治鬥爭，對外是武力恫嚇。1960年後中華人民共和國採「單打雙不打」象徵騷擾，直至1979年中華人民共和國與美國建交，雙方中止砲擊。

1971年10月聯合國大會通過《聯合國大會第2758號決議》，中華人民共和國取得中國席位，國際社會中「政治中國」代表性逐由中華人民共和國取得。1979年1月1日美國終止與中華民國間所有正式外交關係，轉而承認中華人民共和國。美國轉變外交立場，承認中華人民共和國，並與之建交，其目的在「聯中抗蘇」，果然蘇聯在1991年12月26日正式解體，各加盟共和國紛紛獨立；蘇聯在安理會及其他聯合國機構中的會員國資格由俄羅斯聯邦及獨立國協其他11個成員國繼承。中華人民共和國與美國建立的政治，經濟關係有效削弱蘇聯實力，同時也壯大中華人民共和國的國力。

1981年9月胡耀邦當選為中國共產黨中央委員會總書記，採取一系列開明、開放、平反政策及打擊太子黨腐敗運動，引起紅色元老派不滿。1987年胡耀邦遭到批鬥下臺，政治局於1月16日推選趙紫陽為代理總書記。1989年4月15日胡耀邦逝世，大批民眾在天安門廣場聚集、悼念、獻花、追思及各種歌頌胡耀邦的宣傳海報出現在校園及大街；民眾呼籲政府實踐胡耀邦的觀點，包括新聞自由、民主制度、失業問題以及嚴查貪官等問題。最初天安門靜坐抗議是單純的學生運動，後來大量社會人士加入，成為大型社會運動，最後由於中國共產黨高層意見分歧，利益衝突，演變成全國政治運動。5月19日中央政治局常委與軍方領導人以及黨內元老會面，鄧小平親自定調此次運動視為「動亂」，並決定將趙紫陽排除在中國共產黨高層領導之外。5月20日中國政府正式宣布實施全國戒嚴。6月4日六四事件（The Tiananmen Square Protests）爆發，凌晨戒嚴部隊開槍鎮

壓天安門廣場的示威群眾，政府加強控制新聞媒體和公民言論等自由，懲處國內外媒體工作者；同時針對參與示威抗議的學生與群眾展開大規模逮捕行動，拘留數萬名大陸各省人民。6月24日中國共產黨第十三屆中央委員會第四次全體會議通過李鵬《關於趙紫陽同志在反黨反社會主義的動亂中所犯錯誤的報告》，趙紫陽被撤銷中共中央總書記、中央政治局常務委員會、中央委員和中央軍事委員會第一副主席等職務；趙紫陽後遭軟禁北京富強胡同6號，至2005年1月17日含冤去逝。許多參與六四事件的學生及人民以各種方式流亡海外，受到歐美國家經濟援助及政治庇護，流亡人士在世界各國組成「海外民運團體」，中華人民共和國與歐美各國關係因此產生裂痕。

2013年中華人民共和國主導「一帶一路」（The Belt and Road Initiative）跨國發展經濟，投資近70個國家，突破印度洋及太平洋障礙，向全球擴張；「一帶一路」計畫引起美國警覺，2018年5月30日美國將太平洋司令部改名為印太司令部（United States Indo-Pacific Command），企圖圍堵，組織包圍戰略；印太司令部為聯合兵種司令部，軍隊包括陸軍、海軍、空軍及海軍陸戰隊，前緣及後勤人員約30萬人，形成東北亞地區戰雲密布，中華人民共和國與美國關係再度發生重大變化。

關於兩岸關係變遷，簡要陳述於下。1987年7月15日中華民國廢除《臺灣省戒嚴令》（Martial Law in Taiwan），結束部分臺灣白色恐怖（1992年修正中華民國刑法第一百條）；《臺灣省戒嚴令》是1949年5月20日生效，歷時38年56天，是全世界國家戒嚴最長時間。臺灣逐步開放黨禁、報禁、海禁、出國、集會、結社、言論等人民自由與基本人權。1987年11月2日中華民國總統蔣經國進一步開放兩岸探親，促進人民交流；並推動三大政策：臺灣民主化、臺灣本土化、兩岸和平化；中華民國對大陸政策由「反攻大陸」軍事思維，改為「三民主義統一中國」。中國大陸呼應兩岸關係和平發展，亦由「血洗臺灣」政策轉向「和平統一」口號。1988年1月13日蔣經國突然辭世，中國國民黨權力真空，引發黨內各派系卡位爭鬥；最後由李登輝接班，掌握黨、政、軍主流勢力，中國國民

黨非主流勢力人士則逐漸分裂成新黨（1993年）、親民黨（2000年）、各小黨及脫黨。

　　1992年10月26日至10月30日海峽交流基金會（The Straits Exchange Foundation）與海峽兩岸關係協會（Association for Relations Across the Taiwan Straits）代表在香港針對兩岸「文書驗證」及「掛號函件」事宜進行的第二次工作性商談，國民黨人士認爲會議也達成「一個中國、各自表述」的共識，又稱「九二共識」。「九二共識」有非常奇怪的現象：

1. 「九二共識」是口頭承諾，無文字協議，雙方權利義務無法正確解讀，不符合民主社會契約精神及應行之法律行爲與程式。

2. 「一個中國、各自表述」根本不符合歷史及政治現況；1912年中華民國建立與1949年中華人民共和國建立就是兩個政治實體，分別代表兩個不同政治體制的中國；扼要言之，1949年後中華人民共和國已經自行獨立，建立了「第二個中國」。

　　如果世界上只有一個中國，如何解釋1949年至1971年的中華人民共和國？它是一個國家嗎？因爲當時中華民國是聯合國成員，且有全球邦交國。

　　1993年4月27日及1998年10月14日兩岸分別派出海峽交流基金會（The Straits Exchange Foundation）董事長辜振甫與海峽兩岸關係協會（Association for Relations Across the Taiwan Straits）會長汪道涵進行兩次半官方會談，史稱「辜汪會談」；雙方會談定位爲民間性、事務性、經濟性與功能性。1994年3月31日臺灣24名觀光客在浙江淳安縣千島湖搭乘觀光船「海瑞號」旅行，被胡志瀚、余愛軍和吳黎宏三名大陸人整船搶劫，縱火焚燒遊船，致使24名臺灣人全體死亡。千島湖事件（The Qiandao Lake Incident）對當時的兩岸關係造成重大影響，民調顯示「自己是臺灣人」大幅增加；認爲「自己是中國人」則大幅下降。1995年6月7日至12日中華民國李登輝總統返回母校康乃爾大學，在歐林講座發表題爲「民之所欲，長在我心」的演說，首次提出「中華民國在臺灣」（Republic of China on Taiwan）的國家定位。李登輝的演講引起中華人民共

和國高層不滿，推遲「焦唐會談」與第二次「辜汪會談」。1995年7月21日至7月28日中華人民共和國針對李登輝訪問美國，第一次發射飛彈及軍事演習，表示抗議；1996年3月8日至3月25日中華人民共和國對臺灣基隆及高雄兩地進行第二次飛彈發射及海，空軍事演習，引起國際重視，美國曾派兩個航空母艦戰鬥群在臺灣東部海域觀察；史稱第「三次臺灣海峽危機」（Third Taiwan Strait Crisis）。

1997年2月19日中國共產黨「改革開放的總設計師」鄧小平去世，鄧小平生前主張以和平方式解決臺灣問題，並同意兩黨平等會談，實行國共第三次合作。1999年7月9日李登輝接受德國之聲總裁Dieter Weirich與德國之聲亞洲部主任Gunter Knabe採訪，提出兩岸關係是特殊的國與國關係，「中華民國從1912年建立以來，一直都是主權獨立的國家，1991年的修憲後，兩岸關係定位在特殊的國與國關係，沒有再宣布臺灣獨立的必要。」李登輝的特殊的國與國關係被中共認定為「兩國論」。中國共產黨嚴厲批評李登輝兩國論就是臺獨分裂勢力，兩岸官方關係跌至冰點。2000年中華民國總統大選，國民黨在重大分裂中，意外敗選，由民主進步黨陳水扁以39.30%選票當選行憲後第10任總統，中國國民黨正式丟失海峽兩岸政權，淪為在野政黨。2000年中華民國總統大選政黨輪替促使兩岸關係走入中國共產黨與民主進步黨對立對談的時期。

2008年中國國民黨全球動員，推選總統候選人馬英九，以58.45%選票當選第12任中華民國總統，締造第二次政黨輪替。2012馬英九再度以45.63%得票率連任第13任中華民國總統。馬英九在8年任期內，兩岸關係大幅轉彎；放寬兩岸「福建沿海與金門、馬祖地區直接往來」「小三通」（通郵、通商、通航）政策，推動兩岸官方互動正常化，簽署「海峽兩岸海關合作協議」；2015年11月7日馬英九與中共中央總書記習近平在新加坡香格里拉大酒店會面，創造66年兩岸最高領導人首次會晤之歷史。美國政府表示樂見兩岸的領導人會晤，不過在2016年1月16日第14任中華民國總統選舉，美國明顯支持民主進步黨總統候選人蔡英文，蔡英文以56.12%當選第14任中華民國總統，締造臺灣總統選舉第三次政黨輪替；

2020年蔡英文再以57.13%得票率,連任第14任中華民國總統。

　　蔡英文執政期間加強中華民國與美國關係,兩岸關係再度轉彎,陷入低潮。2016年至2022年美國對中華民國的軍事,外交互動關係包含2016年12月3日蔡英文與美國總統當選人唐納・約翰・川普(Donald John Trump)電話會談;2016年12月23日美國總統歐巴馬簽署《2017年國防授權法》(2017 National Defense Authorization Act),納入美臺高級軍事交流章節,突破現役軍官與國防部副助理部長以上官員不得訪臺的限制;2019年5月7日美國眾議院(United States House of Representatives)通過《2020年臺灣保證法》(Taiwan Assurance Act of 2020),支持美國常態化軍售臺灣武器,以協助臺灣提升防衛能力,支援臺灣參與國際組織;2019年5月25日中華民國「北美事務協調委員會」(Coordination Council for North American Affairs)更名為「臺灣美國事務委員會」(Taiwan Council for US Affairs);2020年2月2日,中華民國副總統當選人賴清德訪問美國華盛頓哥倫比亞特區(Washington, D.C.),並應邀參加「國家祈禱早餐會」(National Prayer Breakfast);2021年7月15日美國眾議院通過與中國競爭法案《確保美國全球領導地位及參與法案》,又稱老鷹法案(Eagle Act),臺灣駐美機關「駐美國臺北經濟文化代表處」(Taipei Economic and Cultural Representative Office in the United States)正名為「臺灣駐美國代表處」(Taiwan Representative Office in the US);此外美國參議員,眾議員分批訪問臺灣。中華民國與美國關係改善導致原來美、中、臺三方「等距三角關係」的穩定局面,變成美、中、臺三方「不等距三角關係」的戰爭對峙,兩岸關係快速惡化。以2021年為例,解放軍空軍和海軍航空兵各型戰機進入臺灣防空識別區的架次達到393架次。

　　中華人民共和國開放以後,經濟發展有驚人的成果;目前為世界第二大經濟體,也是製造業第一大國,超過200多種產品出口量排行首位。美國是其最大的出口市場,中美有明顯的貿易。中華人民共和國與俄羅斯在經濟、軍事等亦有密切關聯。其他如紐西蘭,澳洲,南美洲各國家,非洲各國家也有雙邊貿易關聯。中華人民共和國也是世界貿易組織、二十大工

業國、上海合作組織、亞太經濟合作會議（Asia-Pacific Economic Cooperation, APEC），簡稱亞太經合會、等重要的成員國。中華人民共和國也是金磚五國（BRICS）之一，金磚五國指巴西、俄羅斯、印度、中華人民共和國、南非。令人意外的，中華人民共和國經濟發展並未形成山繆·菲力浦斯·杭亭頓（Samuel Phillips Huntington）名著《變化社會中的政治秩序》（Political Order in Changing Societies）所主張之理論：「經濟變化和發展是造成穩定民主政治體制的首要因素」。1989年6月4日天安門廣場「六四事件」（The Tiananmen Square Protests）證明「國家經濟高度發展會促進民主政治體制改革」之理論並不適用在中國。

中華人民共和國建國已經超過七十年，依據2018年3月11日第十三屆全國人民代表大會第一次會議通過的《中華人民共和國憲法修正案》：第三十五條「中華人民共和國公民有言論、出版、集會、結社、遊行、示威的自由」，第三十六條「中華人民共和國公民有宗教信仰自由」，第三十七條「中華人民共和國公民的人身自由不受侵犯」，第三十八條「中華人民共和國公民的人格尊嚴不受侵犯。禁止用任何方法對公民進行侮辱、誹謗和誣告陷害」，第三十九條「中華人民共和國公民的住宅不受侵犯，禁止非法搜查或者非法侵入公民的住宅」，第四十條「中華人民共和國公民的通信自由和通信祕密受法律的保護」等。中國共產黨的革命志士做到了憲法規定的條文嗎？那個自由平等富強康樂的「新中國」在那裡？歷史證明，中華人民共和國歷經七十多年治國，上述國家與人民的契約，只是擺設，形同廢紙。試問中國共產黨是否已為政權利益，忘記當年革命初心？

當前兩岸關係處於戰爭邊緣，雙方百年各項成就可能快速毀於一旦。其實兩岸關係是可互補，中華人民共和國經濟發展與中華民國自由民主都可相互學習，良性競爭。假如中華人民共和國以「民族主義」對抗中華民國的「自由主義」，以武力解決問題，這將是兩敗俱傷，仇恨長遠。中國歷史自古習以武力解決政治問題，造成遍地血腥，萬民苦難；期望兩岸領導人引以為鑒，深思大局，寬容愛民，以「良知止戰」，造福蒼生。

第31章
蒙古人民共和國（The Mongolian People's Republic）
索永布旗（1924～）
蒙古國（Mongolia）（1992～）

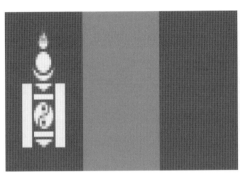

蒙古國（蒙古人民共和國）：索永布旗（1992～）（照片來源：中華民國外交部全球資訊網（mofa.gov.tw）

蒙古人民共和國的第一面旗幟（照片來源：https://zh.wikipedia.org/wiki）

蒙古人民共和國的第二面旗幟（照片來源：https://zh.wikipedia.org/wiki）

蒙古人民共和國的第三面旗幟（照片來源：https://zh.wikipedia.org/wiki）

蒙古人民共和國國旗（1940～1992），　蒙古國國旗（1992～）（照片來源：中華
索永布上方加了一顆五角星（照片來源：　民國外交部全球資訊網（mofa.gov.tw））
https://zh.wikipedia.org/wiki）

　　「蒙古國」（Mongolia）與圖瓦人民共和國類似，原本爲中國最北疆
域；自清末民初，中國內亂之際，結合地區民族主義與蘇聯帝國主義，成
爲獨立政治實體，再轉變爲國家。蒙古國國名分爲兩階段更換：1924年
至1992年外蒙古廢除君主立憲制，成立「蒙古人民共和國」（The Mon-
golian People's Republic）；1992年2月12日蒙古人民共和國改國名爲「蒙
古國」，中華民國政府與人民習慣稱之「外蒙古」，其前身爲博克多汗
國。

　　蒙古國是古代匈奴、鮮卑、柔然、突厥、回鶻、契丹等，多個遊牧
民族生活和曾經建立政權的地區。1206年成吉思汗建立了「蒙古帝國」
（The Mongol Empire），1271年他的孫子忽必烈建立元朝，元朝滅亡後
蒙古人退回蒙古草原，但經常與明朝在邊境發生衝突。十七世紀末時蒙
古全境被納入清朝統治，1911年清朝覆滅後外蒙古宣布獨立爲博克多汗
國，但未得到眾多國家承認。1911年12月藏傳佛教格魯派第八世哲布尊
丹巴呼圖克圖博克多汗登基稱帝，1915年中俄簽訂《中俄蒙協約》，即
《恰克圖條約》（The Treaty of Kyakhta），外蒙古實行自治。1919年中
華民國派軍廢除外蒙古自治。1921年在蘇聯的支持下，外蒙古貴族與蒙
古人民黨共同組建「蒙古人民革命政府」。

　　1921年在蘇聯控制下，人民革命取得國家獨立，1924年建立奉行社
會主義的蒙古人民共和國，成爲蘇聯影響下的衛星國（Satellite State）。

　　1990年初蒙古人民共和國組人民代表大會制度採用議會制，由各地

選出議員，組成議會。1992年2月12日達希・賓巴蘇倫（Dashiin Byam-basüren）政府主導政治改革，蒙古人民共和國更改國名為「蒙古國」，並修改蒙古國憲法及宣布放棄社會主義，實行多黨制，目前共有18個政黨。蒙古國實行雙首長制（Semi-presidentialism），總統為直接選舉，為國家元首和軍隊最高統帥，任期四年，可連任兩屆。國會稱國家大呼拉爾（The State Great Khural）（實行一院制國會）是國家最高權力機關。蒙古國政府為國家最高行政機關，由總理和若干閣員組成。總理由國家大呼拉爾直接任命，成員根據總理提名後國家大呼拉爾通過任命。

蒙古國簡稱蒙古，位於中蘇邊界內陸國家，首都為烏蘭巴托。行政區為21個省和一個直轄市兼首都的烏蘭巴托（原名庫倫）所構成，領土面積約為156萬平方公里，國土面積是世界第19大的國家，也是僅次於哈薩克的世界第二大內陸國家，人口330萬人，90%蒙古族，8%哈薩克族，2%民族其他。蒙古國可耕農地稀少，大部分國土為草原地區，北部和西部山脈延綿，南部為戈壁沙漠，30%的人民從事遊牧或半遊牧。主要宗教為藏傳佛教，官方語言為蒙古語。主要民族為蒙古族，亦有哈薩克、圖瓦等其他少數民族。

蒙古國國旗用索永布（The Soyombo symbol）紅藍旗，蒙古國國旗因政治因素，歷經數次改變。蒙古國國旗由兩塊紅色中插一塊藍色作為背景，左方紅色部分有一個黃色的「索永布」圖案：背景的紅色代表了進步與繁榮，永恆的天空以藍色來取代。索永布最上方是火團，蒙古先民信奉拜火教，視火為興旺。索永布上3個火舌表示過去、現在和未來。火團下面是蒙古人民傳統的象徵物：太陽和月亮。火與日、月三者結合，顯示繁榮昌盛，蒸蒸日上。上下兩個三角形代表戰矛，矛頭向下表示對敵人絕不寬容。上下兩塊長方形則是堅持正義和忠實的體現。圖案正中的太極陰陽圖案象徵和諧，而分列左右的兩塊長方形在古書中代表城牆，表示全民團結。索永布旗寓意深刻，是蒙古人民民族自由、獨立的象徵。蒙古人民共和國自建國至今，歷經數次更換國旗式樣，但是索永布圖案未變，故稱索永布旗。每年的7月10日為蒙古國國旗日。

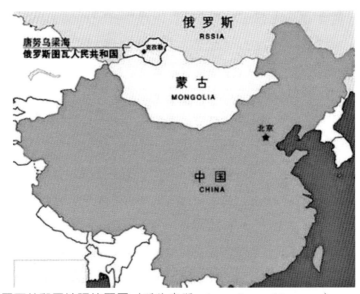

蒙古國與圖瓦共和國地理位置圖（照片來源：https://www.bing.com）

　　蒙古國政治制度是一個東亞的半總統制（Semi-presidentialism），又稱雙首長制、混合制共和國，同時具有總統和內閣總理。1921年在蘇聯的支持下，外蒙古宣告獨立，蒙古貴族與人民黨共同組建「蒙古人民革命政府」。1924年，外蒙古廢除君主立憲制，成立「蒙古人民共和國」，當時除了蘇聯外，世界上主要國家均未承認外蒙古獨立。蒙古人民黨在蘇聯影響下，採取消滅宗教，牧業集體化等方式改造社會，同時成立了「文字改革委員會」，廢除傳統蒙文，改為與俄語相同的西裡爾字母，又稱斯拉夫字母，是通行於斯拉夫語族的字母書寫系統。蒙古國發行獨立的貨幣，圖格里克為蒙古國法定貨幣。

　　1929年起，政府採行「史大林主義」（Stalinism），即以及按照史大林的思想理論在蒙古國建立的社會主義政治、經濟、思想、文化體制、運行機制。主要包括了社會主義國家通過廣泛的政治宣傳手段，建立個人崇拜政治氛圍，以此來保持政府對全國人民的政治領導。政府先後沒收封建王公及部分封建主的財產，使牧民階級擺脫了對封建主的經濟依賴。1932年蒙古出現反抗蒙古人民革命黨的行動後，蒙古當局開始進行思想

清洗。進行鎮壓，沒收佛教寺院的財產，摧毀廟宇，中高級喇嘛則送入勞改營或屠殺光，毀滅了蒙古藏傳佛教。從1933至1953年，據統計，當時73萬人口有36000蒙古國人死亡或失蹤。三〇年代末，政府完全摧毀封建主階級的經濟和基礎，排除外來資本的政策。

1945年美國鑒於在太平洋戰爭，尚未取得決定性勝利，預估要全面擊潰日本，可能需要犧牲百萬聯軍，因此富蘭克林・德拉諾・羅斯福（Franklin Delano Roosevelt）與溫斯頓・隆納德・斯賓塞—邱吉爾（Sir Winston Leonard Spencer Churchill），會同約瑟夫・維薩里奧諾維奇・史達林（Joseph Vissarionovich Stalin）於1945年2月雅爾達會議（Yalta Conference）中，要求蘇聯在對德國作戰勝利後，協助對日本宣戰。史達林在會議上開出條件，其中包括外蒙古（蒙古人民共和國）的維持現狀。

1952年10月13日國民黨第七次全國代表大會第四次會議上，蔣中正做《政治報告》陳述了上項悲痛政治現實：「承認外蒙古獨立的決策，雖然是中央正式通過的，一致贊成的，但是我個人仍願負其全責。」，「當時我個人的決策，就是要求戰後確保勝利戰果，奠定國家獨立，民族復興的基礎，必須求得二十年的休養生息，和平建設；只要能夠爭取這一個建設機會，那就是任何犧牲，亦是值得的。於是我們政府對俄帝，乃決定忍辱談判，不惜承認蒙古獨立，做此最大犧牲，來忍痛簽定條約和附件。」顯示當時為應付戰後國家復興，修養建設，中國已無力為收復外蒙再興戰事。蔣中正認為蒙古人民共和國自民國十年設立，事實上為俄帝所控制，政府對於外蒙古領土實際上已名存實亡。值得一提，蔣中正對外蒙古獨立亦由民族平等的看法：「我對於民族平等，自由的思想，向來認為是天經地義的事，只要其民族有獨立自主的能力，我們應該予以獨立自主的。」這一點說明，大清瓦解後，民族自決，自治是很嚴重問題，也是至今內戰百年不熄主要原因。

第二次世界大戰結束後，1945年8月14日國民政府代表宋子文等人在蔣中正的授權下率團赴莫斯科，經十數次會議磋商，由外交部長王世傑與蘇聯代表維亞切斯拉夫・米哈伊洛維奇・莫洛托夫（Molotov）簽訂《中

蘇友好同盟條約》（The Sino-Soviet Treaty of Friendship and Alliance），中國政府聲明「日本戰敗之後，如外蒙古的公民投票證實這種獨立願望，中國政府當承認外蒙古的獨立，並以現在的邊界作為國界。」同年10月20日外蒙古獨立公民投票結果公布，97.8%的公民贊成外蒙古獨立。1946年1月5日中華民國政府正式承認外蒙古獨立。當時中華民國政府派內政部次長雷法章及蒙藏委員會，內政部，外交部單位代表參加，觀察投票情形。中華人民共和國建國後，在1949年10月16日和蒙古人民共和國建交，確認了蒙古國（外蒙古）獨立。

　　1961年10月25日聯合國安理會以9票贊成，0票反對，1票棄權的表決結果，通過《聯合國安理會166號決議》，接受蒙古人民共和國加入聯合國：當時美國棄權，中華民國未參加投票表決。1962年12月26日中華人民共和國全權代表周恩來與蒙古人民共和國全代表，國家大呼拉爾（The State Great Khural）主席團主席尤睦佳・澤登巴爾在北京簽訂《中華人民共和國和蒙古人民共和國邊界條約》，正式劃定中華人民共和國和蒙古人民共和國之間的邊界。蒙古國國家大呼拉爾是一院制議會，總計有76個議席，設有主席1人、副主席4人。負責協助政府確定法律。多數派政黨直接推舉大總統的候選人參加競選。國家大呼拉爾有權任命總理。《中華人民共和國和蒙古人民共和國邊界條約》於1963年3月25日生效，中國自此正式喪失156萬平方公里國土，約44個臺灣面積。由於其地理位置在中蘇（俄）之間，致使蒙古國成為中蘇邊界的緩衝國，亦為依附於蘇聯的衛星國。

　　1992年2月12日蒙古人民共和國改國名為「蒙古國」，通過蒙古國憲法，並更改國旗國徽，宣布放棄社會主義，實行多黨制2012年5月21日中華民國再度承認蒙古國為一獨立國家。蒙古國建立於中華民國憲法法定疆域，現已正式成為一個主權國家。第二次世界大戰分裂國家多為戰敗國，例如東德與西德。很不幸的，第二次世界大戰分裂最大的國家竟是戰勝國，並為聯合國五強之一的中國。分裂的中國原本包括6個政治實體，由於圖瓦人民共和國與蒙古國獨立；目前剩有4個政治實體：中華民國、中

華人民共和國、香港特別行政區（租界）與澳門特別行政區（租界）；喪失圖瓦人民共和國與蒙古國領土實爲全體國人之悲痛。

關於治理邊疆政策，1912年中華民國成立後，曾短暫仿清朝續設理藩院，處理邊疆事務。1913年北洋政府改制爲內務部蒙藏事務處；隨後再改制爲蒙藏事務局、蒙藏院。1928年7月11日國民政府將蒙藏院改制爲蒙藏委員會（The Mongolian and Tibetan Affairs Commission），隸屬行政院。蒙藏委員會主管對蒙古和西藏交流及其他有關蒙藏各項事務，設委員長1人，委員若干人；首任委員長是閻錫山。行政單位置6室、3處，有蒙古事務處、西藏事務處、總務處、編譯室及下轄有蒙藏文化中心（蒙藏文化館）、祕書室、參事室、主計室、人事室、政風室等。抗日戰爭時蒙藏委員會隨國民政府遷徙至陪都重慶。

1945年蒙藏委員會隨國民政府移回南京。第二次國共內戰後，蒙藏委員會隨中華民國政府遷往臺北，並在青田街設立「蒙藏文化中心」。1953年播遷到臺灣的中華民國政府以蘇聯並未做到「不援助中共」等條件，認爲蘇聯違約在先，因此在聯合國大會提出505號決議案（The Resolution 505），即《蘇聯違反1945年8月14日中蘇友好同盟條約及聯合國憲章以致威脅中國政治獨立與領土完整及遠東和平案》；廢除《中蘇友好同盟條約》，不承認外蒙古獨立。中華民國重新視蒙古國爲中華民國蒙古地方，並在教科書中維持中華民國「秋海棠形疆域」。

1997年中華民國首都臺北市與蒙古首都烏蘭巴托市締結爲姐妹市。1999年卸任臺北市長後的陳水扁以個人身分造訪蒙古。2000年陳水扁當選總統後積極推動正式承認蒙古國是獨立的國家。2002年1月中華民國行政院修改《臺灣地區與大陸地區人民關係條例施行細則》第三條，將「外蒙古地區」移出大陸地區；同年9月雙方於臺北以及烏蘭巴托互設代表處，中華民國設立駐烏蘭巴托臺北貿易經濟代表處（The Taipei Trade and Economic Representative Office in Ulaanbaatar），建立經貿、文化及非正式外交關係。2003年2月14日蒙古國正式成立駐「臺北烏蘭巴托貿易經濟代表處」（The Ulaanbaatar Trade and Economic Representative Office）。

2007年蒙古前總統彭薩勒瑪‧奧其爾巴特（Punsalmaagiin Ochirbat）訪問臺灣，參加全球新興民主論壇，並與總統陳水扁會晤。由於兩地遙遠，交通不便，少數臺商前往投資；以2020年為例，蒙古國僅為中華民國第120大貿易夥伴，維持少量政府與民間互動關係。2017年8月17日行政院通過《蒙藏委員會組織法》廢止案，由行政院大陸委員會承接蒙藏會的業務。12月13日中華民國臺北政府蔡英文總統公布廢止蒙藏委員會。實質上，中華民國國民政府對蒙藏地區一直未能實際控制，只能象徵性懷柔與妥協。

第32章

香港特別行政區政府（The Government of the Hong Kong Special Administrative Region）

洋紫荊紅地區旗（1997～）

1842年至1871年香港殖民地時期旗幟：英國米字國旗（照片來源：香港旗幟列表-Wikiwand）

1871年至1876年香港殖民地時期旗幟：HK旗（照片來源：香港旗幟列表-Wikiwand）

1876年至1941年香港殖民地時期旗幟：藍船旗配以阿群帶路圖（照片來源：香港旗幟列表-Wikiwand）

1941年至1945年日本佔領香港：日本太陽旗（照片來源：中華民國外交部全球資訊網（mofa.gov.tw））

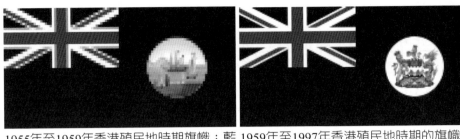

1955年至1959年香港殖民地時期旗幟：藍船旗配以阿群帶路圖（照片來源：香港旗幟列表-Wikiwand）

1959年至1997年香港殖民地時期的旗幟：盾形紋章旗（照片來源：香港旗幟列表-Wikiwand）

洋紫荊紅地區旗（照片來源：政府總部禮賓處（protocol.gov.hk））

　　香港特別行政區政府（The Government of the Hong Kong Special Administrative Region）歷史曲折多變，目前疆界包括香港島，九龍地區，新界地區及其周邊230多個島嶼。清朝與英國第一次鴉片戰爭（First Opium War）結束後，1842年清朝與英國在江蘇省江寧府外江面英軍旗艦汗華囉號（Cornwallis）上簽訂《南京條約》（Treaty of Nanking），主要條款是清朝割讓香港島和開放廣州、廈門、福州、寧波和上海五口通商。1856年亞羅號事件引發清朝與英國第二次鴉片戰爭。1860年3月18日，英軍第44團佔領九龍半島南端尖沙咀。1860年，根據《中英北京條約》，清朝將九龍半島界限街以南及昂船洲永久割讓給英屬香港（British Hong Kong）。

　　香港島和九龍半島防禦並無緩衝區，加上當時香港島人口密集，需要更多土地。1894年香港鼠疫爆發，香港的華人超過8萬人離港前往大陸避

疫。基於商業擴張，軍事防禦，社會發展種種因素，促使英國向清朝提出租界議案。1898年6月9日清朝再與英國簽訂《展拓香港界址專條》（The Convention Between Great Britain and China Respecting an Extension of Hong Kong Territory，又名《第二北京條約》（The Second Convention of Peking），租借九龍半島界限街以南以北，深圳河以南。中英雙方以此專條確定香港邊界租借期限為99年，《展拓香港界址專條》效期截至1997年6月30日終，此為1997年香港主權移交中華人民共和國的主要成因。

1941年12月8日日軍攻擊香港，香港駐港英軍（British Forces Overseas Hong Kong）華人軍團（Chinese Regiment）加拿大陸軍（Canadian Army）聯合抵抗，史稱香港保衛戰（Battle of Hong Kong）。1941年12月13日英軍退守香港島，日軍指揮官酒井隆中將派人勸降。12月21日日軍控制了大半個香港島，香港總督（Governor of Hong Kong）楊慕琦爵士（Sir Mark Aitchison Young）接獲倫敦命令，繼續抗敵；12月25日早上香港島市心臟地區灣仔失守；12月25日下午香港總督（Governor of Hong Kong）楊慕琦爵士（Sir Mark Aitchison Young）向日軍無條件投降，日軍佔領香港，香港進入「三年零八個月」日治時期；直至1945年8月30日香港重光紀念日（Liberation Day）。

自1898年6月9日至1997年6月8日《展拓香港界址專條》99年效期即將終止前，中華人民共和國政府和大不列顛及北愛爾蘭聯合王國政府展開關於香港、九龍、新界問題商談。《中英聯合聲明》（Sino-British Joint Declaration）係中華人民共和國國務院與英國政府雙方共進行22次談判後，國務院總理趙紫陽與英國首相柴契爾（Margaret Hilda Thatcher, Baroness Thatcher）於1984年12月19日在北京簽訂。《中英聯合聲明》主要聲明：「中華人民共和國政府決定於1997年7月1日對香港恢復行使主權。」，英國政府聲明：「聯合王國政府於1997年7月1日將香港交還給中華人民共和國。」中華人民共和國對香港的現有政策及制度50年不變，我實行「一個國家，兩種制度」，「港人治港，高度自治」，確保其社會主義制度不會在香港特別行政區政府實施，保留香港原來資本主義制

度和生活方式。依據1984年《中英聯合聲明》（Sino-British Joint Declaration），中華人民共和國政府逐於1997年7月1日對香港恢復行使主權。

香港特別行政區政府（Hong Kong Special Administrative Region）現為中華人民共和國兩個特別行政區之一。香港是一個全球城市（Global city）核心城市之一。是中國與東南亞各地及世界各國交往主要貿易通道，被稱為「東方之珠」。香港被評為全球社會安全、經濟繁榮、生活富足、競爭力搶、適宜居住的國際都市。香港政府體制與中華人民共和國不同，採三權分立（Separation of powers）制度，英國在統治時期實行行政主導的權力分立，擁有獨立司法體系。1841年至1997年香港英治時期，英國曾任命28位總督（Governor of Hong Kong），簡稱港督，為香港行政首長。香港總督由英國女皇委任，亦只有英皇之命令才能將其罷免。1843年英國維多利亞女王（Queen Victoria）特權立法的《英王制誥》（Hong Kong Letters Patent）頒布，又稱「香港憲章」，宣布設定香港殖民地。實際上，根據英國憲制，英皇按英國首相之建議任免香港總督。英國女皇是香港的最高統治者，總督則是君主的全權代表，兼任香港三軍總司令。1997年後香港改為民選香港特別行政區政府行政長官。1996年12月11日香港特區第一屆政府選舉選出首任香港特別行政區政府行政長官董建華。2002年董建華再度連任；2007年3月25日曾蔭權成為第三屆香港特別行政區政府行政長官；2012年3月25日梁振英當選為第四屆香港特別行政區政府行政長官；2017年3月26日林鄭月娥當選為第五屆香港特別行政區政府行政長官；2022年5月8日李家超以99%得票率，當選為第六屆香港特別行政區政府行政長官。李家超的99%得票率在歷任行政長官選舉中實為超高，一般在民主體制選舉中不可能出現，象徵香港特別行政區政府體制及社會發展已經由多元化，逐漸走向一元化。

香港是中國南方及東南亞各地同世界各國交往之主要貿易通道，全球重要「自由港」之一，也是國際金融中心（International Financial Centre）、航空海運轉運中心，並具教育文化、娛樂時尚、金融商業、媒體基礎、旅遊發展和交通樞紐地位。香港土地面積約1106平方公里，如含水

域面積約為2755平方公里。人口約750萬人，91.5%為華人，其餘為東南亞人或各國人士。很奇妙的是華人內分香港人、香港大陸人（指九龍，新界香港人）及中國人。香港語言以粵語（俗稱廣東話）與英語為主，書寫則使用中文與英文；1997年後普通話開始通用，香港社會「內地化」逐步實施，相對的英國元素漸漸消失。香港社會宗教自由基督教、天主教、伊斯蘭教及佛教未禁。香港發行獨立的貨幣，港元為香港特區法定貨幣，亦是世界流通貨幣。香港政府旗幟的演變如其歷史發展，十分曲折。1842年至1871年香港殖民地時期旗幟使用英國米字國旗。1870年輔政司（政務司）提出了採用英國國旗上加白冠及字母「HK」旗幟為香港殖民地時期第一面旗幟使用於1871年至1876年。1876年至1941年香港殖民地時期旗幟更換為藍船旗配以阿群帶路圖。1941年至1945年日本佔領香港，香港懸掛日本太陽旗。1955年至1959年香港復使用藍船旗配以阿群帶路圖。1959年1月21日英國紋章院授予香港盾形紋章，對香港的旗幟進行了修改。二戰後，郵政司榮鍾士設計並繪畫香港盾徽，建議以盾徽取代沿用多年的阿群帶路圖。1958年英國紋章院對盾徽的設計加以修訂，包括調整獅子的方向及加上城垛，香港盾徽於1959年1月21日頒布，7月27日香港政府正式更新旗幟圖案。這種設計自1959年起被正式

1941年12月25日日軍設立「香港佔領地總督部」（潘邦正攝於香港歷史博物館）

使用，直到1997年香港主權的移交。

目前香港特別行政區政府使用洋紫荊紅地區旗（The Regional Flag of the Hong Kong Special Administrative Region），是香港特別行政區政府官方代表旗，中央爲一五瓣花蕊的白色用洋紫荊圖案，底色爲紅色。區旗的五瓣花蕊中有五星，象徵著中國共產黨與工人階級、農民階級、小資產階級和民族資產階級。1990年4月4日，中華人民共和國第七屆全國人民代表大會第三次會議通過採用了這種圖案設計。洋紫荊紅地區旗象徵殖民的香港重新與中華人民共和國建立聯繫，與「一個國家，兩種制度」的承諾。洋紫荊紅地區旗爲中華人民共和國特別允諾自治地方使用，中國其他各省及直轄市無法比照，故其意義特殊。

香港特別行政區立法會（Legislative Council of the Hong Kong Special Administrative Region）爲最高立法機關，共設議席90席。目前香港特別行政區立法會主席爲梁君彥，曾爲香港經濟民生聯盟主席。香港政黨依照政治主張的不同，概分爲建制派、修憲派、民主派、本土派及其他中間派；各派系由不同政黨合盟組成，例如建制派就有民主建港協進聯盟（Democratic Alliance for the Betterment and Progress of Hong Kong）、香港工會聯合會（Hong Kong Federation of Trade Unions）、香港經濟民生聯盟（Business and Professionals Alliance for Hong Kong）等。1997年後香港特別行政區政府和建制派配合中國共產黨的各種政治，經濟與文化掌控，引起了香港本土派的不滿。香港本土派主張以香港人的利益爲出發點，強調香港的自主性和中英混合式文化。香港本土派亦擔憂「一個國家，兩種制度」已遭破壞，中國共產黨將中國人的利益放在港人利益之上，並削弱香港人思想自由、言論自由、宗教自由、隱私權、新聞自由、出入境自由等公民權利和政治權利。2022年1月3日舉行第七屆立法會議員選舉建制派在90名議員中占89席，新思維（Third Side）占1席，香港立法會進入一黨獨大時代。

《香港特別行政區政府基本法》（The Basic Law of the Hong Kong Special Administrative Region of the People's Republic of China）解釋權

係由中華人民共和國最高國家權力機關全國人民代表大會常務委員會解釋，簡稱為「人大釋法」。中華人民共和國實行成文法，屬於大陸法系；香港實行不成文法，屬於英國法系；兩者理論不同，存在爭議。《香港特別行政區政府基本法》第二十三條規定香港應自行立法維護中華人民共和國國家安全的法律條文。條文：「香港特別行政區政府應自行立法禁止任何叛國、分裂國家、煽動叛亂、顛覆中央人民政府及竊取國家機密的行為，禁止外國的政治性組織或團體在香港特別行政區政府進行政治活動，禁止香港特別行政區政府的政治性組織或團體與外國的政治性組織或團體建立聯繫。」其用意是以法律禁止任何有損該國國家主權、領土完整、統一及國家安全的行為。香港反對基本法二十三條的人士認為，其內容含糊不清，其中尤以香港、內地兩地標準及定義不同，犯「煽動叛亂」、「顛覆國家政權」、「竊取國家機密」等罪條件，輕則批評即可入獄，重則終身監禁，對基本人權和自由完全沒有保障。2003年7月1日香港反對基本法二十三條的人士舉行「七一遊行」（The Hong Kong 1 July Protests），這是香港回歸以來最大規模之示威活動，其主要訴求是反對基本法二十三條的立法。大會呼籲參加者穿黑衣出席。當日遊行的規模約40多萬人，震驚世界。全球傳播媒體均以「七一遊行」作為焦點，報章更以大篇幅報導事件起落，引發全球矚目。

2014年9月26日至12月15日在香港發生的一系列爭取「真普選」的「公民不服從」運動。其主要訴求為恢復中國全國人民代表大會常務委員會撤回2016年及2017年香港政治制度改革，爭取香港特別行政區政府行政長官選舉的公民提名權，以及廢除香港立法會功能。運動中使用象徵是黃色的雨傘，亦稱「雨傘革命」（Umbrella Revolution），參與人數約為120萬人，占全香港人口的1/6。示威者佔領添馬艦、金鐘、中環、灣仔、旺角、銅鑼灣及尖沙咀等地，遭警方武力清場。最終示威者的改革訴求全部被政府拒絕，運動以失敗告終。

2020年5月28日中華人民共和國第十三屆全國人民代表大會第三次會議通過《全國人民代表大會關於建立健全香港特別行政區政府維護國

家安全的法律制度和執行機制的決定》，簡稱《全國人大涉港決定》，督促香港儘快就23條完成立法，並授權全國人民代表大會常務委員會研擬《中華人民共和國香港特別行政區政府維護國家安全法》（The Law of the People's Republic of China on Safeguarding National Security in the Hong Kong Special Administrative Region），簡稱《港版國安法》草案。2020年6月30日上第十三屆全國人大常委會第二十次會議第二次全體會議以162票全票通過《中華人民共和國香港特別行政區政府維護國家安全法》。主要內容包括：

1. 中央人民政府對和香港特別行政區政府對於國家安全的責任；香港特別行政區政府維護國家安全應當遵循的重要法治原則。
2. 香港特別行政區政府建立健全香港特別行政區政府維護國家安全委員會及其職責。
3. 四類危害國家安全的罪行和處罰。
4. 司法案件管轄、法律適用和程式。
5. 設立中華人民共和國中央人民政府駐香港特別行政區政府維護國家安全公署（Office for Safeguarding National Security of the Central People's Government of the People's Republic of China in the Hong Kong Special Administrative Region），簡稱香港國安公署。

　　2020年6月30日《港版國安法》生效前後，授予警務處國家安全處無限的權力：警務處國安部門可以搜查可能存有犯罪證據的處所、車輛、船隻、航空器以及其他有關地方和電子設備，不需經由法院批准；導致香港人移民海外人數急升數倍，各國企業營運的公司與工廠也大批撤出香港。

　　香港立法會選舉中香港眾志（Demosisto）提出「民主自決」和「永續基本法、城邦自治」主張，港人要爭取以全民制憲或是永續基本法的方式，解決2047年問題。香港泛民主派普遍認為，2047年6月30日之後，所謂「一國兩制」並不屬於長期國策，所以《基本法》是會自動失效的，而且社會主義制度自動在香港實施，應該在這段還能操作的時間裡，積極發動爭取民主和獨立的抗爭。建制派的立法會議員則認為2047的大限是民

主派製造出來的偽命題。事實上，《中英聯合聲明》、《香港特別行政區政府基本法》及《港版國安法》，目前法令內容尚有許多矛盾、衝突、模糊的地方。

　　香港由一海邊漁村，變爲今日全球東方之珠，顯然有英國管理制度及文化元素，非一日可變。香港由帝國主義國家手中重返中國管轄，本應舉國歡騰，但是香港人民近年來抗議，反對中華人民共和國統治聲音不斷，除了懷疑中華人民共和國對「一國兩制」是否能依法執行，原來人民生活方式及自由平等的追求是香港人民不願喪失的。國際觀察人士則普遍認爲「港版國安法」通過後，香港「一國兩制」已提前結束。不過香港內部夾雜國際、香港、中國、英國及其他各方勢力，政爭依然暗潮洶湧，擇時引爆。至於香港特別行政區政府在2047年6月30日前政經發展如何演變以及2047年6月30日後政府體制如何更改？存在許多變數，有待持續觀察。目前香港特別行政區是現存「歷史中國」4個政治實體之一，「歷史中國」是依歷史記載及現狀爲標準的敘述事實。香港50年「一國兩制」已經過半，目前在中華人民共和國統治下，香港發展趨勢明確朝向「一國一制」，香港人能否適應另一種政治制度，二十五年後的歷史會給我們答案。

第33章

澳門特別行政區政府（The Government of the Macao Special Administrative Region）

蓮花綠地區旗（1999～）

蓮花綠地區旗（照片來源：澳門特別行政區政府入口網站（www.gov.mo））

　　澳門特別行政區政府（The Government of the Macao Special Administrative Region）目前是中華人民共和國兩個特別行政區之一，也是面積最小且有爭議的政治實體。澳門地區包括澳門半島、氹仔及路環。澳門位於南海北邊、珠江三角洲西側，北接珠海，東鄰香港特別行政區，是粵港澳大灣區的中心城市之一。澳門特別行政區面積約115.9平方公里土地，含土地面積33.6平方公里及海域面積82.3平方公里；人口約70萬，以漢人為主，佔95%，餘為葡萄牙人及其他外國人。澳門特別行政區語言以粵語（俗稱廣東話）與葡萄牙語為主，英文亦通，書寫則使用中文與葡萄牙文；澳門特別行政區採行宗教自由基督教、天主教、伊斯蘭教及佛教都未禁止。澳門發行獨立的貨幣，澳門元為澳門特區法定貨幣，澳門元亦是世界流通貨幣。澳門是中華人民共和國轄區範圍內唯一合法經營賭場的地區，賭博收入是澳門的主要財政來源之一。

澳門特別行政區政府使用澳門特別行政區區旗（The Regional Flag of the Macau Special Administrative Region）；簡稱澳門特區區旗；別稱蓮花旗是官方代表旗幟，它是依其地理，歷史，政治等特徵設計而成；綠色作底，上繪五星、蓮花、橋梁、海域圖案，以中央的蓮花圖案是澳門的象徵。區旗的五星，象徵著中國共產黨與工人階級、農民階級、小資產階級和民族資產階級。五星之下有一朵由三片花瓣組成的白色蓮花；分別代表澳門半島、氹仔和路環。蓮花下面是線條狀白色大橋和綠白相間的海水是象徵澳門的地理環境。1993年1月15日澳門基本法起草委員會九全會評選了澳門特區區旗圖案的草案，3月31日經中華人民共和國全國人民代表大會第一次會議通過的澳門特別行政區區旗，1999年12月20日起澳門特別行政區區旗正式使用。澳門特別行政區區旗和中華人民共和國國旗同時懸掛時，中華人民共和國國旗必須旗面較大，且掛於中心位置、較高的位置，顯示澳門特別行政區相當於一個地方政府。

澳門特別行政區政府政治制度採用行政主導制度（Executive Dominance），即執政黨同時掌握行政及立法權；澳門特別行政區行政長官亦稱「特區首長」（The Chief Executive of the Macao Special Administrative Region），行政長官候選人必須由選舉委員會委員選出，委員300至400人不定，最後由中華人民共和國國務院總理任命。每屆任期五年，可以連任一次。第1至2屆行政長官是何厚鏵；第3至4屆行政長官是崔世安；2019年9月4日國務院總理李克強主持召開國務院第三次全體會議，任命賀一誠為澳門特別行政區第五任行政長官，2019年12月20日賀一誠就職。澳門特別行政區立法會（The Legislative Assembly of the Macau Special Administrative Region）是澳門特別行政區的立法機構，議會分別由直接選舉議員、間接選出議員及官派議員合組，每4年換屆。目前立法會為第7屆，由14名直接選舉議員、12名間接選出議員及7名官派議員組成，共計33名議員；現任立法會主席為高開賢。司法體系分初審法院、中級法院及終審法院三級。

澳門原為一小漁村，澳門的名字源於漁民敬仰的一位中國女神—天

后，她又名「娘媽」，以媽祖諧音稱此小漁村爲「Macau」。早期葡萄牙人登陸後，租居澳門，開展東西方貿易，使澳門從一個漁村發展成爲繁榮的商業城市。1887年葡萄牙王國（Reino de Portugal）迫使清朝在北京簽訂不平等條約《中葡和好通商條約》（Tratado de Amizade e Comércio Sino-Português），強迫中國同意葡萄牙永久租借澳門，不過保留了葡萄牙如將澳門讓與他國必須經過中國同意的權利。1928年《中葡和好通商條約》第40年期滿，按條約內規定「10年修改一次」（第46條）。中華民國政府於7月10日通知葡萄牙駐華公使，聲明《中葡和好通商條約》已於1928年4月28日期滿。同年12月27日中華民國政府與葡萄牙簽訂《中葡友好通商條約》，澳門的地位與界址問題沒有被提及。《中葡友好通商條約》並不廢除《中葡和好通商條約》，對其中條款作出修訂，保留了有關澳門地位的條款。

第二次世界大戰期間日本全面侵華，1941年日本佔領香港。由於葡萄牙第二共和國在歐洲親近軸心國納粹德國，澳門宣告在第二次世界大戰保持中立，因此日本並未佔領葡屬澳門。1974年4月25日葡萄牙爆發康乃馨革命（Revolução dos Cravos），獨裁的葡萄牙第二共和國倒臺，新成立第三共和國實行去殖民地化政策，放棄所有殖民地，葡萄牙駐澳門軍隊逐步撤出。

1979年中華人民共和國與葡萄牙正式建交；1986年中葡兩國政府開始澳門主權談判四輪，1980年4月13日中華人民共和國國務院總理趙紫陽與葡萄牙阿尼巴爾・卡瓦科・席瓦（Aníbal António Cavaco Silva）在北京簽訂《中華人民共和國政府和葡萄牙共和國政府關於澳門問題的聯合聲明》（Joint Declaration of the Government of the People's Republic of China and the Government of the Portuguese Republic on the question of Macao）及兩個附件。聯合聲明同意澳門是中國領土，中華人民共和國將於1999年12月20日恢復行使澳門主權。1993年3月31日中華人民共和國全國人民代表大會於北京通過《中華人民共和國澳門特別行政區基本法》，自1999年12月20日起澳門成爲中華人民共和國的一個特別行政區。1999

年12月20日澳門總督（The governor of Macau）韋奇立（Vasco Joaquim Rocha Vieira）與和第1任行政長官是何厚鏵於澳門新口岸新填海區交接澳門政權，中華人民共和國正式恢復行使澳門主權。

澳門特別行政區是現存「歷史中國」4個政治實體之一，「歷史中國」是依歷史記載及現狀爲標準的敘述事實。依據《中葡聯合聲明》，中華人民共和國在澳門特別行政區「一國兩制」應履行維持資本主義制度和生活方式，五十年不變。2012年6月5日澳門立法會表決通過《中華人民共和國澳門特別行政區基本法》（The Basic Law of the Macao Special Administrative Region of the People's Republic of China），各項法令相互有許多矛盾、衝突、模糊的地方。澳門特別行政區與香港特別行政區政府類似，兩地區由帝國主義國家手中重返中國管轄，本應是件大喜之事，但是兩地人民近年來抗議，反對活動不斷。相對而言，澳門特別行政區人民對中華人民共和國依法執行「一國兩制」之信心大於香港特別行政區人民，故其社會運動相對減少。2018年10月24日全世界最長的沉管式隧道港珠澳大橋（Hong Kong-Zhuhai-Macao Bridge）通車，連結澳門特別行政區、香港特別行政區與珠海三地，並整合深圳經濟特區（The Shenzhen Special Economic Zone）、香港特別行政區與澳門特別行政區，此灣區將成爲全球經貿、金融、博彩、轉運、觀光重要灣區之一，前景燦爛。

歷史當以「人民史觀」記載國家發展

　　2022年年中新冠變種病毒鋪天蓋地肆虐全球，作者執筆之「新戰國時代：近代中國33面旗幟與政權」乙書終於完成初稿；回閱各章所寫內容，實在不盡滿意，總覺掛一漏萬。主要在於題目太大，前後年月超過百年，涉及國家或政府數十個，討論歷史名人、大事百餘件，難免有遺珠之憾。其次由於移居新宅及約稿時間急促，書房百冊史書幾未細閱採用，一來沒有時間與體力查核，二來純粹想自由寫作，避免文章引用過多，失去真味。本書涉及歷史廣度甚大，許多重點無法透徹論述，故讀者萬勿以學術眼光視之；本書僅能提供近代中國一幅時間地圖，並對中國地理、歷史與政治演變給予宏觀巨視之輪廓整理，引導民眾完整瞭解百年中國的結構及人民的苦難。本書寫作匆忙，校正粗略，難免有疏漏、爭議、錯誤之處，只有留待以後修正，並期望讀者回饋缺遺，補充不足。

　　近代中國是一部人民血淚歷史，億萬百姓身、心、靈之苦難非筆墨可形容。近代中國對內歷經革命起義、軍閥戰爭、第一次國共內戰、北伐戰爭、中原大戰、邊疆戰爭、第二次國共內戰、海峽戰爭、飛彈危機以及千百次國內、黨內、黨外鬥爭與戰爭；對外遭遇第一次世界大戰、中日戰爭、第二次世界大戰、中朝戰爭（韓戰）、中俄戰爭、中越戰爭、中美戰爭以及無數與世界各國的外交、經貿戰爭。近代中國國家發展之複雜情況史無前例，舉世難見，無疑為一個「新戰國時代」。

　　「新戰國時代」概述近代中國33面旗幟與政權，其建立之成因大略可分為下列五種：

1. 建立政權以「民族主義」為目標，期能達成「民族自決」與「民族獨立」；此類以邊疆民族為多，例如泛突厥主義建立之東突厥斯坦伊斯蘭共和國。

2. 建立國家以「民權主義」為目標，期能建立一個政治自由民主，社會

平等富強的國家；此類以中華民國與中華人民共和國為代表，兩者革命建國之初確有此種理想與號召，可惜近百年兩國執政，在自由民主實踐上有負人民。

3. 恢復「皇權復辟」政權，此類以君主立憲為口號，建立皇帝專制國體或半專制政府；中華帝國與滿洲國可為顯例。

4. 建立「傀儡政府」，由外國勢力在中國扶植傀儡政府，以代理人方式統治中國；中華民國戰時南京政府（汪精衛政府）與中華民國維新政府即扮演此類角色。

5. 扶植「緩衝國」，蘇聯在中國北方支持及製造圖瓦共和國與蒙古人民共和國獨立建國，並利用國際關係割讓中國領土，就是真實案例。大體而言，33個政權多數建立以民族主義號召及外國勢力支持；這是中國各政權不能真正「為人民服務」及完全實行「民主憲政」的原因。

　　本書除概述近代中國33面旗幟與政權興衰之外，主要提出「近代中國」的新概念：包括「文化中國」、「地理中國」、「歷史中國」、「政治中國」之區分，釐清四者之差異性，避免「中國」一詞混淆不清，矛盾衝突，真偽不明。「文化中國」意指一個民族以相同文字、語言、習俗、宗教、藝術及生活方式建立之國家；由於中華民族由壯族、回族、苗族、維吾爾族、蒙古族、藏族、夷族、滿族等56個民族組成，因此「文化中國」歷史上分分合合，長遠且複雜。「地理中國」是以滿清政府移交近代中國最早的獨立共和國中華民國，其所轄之合法疆域1100萬平方公里內曾經建立之所有政權。「歷史中國」乃指在中國有能力管轄範圍（960萬平方公里）內，依據歷史記載及發展，建立之所有國家與政府。「政治中國」係以國際社會之變遷與國際關係之轉換，在國際社會中被各國承認之國家或國際組織中代表中國之席位。本書清楚說明百年「文化中國」、「地理中國」、「歷史中國」、「政治中國」之演變、轉折、互動、衝突之因果關係及目前中國面臨之轉機與危機。

　　討論「中國」一詞，實事求是的追源，「中國」原為「地理與文化概念代名詞」，指在大陸地區歷代建立之朝廷、政府或國家所佔領之疆域；

或總稱這些朝廷、政府或國家創造之文化。華夏族多建都於黃河一帶，因稱其地爲「中國」，與「中土」、「中原」含義相同，意謂「中央之國地」。歷史與政治發展上，並無一個國家以「中國」爲名稱。自近代中國歷史觀察，如在國家合法疆域內建立之任何一個政治實體都稱爲「中國」，則春秋、戰國時代就有一堆「中國」出現，歷代歷朝如將邊疆政權納入我國，則「中國」數不勝數。再以1689年9月7日俄羅斯和清政府簽定《尼布楚條約》，爲正式「中國」一詞使用之始；則1895年臺灣民主國已經首創建立「兩個中國」之先例。其後1923年廣東革命政府亦在南方建立「兩個中國」對抗中華民國北洋政府；抗日戰爭前後，中華大地出現中華民國重慶政府、中華蘇維埃共和國、滿洲國、中華民國維新政府、中華民國戰時南京政府、中華共和國及邊陲地區政府，總計「十數個中國」；及至1949年中華人民共和國之建立也再度製造「兩個中國」事實。

　　目前兩岸爭議之「一個中國」，被以政治概念視之；但是政治具有時間轉換性，變化萬千，所以兩岸糾結於「一個中國」意義不大。因爲政治是隨時空變化的，不是永恆固定的；對於「昨是今非」的政治現象，如隨緣賞花，預知明日花謝，今日何須自喜？1945年至1971年中華民國被視爲「一個中國」代表，不能否認中華人民共和國之存在；由於政治轉換，1971年中華民國遭受國際社會遺棄，退出聯合國；同樣1972年起中華人民共和國被視爲「一個中國」代表，亦不能否認中華民國之存在；政治轉換亦有可能再度發生。目前中美關係極度惡化，中華人民共和國能否保持中美關係持續，及在聯合國「一個中國」席位？這是一個值得密切觀察的國際大事。坦白說，國際政治是只談利益，不講正義；「一個中國」僅僅是一個國際組織席位，無法改變歷史的眞實內容，且「一個中國」代表權會因國際形勢轉變，更替爲另一個中國。總之，爭奪「一個中國」的代表弊多於利，對外只是增加參與全球國際組織活動之機會，對內實會造成兩岸樹敵相殘，互有經貿障礙。歷史證明「兩個德國一樣可以統一」，「一個蘇聯同樣可以分裂爲11個獨立共和國」；上例充分說明「一個中國」或

「兩個中國」根本與「統獨議題」無關，爭議徒勞，迷思當覺。

　　綜合本書之內容，當前必須承認近代中國尚存在4個政治實體，兩個中國與兩個政府。兩個中國指1912年建立之中華民國，簡稱「自由中國」或「民主中國」；1949年建立之中華人民共和國，簡稱「共產中國」或「民族中國」；兩個政府則指香港特別行政區與澳門特別行政區政府。至於「地理中國」包含350萬平方公里失土之圖瓦共和國、蒙古國（蒙古人民共和國）、以及其他爭議疆界，當視未來國際情勢之變化，目前只能維持現狀。兩岸關係未來如何發展？任何一方挑起戰爭只能生靈塗炭，兩敗俱傷，加深仇恨；「止戰」是兩岸領導人執政首要任務。兩岸關係的主要問題在於首先放下歷史仇恨，彼此包容。其次共同商討一個合乎中華民族的良好政治制度與合乎人類尊嚴的生活方式。簡言之，兩岸全體人民必須得到政府保證對憲法之履行，以及人民永久生活於《免於恐懼的自由》與《免於匱乏的自由》社會，方能獲得民心，開展商談。百年來中國各政權體制上都明顯標示自由民主憲政，實則早期掌權者還是實施「終生皇臣制度」，目前雖有改進，但是換湯不換藥，暗中持續採用「元老垂簾制度」或「易姓世襲制度」（兒孫改姓氏後世襲）。皇臣世襲制度不能棄用，自由、平等、民主不能實行，中國將永無寧日。

　　歷史是一個國家民族的「病歷表」，標示國家民族的興衰強弱，優劣仁暴，一目了然；歷史如忠實記載，可以引鑒強國，反之，亦可糊塗亡國。近代歷史出版品多數是各黨派的宣傳品，內容多為隱瞞、造假、誤導且為政治服務，經不起深入研究；故胡適批評「近代中國歷史一事無成」。假的歷史如同假的病歷表，如何救民救國？1912年建立之中華民國與1949年建立之中華人民共和國都以「人民為本」，基此作者提倡建立「人民史觀」為兩岸共同之目標；也就是說檢驗兩岸政府的制度優劣，當以民意為依歸；撰寫近代中國之歷史，亦當以人民為主角。傳統偉人、領袖、皇帝等封建名稱都應被拋棄，個人意識形態之思想亦應被淡化。「人民史觀」是指歷史記錄要以全體人民對各種政治、經濟、文化、藝術、科技等創造、改革及生活方式為重點，而非以統治者的思想、管理與

個人行爲爲要點。「人民史觀」是客觀記錄自由、平等、正義、幸福多元社會的發展；「人民史觀」不是主觀記錄專制、獨裁、毀天、滅地、殘民之帝王歷史。

本書不是一本歷史大作，只是一位在1949年戰火中，東漂臺灣海島軍人子弟對歷史的回顧、感言與隨筆。當時臺灣眷村群聚在竹籬笆內的泥土草房，孩子們穿著麵粉袋改縫的衣褲，大人辛苦工作，不得全家溫飽，教育機會更是百中選十，戰爭恐懼與生活憂愁終日彌漫全島每一家庭。比較世界各先進國家人民生活，時時反省爲何中國人不能包容互助，而非要兵刃相向，內耗弱國？結論是中國民族眾多，相互間有「排他性」與「排內性」；「排他性」指執政集團對中華民族內其他弱小或少數民族文化、傳統、語言、文學、藝術及政經權力等不能平等對待，採用壓迫與剝奪政策；「排內性」係指執政集團對不同省籍、姓氏、宗教、政黨、派系、立場、意識型態之人士，不能和議共存，必須鬥爭清算致死；符合毛澤東所謂「與天鬥，其樂無窮；與地鬥，其樂無窮；與人鬥，其樂無窮」鬥爭理論。

如今香港由一漁村小島變成東方之珠，臺灣亦由一蕞爾小島成爲亞洲政經小龍；近數十年，中華人民共和國在經濟、貿易、科技上的卓越成也在世界名列前茅，光彩耀眼；兩岸四地政府百年生存發展，都歷經艱難困苦，得之不易。現階段中華人民共和國謀求香港、澳門已經成功，下一步就是解決臺灣問題。臺灣問題涉及兩個要點：統一大業；中國要有海上暢通貿易海道，必須控制南海及西太平洋。但是臺灣也是美國、日本、韓國等利益之所在，各方協商不易。如何解決臺灣問題？雙方陣營相互戰爭，勢必兩敗俱傷，甚至亡民亡國。唯有各國領袖提出「互補互利，和平雙贏」方案，方能救民就國。衝動興起干戈的下場，歷史上比比皆是，爲政者最終決策之時，當以天下蒼生爲念。當前中國四個政治實體（兩個中國與兩個政府）宜致力「以和爲貴，以誠爲本，互補互助」；對內第一階段達到自由、平等、民主、正義、多元、開放的「新政治體制」，完成第一階段目標，再進行第二階段國體之研商，參考世界大國多民族的政治體

制，甚至可以創新「適合中國的新國體」。反之，兩岸四地政府實行專制獨裁，奴役人民，踐踏人權，違背憲政，逼迫人民集體吶喊「我們是最後一代」，這將會是中華民族的最大悲劇。

1980年4月23日中國共產黨中央政治局舉行擴大會議，會議通過了中國共產黨中央委員會副主席鄧小平提出的《關於喪失工作能力老同志不當十二大代表和中央委員候選人的決定》，也就是中國共產黨準備實施「年輕化」、「廢世襲」的政策。8月18日鄧小平再度發表《黨和國家領導制度的改革》的講話，提出對中國共產黨現行官僚主義、權力集中、家長陋制、領導終身等各種問題弊端，認為必須進行改革。1982年12月中華人民共和國第五屆全國人民代表大會通過修正憲法案，又稱「八二憲法」，規定國家主席、國家副主席、國務院總理、國務院副總理全國人民代表大會常務委員會委員長、全國人民代表大會常務委員會副委員長、最高人民法院院長、最高檢察院檢察長等國家領導人的任期「連續任職不得超過兩屆」，確立廢除領導幹部職務終身制。「八二憲法」是1921年中國共產黨成立以來，歷經六十多年，在實行國家民主化制度一大步。2018年3月中國共產黨中央政治局向第十三屆全國人民代表大會提議廢除「八二憲法」規定國家主席、國家副主席任期「連續任職不得超過兩屆」限制，恢復國家主席、國家副主席無連任限制。這項憲法「國家主席、國家副主席任期無連任限制」修正產生中國未來國家發展的各種可能，其中之一就是再度產生「專制皇帝」之可能，回到1915年12月袁世凱的洪憲帝制。2018年修憲使中國共產黨在建黨100年之際原地踏步，愧對億萬人民；展望未來，中國人民追求自由、平等期望恐將落空。紅色太陽並未升起，黑色太陽正處於地球的陰暗背面。作者結束之禱告，期待「新戰國時代」早日結束，兩岸四地人民幸福安康，天佑兩岸四地苦難同胞！

最後感謝五南圖書出版股份有限公司董事長楊榮川先生，總經理楊士清先生，副總編輯黃惠娟小姐、責任編輯陳巧慈小姐以及《國局與世變》工作團隊對於本書編輯、校正、美工、印刷、出版、發行等大力之支持與協助。作者也要感謝蔣方智怡女士、宋仲虎先生、宋曹俐璿女士邀請作者

參與美國史丹佛大學胡佛研究所研究、閱讀「蔣宋檔案」，給予學術研究之支援、重要問題意見之交換與破解若干重要歷史事件謎團。作者同時致謝胡佛研究所馬若孟（Ramon H. Myers）教授、香港珠海大學兩位副校長俞肇熊教授及鄧昭祺教授以及紐西蘭奧克蘭大學政治系史蒂夫‧何德理（Stephen Hoadley）教授等人，他們聘請或邀請作者成為上述各大學榮譽研究員、客座研究員及訪問學者，時間長達15年；參與全球各種國際學術有關近代中國歷史／政治的研究、座談、演講與討論，由此作者得到許多各國珍貴學術資料以及國際人士對中國問題不同角度、觀點的寶貴意見。現階段兩岸四地處於非理性的政治對抗氣氛中，本書之出版必然引發論戰，八音齊天，謗譽同至；不論讚美或批評，對於垂暮之年的作者已經「回首向來蕭瑟處，也無風雨也無晴」。本書只是提供給後輩一個不同觀點的歷史／政治見解，以及諸多未來可以深究的歷史大事。作者期盼兩岸執政者及同胞反思真實歷史，並「以史為鏡」，找出國家發展之正確道路，走出烽火綿延，蒼生哀號的百年「戰國時代」，共創幸福生活。當前國際風雲詭譎，兩岸四地制度落差，在可預期的未來，兩岸四地人民將面臨嚴峻的戰爭、疫病、貧窮、人權、環保、資源等生存危機；誠摯的呼籲兩岸執政者及菁英份子當以天下蒼生為念，並深思「春秋一統」與「戰國一統」同為中國統一模式，「春秋」與「戰國」何者文化燦爛，文明昌盛？中國要統一，必須善待各少數民族，必須給全體人民自由平等，必須實行民主政治；這是所有政黨建國立憲時對人民的承諾，也是全球人類普遍認可的共同價值（Universal Value）。反之，兩岸四地勢必干戈再起，生靈塗炭，山河摧殘，外敵再侵；數十年之安定與成就旦夕盡毀。兩岸四地執政者當須深思！再思！三思！

Note

Note

Note

Note

國家圖書館出版品預行編目資料

新戰國時代：近代中國33面旗幟與政權／潘邦
正著. －－初版.－－臺北市：五南圖書出
版股份有限公司, 2023.05
面；　公分
ISBN 978-626-343-206-2（平裝）

1.近代史　2.中國史

627　　　　　　　　　　　111012691

1W1R五南當代學術叢刊—國局與世變

新戰國時代
近代中國33面旗幟與政權

作　　　者— 潘邦正

叢書主編— 丘為君

發 行 人— 楊榮川

總 經 理— 楊士清

總 編 輯— 楊秀麗

副總編輯— 黃惠娟

責任編輯— 陳巧慈

封面設計— 韓衣非

出 版 者— 五南圖書出版股份有限公司

地　　　址：106台北市大安區和平東路二段339號4樓

電　　　話：(02)2705-5066　　傳　真：(02)2706-6100

網　　　址：https://www.wunan.com.tw

電子郵件：wunan@wunan.com.tw

劃撥帳號：01068953

戶　　　名：五南圖書出版股份有限公司

法律顧問　林勝安律師

出版日期　2023年5月初版一刷

定　　　價　新臺幣450元

經典永恆·名著常在

五十週年的獻禮——經典名著文庫

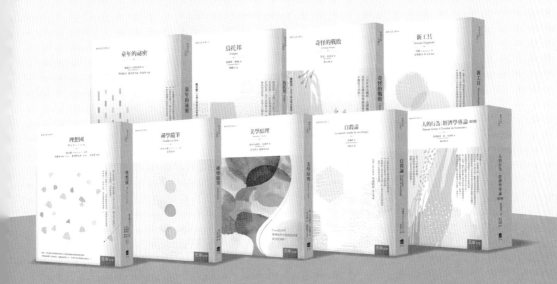

五南，五十年了，半個世紀，人生旅程的一大半，走過來了。

思索著，邁向百年的未來歷程，能為知識界、文化學術界作些什麼？

在速食文化的生態下，有什麼值得讓人雋永品味的？

歷代經典·當今名著，經過時間的洗禮，千錘百鍊，流傳至今，光芒耀人；

不僅使我們能領悟前人的智慧，同時也增深加廣我們思考的深度與視野。

我們決心投入巨資，有計畫的系統梳選，成立「經典名著文庫」，

希望收入古今中外思想性的、充滿睿智與獨見的經典、名著。

這是一項理想性的、永續性的巨大出版工程。

不在意讀者的眾寡，只考慮它的學術價值，力求完整展現先哲思想的軌跡；

為知識界開啟一片智慧之窗，營造一座百花綻放的世界文明公園，

任君遨遊、取菁吸蜜、嘉惠學子！